强化企业创新主体地位研究

——国际经验与中国实践

陈志明◎著

南方传媒 广东经济出版社
·广州·

图书在版编目（CIP）数据

强化企业创新主体地位研究：国际经验与中国实践 / 陈志明著. —广州：广东经济出版社，2023. 4

ISBN 978-7-5454-8582-0

Ⅰ. ①强… Ⅱ. ①陈… Ⅲ. ①企业创新—研究—中国 Ⅳ. ① F279.23

中国版本图书馆 CIP 数据核字（2022）第 214562 号

责任编辑：周伊凌

责任技编：陆俊帆

强化企业创新主体地位研究——国际经验与中国实践

QIANGHUA QIYE CHUANGXIN ZHUTI DIWEI YANJIU——GUOJI JINGYAN YU ZHONGGUO SHIJIAN

出版发行：广东经济出版社（广州市水荫路 11 号 11 ～ 12 楼）

印　　刷：广东虎彩云印刷有限公司

（广东省东莞市虎门镇黄村社区厚虎路 20 号 C 栋一楼）

开　　本：787 毫米 × 1092 毫米　1/16

印　　张：18

版　　次：2023 年 4 月第 1 版

印　　次：2023 年 4 月第 1 次

书　　号：ISBN 978-7-5454-8582-0

字　　数：332 千字

定　　价：74.00 元

发行电话：（020）87393830

编辑邮箱：gdjjcbstg@163.com

广东经济出版社常年法律顾问：胡志海律师

法务电话：（020）37603025

如发现印装质量问题，请与本社联系，本社负责调换。

前言

preface

自第一次工业革命起，在200多年悠久的历史发展长河中，企业以其独特的组织形式登上世界创新舞台的中心，推动世界经济和文明航船破浪前行。德国管理学家赫尔曼·西蒙（Hermann Simon）指出，历史上几乎所有的重大革新，都是在公司，而不是国家层面产生的。罗伯特·斯蒂芬森、爱迪生电力照明、西门子、ABB、施耐德、贝尔、波音、戴姆勒、思科、微软、苹果、英特尔、索尼、丰田、三星、现代、诺基亚、谷歌、腾讯、华为等公司推动着历次科技革命与产业变革，创造了一个又一个创新奇迹。当前，以数字化、网络化、智能化为特征的第四次科技革命与产业变革快速发展，无数企业已投身其中，发挥其主体作用，争夺技术、市场控制权和主导权。

党的十八大以来，中国的科技创新实力实现从量的积累迈向质的飞跃，从点的突破迈向系统能力的提升，已经进入从全球创新跟随者、参与者转向引领者、贡献者的关键阶段。当前，世界之变、时代之变和历史之变，正赋予强化企业创新主体地位新指向、新内涵和新要求。党的二十大报告指出："强化企业科技创新主体地位，发挥科技型骨干企业引领支撑作用，营造有利于科技型中小微企业成长的良好环境，推动创新链产业链资金链人才链深度融合。"在全面建设社会主义现代化国家新征程中，强化企业创新主体地位对于加快建设现代化产业体系，不断开辟发展新领域、新赛道，全面塑造高质量发展新动能、新优势意义重大、影响深远。

事实上，国内外学界对企业创新主体地位的研究已经非常深入，达成了许多关键共识。伴随着时代背景的变化、企业创新实践的丰富以及政府与市场关系的演进，这一命题时至今日依然具有强大的学术生命力。近年来，笔者一直从事企业创新方面的研究工作，围绕企业创新、创新网络、开放式创新、战略科技力量等开展理论研究和应用研究，对美的集团、广东东阳光科技控股股份有限公司、欧派家居集团股份有限公司、立讯精密工业股份有限公司、中兴通讯股份有限公司、深圳迈瑞生物医疗电子股份有限公司、东莞迈科科技有限公司、科达制造股份有限公司、珠海格力电器股份有限公司、珠海云洲智能科技股份有限公司、TCL王牌电器（惠州）有限公司、亿纬锂能股份有限公司、潮州三环（集团）股份有限公司等上百家著名的行业领航企业、高科技企业、独角兽企业、科技小企业等进行了实地考察和调研，与企业家们进行了深入沟通，并且拜访了有关政府部门领导和行业专家，听取他们对企业创新发展的真知灼见，这为本书的编写提供了深厚的研究基础、清晰的研究思路以及丰富的研究素材。在调研和研究过程中，笔者深深敬佩中国企业和企业家伟大的创新精神，时时惊叹企业创新过程的艰辛和高风险性，也深刻认识到强化企业创新主体地位的必要性和价值性。一名哲学社会科学工作者，最有意义的工作就是客观理性、科学系统、长期有效地进行研究，并提供有价值的建议。

本书正是在这样的背景和价值观指引下完成的，其构想源于实践，形成于系统思考。全书注重数据分析，展现现状，重点解释“为什么”“是什么”“怎么办”。按照理论与实践、历史现实与未来、国内与国际相统一相结合的纵贯逻辑，采取综合研究方法，围绕研究背景、学理机理、历史演进、实践模式、国际经验、政策建议、价值贡献等展开。本书的目标是立足国家创新体系等理论构建一个概念框架，揭示企业创新主体的特征以及政府政策着力点，为推动国家和企业创新发展提供启示。

研究表明，企业创新主体地位概念具有多维度特征，可展开为群体性、创新性、价值性等相互关联的三个层次；强化企业创新主体地位是一个系统工程，政府需要在创新主体培育、创新基础设施建设、创新资源配置、创新环境塑造等方面持续发力、久久为功；强化企业创新主体地位具有丰富的实践性特征，不同地区形成了各具特色的实践方式和路径，同时各国实践也告诉我们，强化企业创新主体地位是建设世界科技强国的必经之路；中国强化企业创新主体地位的实践是围绕国家战略实施展开的，其内容和形式伴随着工业化进程的深化发生了深刻变化，中国实践为世界后发国家和地区提供了许多有益启示。

本书具有一定的研究特色及价值。从本体论视角，本书提供了一个系统化的理论分析框架，包括从群体性、创新性、价值性三个维度解构企业创新主体地位的内涵，强化企业创新主体地位的四大核心要素及其关系，以及实践过程中需要处理好制度的供需关系、政府与市场的关系、产学研不同主体间的关系以及企业与外部环境的关系等。从认识论视角，本书以现实问题为导向，以系统思维为指导，通过理论研究与实践研究之间的不断作用、不断碰撞，加之系统性、战略性研究，更好理解与强化企业创新主体地位有关的发展环境、演变规律、实践抓手、存在问题、战略路径及主要举措等内容，对中国及部分省市强化企业创新主体地位的实践及其特征形成更为深入充分的认识。从方法论视角，本书着眼于未来发展需要，抓住制约强化企业创新主体地位的关键矛盾，突出典型国家和地区的实践特征，实现环境—现状—问题—经验—思路—建议的内在逻辑统一，为政府部门提供决策参考。

笔者所在的广东省社会科学院企业研究所，在长期的发展过程中形成了创新发展、产业集群、竞争力等研究特色和优势领域，近年来也承担了一系列相关课题研究的任务。这些课题研究为本书写作提供了重要的调研条件和研究素材，部分相关研究成果也被纳入本书中。

在本书写作过程中，笔者得到了所在单位各级领导、同事的关心与大力支持，这是本书得以顺利完成及出版的关键。感谢李源所长和高怡冰、张优怀、刘城、严若谷、龙建辉、何花、刘靖巧、赵少瑜、王阳、陈斐然等所领导和同事为本书提供的建议及在课题研究中的指导与真诚帮助。感谢院科研处领导和同事提供的科研条件和贴心服务。特别感谢广州大学管理学院谢洪明教授的支持，他对本书的研究思路和具体内容提供了许多富有建设性、指导性的观点和建议，有幸参与其主持的国家社科基金重大项目“融入全球创新网络提升企业技术创新能力的学理、机制与政策研究”（21ZDA013），笔者受益良多。同时，衷心感谢广东经济出版社的鼎力支持！

当然，即便遵循实事求是的科学精神和严谨认真的学术态度，由于笔者精力与能力有限，亦难免存在挂一漏万等不足，敬请各位读者在阅读过程中提出宝贵的批评和修改意见。

陈志明
2022年10月

目录

contents

绪 论 | 从理解新情境开始

第一章 | 概念认识：从技术进步到国家创新体系

第二章 | 理论逻辑：基于创新生态系统的视角

第三章 | 历史逻辑：主体地位演进及其特征

第四章 | 实践逻辑：适应发展阶段强化主体创新

第五章 | 广东探索：开放创新与链式生态

第六章 | 国际视野：世界科技强国创新经验资鉴

第七章 | 系统建构：面向全过程创新链和价值链展开

第八章 | 总结：政府作用与主体创新

绪论
从理解新情境开始

改革开放以来，在经济实现快速发展的同时，中国政府先后提出“科学技术是第一生产力”“人才是第一资源”“创新是第一动力”等著名论断，并先后实施了科教兴国战略、人才强国战略以及创新驱动发展战略，推动中国实现科技创新能力的不断提升。中国成功进入创新型国家行列，在全球创新版图中的竞争力、影响力不断扩大，从以跟跑为主进入跟跑、并跑、领跑并存的新阶段。在世界知识产权组织（World Intellectual Property Organization）发布的《2022年全球创新指数报告》中，中国排名提升至全球第11位。按照哈佛大学迈克尔·波特教授（Michael E. Porter）经济发展阶段理论，中国经济发展方式已实现从要素驱动向投资驱动转变，正在进入以创新驱动为标志的新发展阶段[1]。习近平总书记深刻指出：“企业家要做创新发展的探索者、组织者、引领者，勇于推动生产组织创新、技术创新、市场创新，重视技术研发和人力资本投入，有效调动员工创造力，努力把企业打造成为强大的创新主体，在困境中实现凤凰涅槃、浴火重生[2]。”当前，全球处于百年未有之大变局中，国际国内的发展环境发生了重大深刻变化，中国迈入全面建设社会主义现代化国家、向第二个百年奋斗目标进军的新征程，强化企业创新主体地位具有必要性、紧迫性和价值性。2022年10月，中国共产党第二十次全国代表大会报告提出，“强化企业科技创新主体地位，发挥科技型骨干企业引领支撑作用，营造有利于科技型中小微企业成长的良好环境，推动创新链产业链资金链人才链深度融合。”总体而言，世界之变、时代之变和历史之变，正在赋予强化企业创新主体地位这一历史命题新指向、新内涵和新要求。

[1] 从全球来看，创新型国家或地区普遍具有四个特点，即创新能力强、创新投入多、创新绩效好和创新竞争优。参考陈光：《科技“新冷战”下我国关键核心技术突破路径》，《创新科技》2020年第5期。

[2] 《习近平总书记在企业家座谈会上的讲话》，中国政府网，2020年7月21日，http://www.gov.cn/xinwen/2020-07/21/content_5528791.htm。

第一节 推进新一轮科技革命和产业变革

全球科技发展史表明，工业革命是最具革命性的生产力，是建立世界新格局、新秩序的基础力量。工业革命包括三个层次：科学革命、技术革命和产业变革，前两者可统称为科技革命，即一场完整的工业革命包括科技革命和产业变革。自人类从农耕社会进入工业社会，科技革命及与之相联系的产业变革经历了机械化、电气化、信息化三个阶段，三次科技革命和产业变革形成了五次技术革命浪潮，促使世界经济呈现出明显的阶段性和周期性特征，产生了五次主导产业和相应的技术-经济范式（见表0-1），掀起了一场飓风般的“创造性毁灭”过程，建立了安格斯·麦迪森式“主导国-跟随者”的发展格局[1]。第一次科技革命与产业变革中，英国创造了以蒸汽动力为核心的通用技术体系，建立了强大的纺织工业、冶金工业、煤炭工业、机器工业和交通运输业，一跃成为世界科技与工业强国，几乎“完全垄断了世界市场”[2]。第二次科技革命与产业变革中，美国、德国在掌握电气和运输等关键核心技术的基础上，率先推动科技成果产业化，发展了电力、电气、钢铁、汽车等新兴工业部门。1894年，美国工业产值超过英国，成为世界第一工业化强国，到1900年，美国制造业产出占全球的23.6%，英国占18.5%，德国占13.2%，日本则占2.4%[3]。第三次科技革命与产业变革中，美国掌握了微电子和信息技术体系，奠定信息产业领域领导者地位，日本、韩国等国家则成功实现技术追赶，加入世界科技强国之列，形成美国整体领先的“一超多强”世界科技强国俱乐部格局（见图0-1）。

[1] ［英］安格斯·麦迪森：《世界经济二百年回顾》，李德伟、盖建玲译，改革出版社，1997。
[2] ［苏］列宁：《列宁全集》，中共中央编译局译，人民出版社，1959。
[3] ［英］克里斯·弗里曼、［英］弗朗西斯科·卢桑：《光阴似箭：从工业革命到信息革命》，沈宏亮译，中国人民大学出版社，2007。

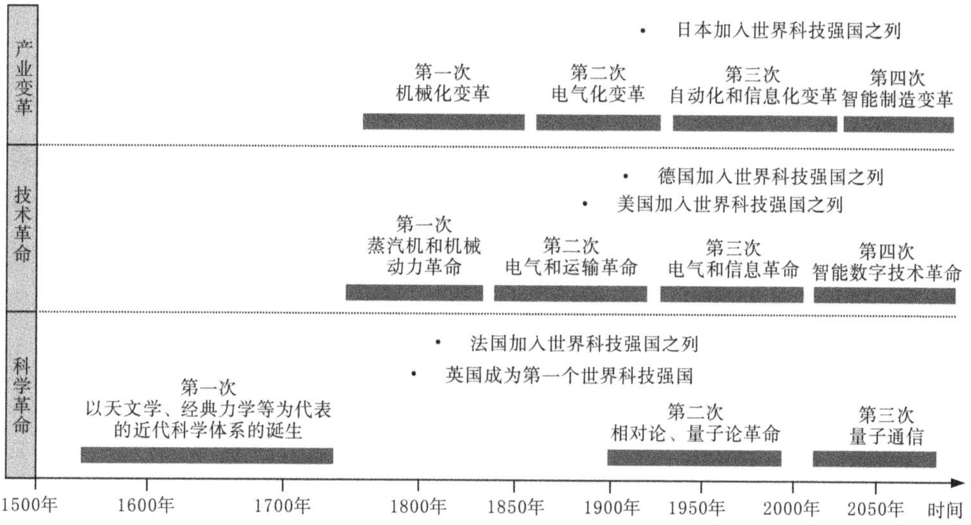

图0-1 工业革命及世界科技强国的形成

资料来源：笔者根据相关资料绘制。

表0-1 18世纪至21世纪初形成的科技革命、产业革命与经济长波

经济长波周期	产业革命及主导产业	技术革命、通行名称、起始时间	技术-经济范式
第一次经济长波（1785—1844年）	第一次产业革命 纺织产业	第一次技术革命 产业革命（1771年）	工厂生产，机械化，生产率，守时和省时流体运动
		第二次技术革命 蒸汽和铁路时代（1829年）	聚合的经济，工业城市，全国范围的市场，具有全国性网络的动力中心，规模意味着进步，标准零件，以机器生产机器，相互依赖的运动
第二次经济长波（1844—1890年）	第二次产业革命 钢铁工业		
第三次经济长波（1890—1945年）	第三次产业革命 电力工业	第三次技术革命 钢铁、电力、重工业时代（1875年）	巨型结构(钢质)，工厂的规模经济、垂直一体化，可分配的工业动力(电力)，科学成为一种生产力，世界范围的网络和帝国，普遍标准化，巨型规模的世界市场
第四次经济长波（1950—1990年）	第四次产业革命 汽车工业	第四次技术革命 石油、汽车和大规模生产时代（1908年）	大规模生产、大众市场、规模经济、水平一体化，产品的标准化，合成材料，职能专业化，集权化、大城市中心和郊区化，民族国家的力量
第五次经济长波（1990年至今）	第五次产业革命 信息产业	第五次技术革命 信息和远程通信时代（1971年）	信息密集型，非集权的一体化、网络结构，知识成为资本、无形的价值附加值，异质性、多样性、适应性，市场细分、职务的倍增，与规模经济结合的范围经济，全球化、世界和局部的互动，即时联系与行动，即时全球通信，内向型与外向型、聚合

参考资料：何传启：《第六次科技革命的战略机遇》，科学出版社，2011年。

企业是历次工业革命的重要驱动力量，特别是真正发挥重大变革和带动作用的技术几乎都来自企业自身或是由企业组织产生。有研究指出，17世纪至20世纪70年代，改变人类生活的160种创新中超过80%源于企业[1]。

第一次工业革命期间，天才科学家以及各种能工巧匠登上了历史舞台，比如牛顿力学理论体系的形成产生了科学革命，推动英国成为世界科学中心。技术革命及产业变革更多地由科学家、发明家及其所在的工厂完成。16世纪后半期至17世纪初，英国、荷兰开始出现现代企业股份有限责任公司。1765年，在棉纺织业领域，织工哈格里夫斯（James Hargreaves）发明了“珍妮纺纱机”（Spinning Jenny），引发了行业产业变革，揭开了工业革命的序幕。从此，螺机、水力织布机等先进机器在棉纺织业中出现，并推动了采煤、冶金等许多工业部门的机器化生产。同年，机械工人瓦特（James Watt）改良蒸汽机。1825年，由“铁路机车之父”斯蒂芬森（George Stephenson）组建的“罗伯特·斯蒂芬森公司”推动设计并建成了第一条商业化蒸汽火车铁路。

第二次工业革命期间，伴随着现代股份企业对近代公司制度的替代，在电力电气、钢铁、汽车、石油、化工、航空等工业部门，企业巨头开始奠定其技术创新主体地位。电气化是第二次工业革命的本质，天才发明家爱迪生（Thomas Alva Edison）创办了爱迪生电力照明公司（美国通用电气公司的前身），并在摩根家族的资本支持下，开发了留声机、电灯、电话、电报、电影等由“0到1”式的发明。19世纪中后期，德国、美国的大公司率先设立工业实验室，并在化学和电气工业领域取得重大突破，比如西门子公司在电磁感应原理基础上发明了发电机，ABB、施耐德等企业在电气领域投入巨大，给企业带来了丰厚的收益，也增强了国家的工业竞争力；贝尔公司发明了电话，开发了各种音响设备；杜邦公司和法本公司首创了人造橡胶、尼龙，帝国化学工业公司生产出了聚乙烯，人造橡胶、尼龙、聚乙烯奠定了合成材料发展的基础。在运输行业，德国的本茨（Karl Friedrich Benz）于1886年制造出第一辆“三轮车”，他同时也是戴姆勒-奔驰的创始人之一，被誉为“汽车之父”“汽车鼻祖”。戴姆勒公司和奔驰公司于1926年合并，创建了梅赛德斯-奔驰汽车品牌。后来，福特、通用以及丰田汽车公司通过汽车生产的标准化，一起开创了人类交通运输的新时代。波音公司成立于1916年，创造了客车上天和商业化运营的奇迹。此外，范德比尔特家族、卡内基家族、洛克菲勒家族及其企业在航运、冶金、石油等领域不断进行技术创新，共同推动实现产业变革。

第三次工业革命期间，企业特别是大型工业和科技企业在技术创新和经济结构转型方面扮演着越来越重要的角色。美国的微软、苹果、英特尔等新兴高科技公司，通

[1] 卢现祥、李磊：《强化企业创新主体地位 提升企业技术创新能力》，《学习与实践》2021年第3期。

过不断技术创新不仅自身获得了迅猛发展，也引领了美国经济发展；索尼、丰田、三星、现代等日本、韩国的大企业通过持续的技术创新和产业化，创造了两个国家经济复兴的神话。诺基亚公司在通信领域技术创新活动的成功，推动芬兰从林业资源国变为信息化和现代化国家，同时也影响了整个世界信息产业的发展。德国管理学家赫尔曼·西蒙指出，历史上几乎所有的重大革新，都是在公司，而不是国家层面产生的[1]。图0-2显示了1990年、2000年、2010年、2019年全球市值前十大公司及其变化，这些公司涉及金融投资、通信及硬件、互联网软件、石油和大众消费5个板块。从中可以看出，以通信及硬件、互联网软件等为代表的创新型企业逐渐成为推动国家经济发展的主体力量之一。

1990年	2000年	2010年	2019年
日本电信电话公司（日）	微软（美）	中国石油（中）	微软（美）
东京三菱银行（日）	能用电气（美）	埃克森美孚公司（美）	苹果（美）
日本兴业银行（日）	NTT DoCoMo（日）	微软（美）	亚马逊（美）
三井住友银行（日）	思科（美）	中国工商银行（中）	谷歌（美）
丰田汽车（日）	沃尔玛（美）	沃尔玛（美）	脸书（美）
日本富士银行（日）	英特尔（美）	中国建设银行（中）	伯克希尔·哈撒韦公司(美)
日本第一劝业银行（日）	日本电信电话公司（日）	必和必拓（澳）	阿里巴巴（中）
IBM（美）	埃克森美孚公司（美）	汇丰银行（英）	腾讯（中）
日本联合银行（日）	朗讯（美）	巴西国家石油（巴）	强生（美）
埃克森美孚公司（美）	德国电信（德）	苹果（美）	J.P.摩根公司（美）

图0-2　全球市值前十大公司变迁

资料来源：Compound Capital。

当前，源于20世纪中叶的第三次工业革命方兴未艾，同时基于前三次工业革命的知识系统，以智能数字技术体系为特征的第四次工业革命快速发展，对企业的创新能力提出了更新、更高的要求，创新能力也成为企业参与全球竞争的基础能力。世界经济论坛主席克劳斯·施瓦布（Klaus Schwab）指出，人类正在迎来第四次工业革命，新一轮工业革命将数字技术、物理技术、生物技术有机融合，核心是智能化与信息化，进而形成一个高度灵活、人性化、数字化的产品生产与服务模式，代表性技术包括可植入技术、数字化身份、物联网、3D打印、无人驾驶、人工智能、机器人、区块链、大数据、智慧城市等[2]。杨长湧（2018）指出，当前新一轮科技和产业革命进入加速拓展期，以新一代信息技术为引领，生物技术、新能源技术、新材料技术等

[1] 公司的力量节目组：《公司的力量》，山西教育出版社，2010。
[2] ［德］克劳斯·施瓦布：《第四次工业革命：转型的力量》，李菁译，中信出版社，2016。

多领域技术相互渗透、交叉融合，重大颠覆性创新成果不断涌现[1]。以数字化、智能化、绿色化为科技革命前进方向，以智能制造为产业变革主导，世界范围内的科技革命和产业变革的新机遇正在形成。由于技术创新范式的深刻变革以及技术不可预见性的提升，作为处于不确定市场中的关键主体，企业的作用正变得更加重要。一方面，诞生于第三次工业革命的微软、谷歌等互联网公司，正在投入巨大的研发经费推动人工智能（AI）等产业变革，争夺前沿领域主导权。另一方面，伴随新一轮科技革命与产业变革的孕育和发展，现代科学研究的复杂程度大大提高，“大科学”科研范式已占据主导地位，传统的“基础物理—大规模开发（大型实验室）—应用和创新（军事、民事）”线性创新模型已经转变为相互耦合、相互作用的网络化系统模式（见表0-2）。企业作为重要的科技力量，在第四次科技革命与产业变革中的作用将进一步凸显。比如在能源领域，美国有200多家企业掌握了页岩气开采技术，正在推动“页岩气革命”。此外，新一轮科技革命和产业变革催生了大量新业态、新模式，政府本身乃至科研机构都无法独立预测、主导未来发展方向，需要企业这一关键主体去把握创新方向、去创造创新成果、去实现创新价值。

表0-2　历次科技革命与产业变革下科研范式变革及科技力量的发展变化

类别	第一次工业革命	第二次工业革命	第三次工业革命	新一轮科技革命与产业变革
科研范式	科学、技术、产业相对分立发展；自发、分散化、自由探索为主，形成各种研究“孤岛”；“小科学”时代到来	科学同技术开始紧密结合；进入“小科学”时代，“大科学”开始兴起；线性创新范式	科学、技术、产业之间从相对分立发展到互促互进直至融合并进；进入“大科学”时代；系统及网络创新范式	重大理论发现和科学突破高度依赖“大科学”条件；技术研究向超宏观、超微观和极端方向发展，数据驱动成为新范式
重大科技力量	以战略科学家为主	以大学、工业实验室等建制化战略科技力量为主	国家实验室、大学、企业研发平台、重大科技基础设施等各种建制化战略科技力量	国家实验室、国家科研机构、高水平研究型大学、科技领军企业等国家战略科技力量、地方战略科技力量，以及国家与地方战略科技力量协同所构成的网络等
代表性科技	蒸汽机技术等	电工技术等	互联网、单芯片微处理器、计算机等	数字技术、新一代信息技术、人工智能、量子通信等

资料来源：笔者整理。

[1] 杨长湧：《新一轮科技革命发展趋势及其对世界经济格局的影响》，《全球化》2018年第8期。

第二节

全球科技强国的关键行动及共识

自2020年以来，国际环境不确定性持续上升，新冠肺炎疫情持续在全球蔓延，俄乌战争深入发展，美联储频繁加息，大宗商品价格剧烈波动，通货膨胀席卷全球，部分新兴国家和发展中国家濒临债务困境，企业生产要素成本急剧提升，全球面临金融安全、能源安全、粮食安全和产业链供应链安全稳定问题，世界经济稳定复苏再次面临巨大压力。与此同时，经济全球化遭遇逆流，保护主义、单边主义愈演愈烈。但发展仍是世界的主旋律和各国的共同心声，2021年，全球经济总量达到一个新的历史高度，约为96.1万亿美元（见图0-3）。

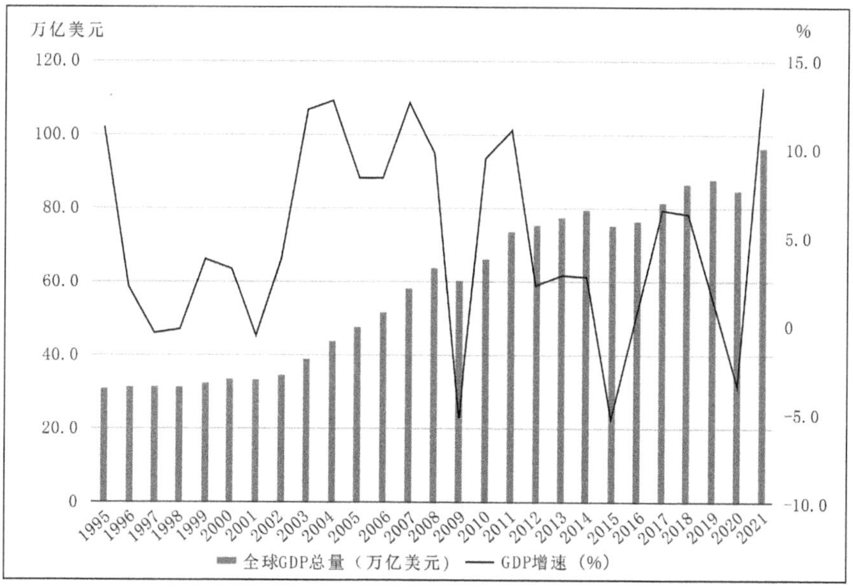

图0-3　1995—2021年全球GDP增长情况

数据来源：中经网统计数据库。

肯尼迪（1989）在《大国的兴衰》中指出，“要成为一个能够与任何其他国家抗衡的大国，需要繁荣的经济基础，尤其是一个比竞争对手更繁荣的经济和技术基础”[1]。世界银行（The Word Bank）发布的《2020年世界发展报告：在全球价值链时代以贸易促发展》中指出，技术等无形资产在全球价值链中占比高达32%，无形资产的价值创造几乎是有形资产的两倍[2]。近年来，伴随新一轮科技革命和产业变革的深入发展，5G、物联网、大数据、云计算等新一代信息技术对全球各行业及细分领域渗透、变革作用日益加深，国际创新分工与产业分工格局正在发生快速变化，科技创新已成为国际大国战略博弈的主战场，世界科技强国纷纷抢占科技竞争制高点。据统计，21世纪以来，全球研发投入继续保持大幅增长，全球研发总额（按当前美元）增长了2.5倍以上，以购买力平价计算，2000—2015年的15年间，全球研发的年均增长率为6.7%[3]。联合国教科文组织统计研究所（UIS）的数据显示，截至2018年，全球研发支出几乎已经达到了创纪录的1.7万亿美元。

一个国家经济稳定发展的背后，科技创新能力是关键，而企业巨大的研发支出是世界科技强国的共同特点，据统计，约70%的专利和2/3的研究开发经费都出自企业[4]。在西方主要工业国家，公司用于研发的费用往往占利润的3%以上，苹果公司甚至达到8%～10%[5]。比如，企业研发绩效是美国研发增长的主要原因。一直以来，企业研发投入都是美国研发投入的主体，占比超过70%。近年来，美国企业研发投入占全部研发投入比重不断上升（见图0–4），2020年达到历史新高——75.2%。

[1] ［英］保罗·肯尼迪：《大国的兴衰：1500—2000年的经济变迁与军事冲突》，王保存，等译，中信出版社，2013。

[2] 世界银行：《2020年世界发展报告：在全球价值链时代以贸易促发展》，世界银行集团旗舰报，2020。

[3] 蔡郁文、刘灿：《全球主要国家（地区）研发投入与产出的比较分析》，《中国科学基金》2018年第4期。

[4] 《院士说|李国杰院士：要形成以产业技术为导向的科技文化》，澎湃网，2020年10月30日，https：//www.thepaper.cn/newsDetail_forward_9792985。

[5] 数据来源：大连理工大学MBA中心，http://mba.dlut.edu.cn/info/1148/1656.htm。

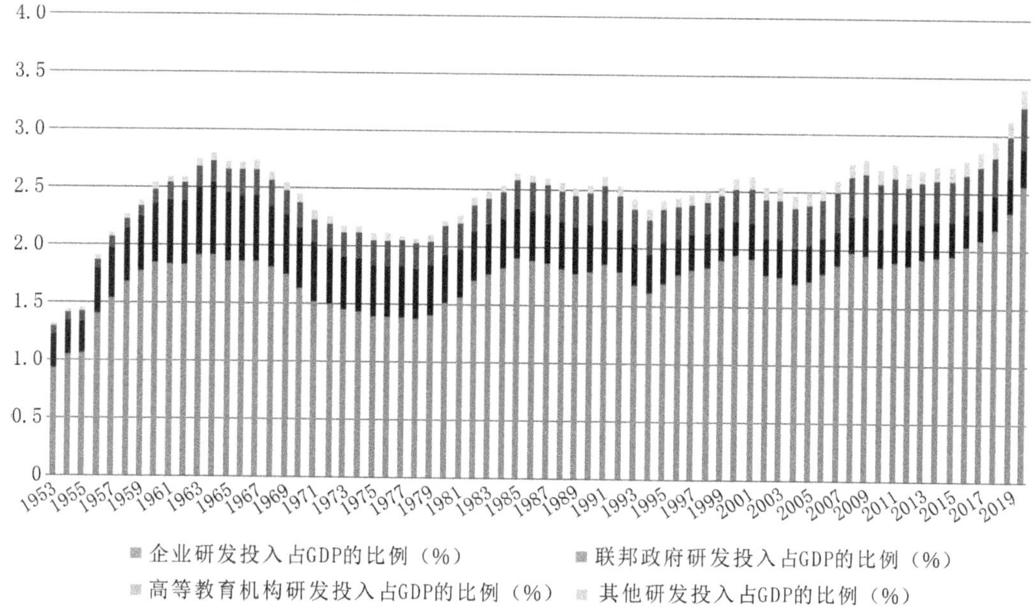

图0-4　美国研发支出各来源占GDP比重变化情况（单位：%）

资料来源：NSF数据库。

近年来，主要发达国家纷纷出台强化创新发展以及企业创新主体地位的战略措施，创新型企业得到更大的发展空间。比如，2021年，美国出台《无尽前沿法案》，授权在五年内为美国基础和先进技术研究提供超过1100亿美元的资金支持。同年，美国国会参议院通过《2021年美国创新和竞争法》，批准或划拨超过2000亿美元的开支，向半导体产业提供520亿美元的补贴，且在五年内将为DTI（技术和创新理事会）拨款超过1000亿美元以在十大关键科技领域寻求突破。2019年，德国发布《国家工业战略2030》，提出到2030年制造业比重从23%提高到25%，欧盟比重提高到20%的目标。韩国提出制造业复兴愿景计划，致力于发展成为世界四大制造业强国之一。日本政府连续部署登月研发计划、官民研发投资扩大计划（PRISM）、革新材料开发强化计划（M3）等，以推进科技创新，2020年日本内阁会议通过的《科学技术创新基本法》，进一步明确了科技进步推动超智能“社会5.0”建设目标[1]等。

[1]　巫云仙、张智建：《新发展阶段规模以上工业企业创新主体地位强化研究》，《改革与战略》2022年第2期。

第三节 3 中国经济："投资驱动"转向"创新驱动"

中国经济规模持续上升。2021年，中国GDP达到17.7万亿美元，占全球GDP的18.45%，占比呈持续上升态势（见图0-5）。

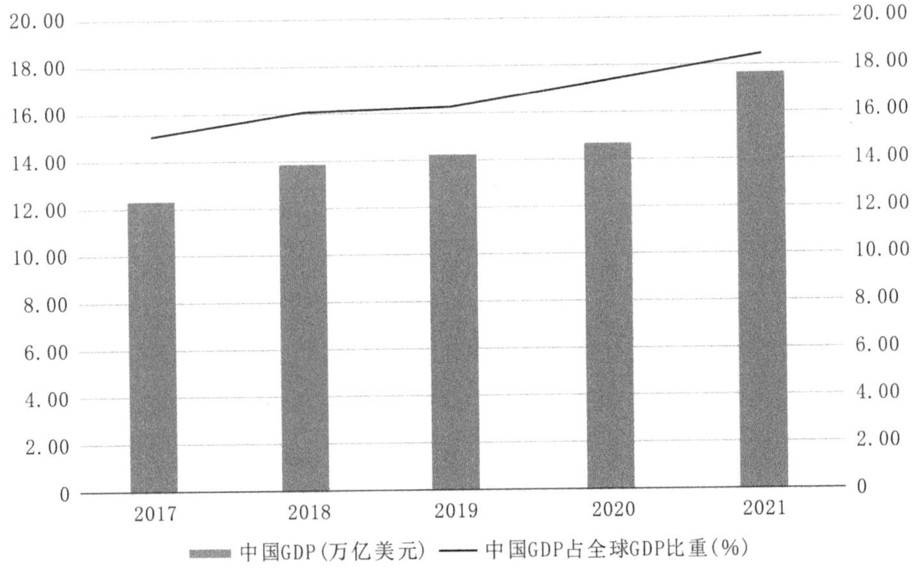

图0-5　2017—2021年中国 GDP及占全球比重情况

数据来源：世界银行。

党的十八大以来，中国对科技创新事业进行了战略性、全局性、前瞻性谋划，先后提出"创新是第一动力"、全面实施创新驱动发展战略、建设世界科技强国、实现科技自立自强等国家创新理念、创新战略和创新目标，科技事业实现历史性、整体性、格局性重大变化，科技实力跃上新的大台阶。2021年，中国全社会研发投入2.79万亿元，比上年增长14.2%。中国R&D经费投入自1991年以来持续增长（见图0-6），全社会研发投入与GDP之比达到2.44%[1]；基础研究经费投入比2020年增长15.6%，占全社会研发投入之比为6.09%，技术合同成交额超过3.7 万亿元，国家创新能力综合排名上升至世界第11位[2]，拥有约7000万名科技人员，成为世界上最大的科技人才供应国；载人航天、探月探火、深海深地探测、超级计算机、卫星导航、量子信息、核电技术、新能源技术、大飞机制造、生物医药等取得重大成果，进入创新型国家行列[3]。中国科技创新实力实现两大根本性转变，同时进入一个关键阶段，即从量的积累迈向质的飞跃，从点的突破迈向系统能力的提升，进入从全球创新跟随者、参与者转向引领者、贡献者的关键阶段[4]。根据世界经济论坛（World Economic Forum）《全球竞争力报告（2016—2017）》分析，中国正处于从要素驱动、效率驱动向创新驱动转变发展的关键期[5]。

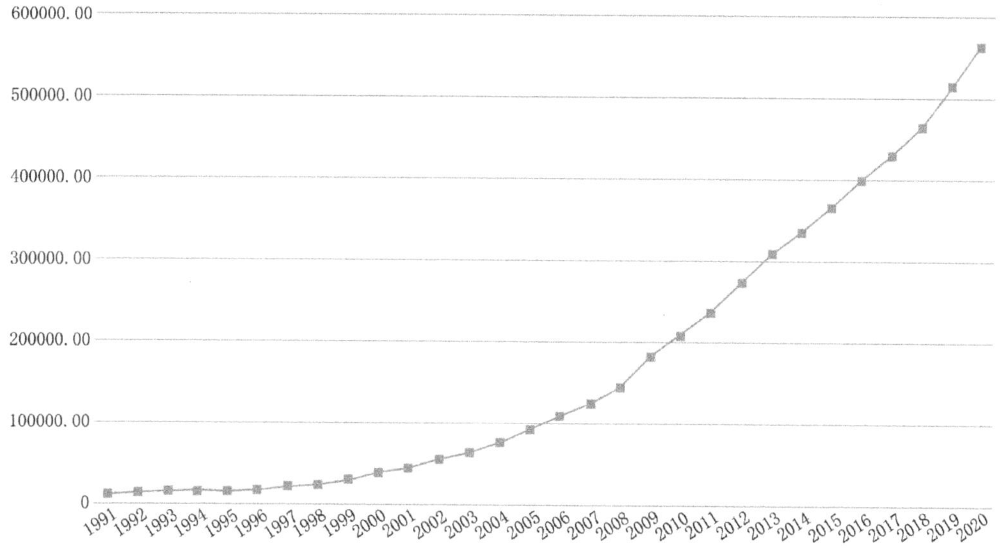

图0-6　1991—2020年中国R&D经费投入

资料来源：OECD。
注：按不变价美元计算。单位：百万美元。

[1] 王志刚：《稳步推进科技政策扎实落地　加快科技自立自强和科技强国建设步伐》，《中国科技产业》2022年第5期。
[2] 2022年10月，世界知识产权组织发布《2022年全球创新指数报告》，中国排名提升1位，位列第11位。
[3] 习近平：《高举中国特色社会主义伟大旗帜　为全面建设社会主义现代化国家而团结奋斗》，新华社2022年10月25日。
[4] 王志刚：《稳步推进科技政策扎实落地　加快科技自立自强和科技强国建设步伐》，《中国科技产业》2022年第5期。
[5] Schwab K.The Global Competitiveness Report（2016-2017）.*World Economic Forum*，2016.

与此同时，中国企业创新主体的地位逐步确立并得到提升。截至2021年底，全国登记在册的市场主体达到1.54亿户，其中企业4842.3万户，规模以上工业企业达40.9万个，全国高新技术企业达到33万个，世界500强企业达到136家。2020年，企业R&D经费支出占全国R&D经费支出的比重达76.6%，企业R&D经费支出比例位列全球第三，由企业牵头或参与的国家重点研发计划立项占比达79%[1]。企业专利申请量占专利申请总量的30.6%，发明专利申请量占全国发明专利申请总量的42.5%，企业技术合同及成交额占全国总额的91.5%。然而，中国企业创新主体地位仍然存在较大的提升空间。伴随着中国经济发展环境和条件继续发生复杂深刻变化，进一步强化企业创新主体地位已成为中国深入推进科技体制改革中面临的越来越重要的现实问题。

第一，把握新一轮科技革命与产业变革机遇的客观需要。从演化经济学角度来看，历次科技革命与产业变革在建立新格局、新秩序的同时，也为跟随国提供技术赶超的“机会窗口”，把握好科技革命与产业变革的“机会窗口”是美国、德国、法国、日本、韩国、以色列等国家实现后来者“崛起”乃至后来者“居上”的关键。科技革命与产业变革的“机会窗口”表现为两种形式[2]。其一，发达国家主导形成的科技革命与产业变革及其深入发展提供了第一种“机会窗口”。跟随国可以充分利用本国要素成本低、市场空间大等后发优势，经历引进—消化—吸收—再创新的技术追赶过程掌握产业关键核心技术或设备。比如，“二战”后日本大力引进美国、英国等发达国家的技术成果，成功实现“技术追赶”并向“技术领先”演进。其二，新一轮科技革命与产业变革则为跟随国提供了第二种“机会窗口”。在新一轮科技革命与产业变革发展早期，知识和技术具有“短周期”、公共性特征，技术领导者由于受制度与能力刚性约束影响，容易陷入既有技术经济范式牵制、利益集团阻碍的“藩篱”中，而技术追随者则可创造出新技术培育与发展“蛙跳”环境，利用“制度创新的后发优势”推动技术“弯道”赶超。比如，在19世纪和20世纪之交，在美国和德国，效率更高的电动机和内燃机很快得到了普遍的采用，而蒸汽机在英国却仍占统治地位。

当前，源于20世纪中叶的第三次工业革命方兴未艾，同时第四次科技革命与产业变革快速发展。主导国的技术有效使用权不会是“免费的午餐”，事实上，经过两次世界工业革命，美国等西方发达国家已经通过专利、标准、法规等方式将电气和运输、微电子和信息技术等优势转化为强大、深厚的创新壁垒，将跟随者长期锁定于设

[1] 李雪松：《不断培育壮大发展新动能》，《中国社会科学报》2022年03月18日（004）。

[2] ［英］卡萝塔·佩蕾丝：《技术革命与金融资本——泡沫与黄金时代的动力学》，田方萌译，中国人民大学出版社，2007。

定的技术轨道以及产业链价值链低端环节[1]。技术跟随国要突破主导国设定的技术壁垒和统治地位，推动产业链价值链从低端向高端升级，不仅需要引进—消化—吸收—再创新，同时更为重要的是强化集成创新能力、原始创新能力和自主创新能力。为此，中国共产党第十九届五中全会作出系统的战略部署，其中首要的一条就是“坚持创新在中国现代化建设全局中的核心地位”，把科技自立自强上升到“国家发展的战略支撑”的战略高度。实现高水平科技自立自强，要发挥企业创新主体作用，把握两种“机会窗口”交叠机遇，在利用要素成本低、市场空间大等后发优势推动关键核心技术突破、打破低端锁定产业分工格局的同时，以制度创新为切入点建立先发优势，才能在新一轮科技革命与产业变革中通过技术突破和规则设定赢得先机、掌握主导权。

第二，推动产业转型升级高质量发展的紧迫需要。工业大国竞争优势包括价格优势、规模优势和创新优势三个层次[2]。经过40多年改革开放和经济建设，中国从价格优势起步，建立了世界上唯一以拥有完整工业体系等为标志的规模竞争优势。2021年，中国GDP总量稳居世界第二，人均GDP达到1.25万美元，制造业增加值连续12年位居全球首位，220多种工业品产量世界第一，工业化进程正朝结构高级化方向发展，需要强化创新发展，特别是企业创新的主体地位。一方面，随着中国劳动年龄人口于2010年达到峰值，劳动力不再具有无限供给的特点，人口红利形成的“机会窗口”就会关闭，制造业比较优势会减小，需要强化以创新为标志的竞争优势。从图0-7可以看出，中国自2010年开始，全国劳动人口占比开始下降，第二产业占比整体呈下降趋势。另一方面，随着中国科技水平的不断提升，利用后发优势的空间日益缩小，部分企业在某些领域逐渐接近世界科技前沿，进入“无人区”，难以通过“引进—消化—吸收—再创新”的模式获取先进技术。

第三，突破“制度高墙”的必然要求。“制度高墙”理论的核心观点是：没有好的制度，一个后发经济体将难以翻越“制度高墙”而进入高收入社会[3]。这是因为人均收入接近10000—12000美元后，后发优势减弱，经济发展方式将更多依赖创新，此时经济发展对知识产权保护制度、社会信用制度、社会利益协调机制以及国家权力行使的监督和制约机制等制度安排要求更高。

[1] 陈志明：《中国企业融入全球创新网络的路径——知识获取与产品内分工整合的视角》，《科技管理研究》2022年第7期。

[2] 中国社会科学院工业经济研究所课题组：《“十四五”时期中国工业发展战略研究》，《中国工业经济》2020年第2期。

[3] 张军扩、罗雨泽、宋荟柯：《突破“制度高墙”与跨越“中等收入陷阱”——经验分析与理论研究结合视角》，《管理世界》2019年第11期。

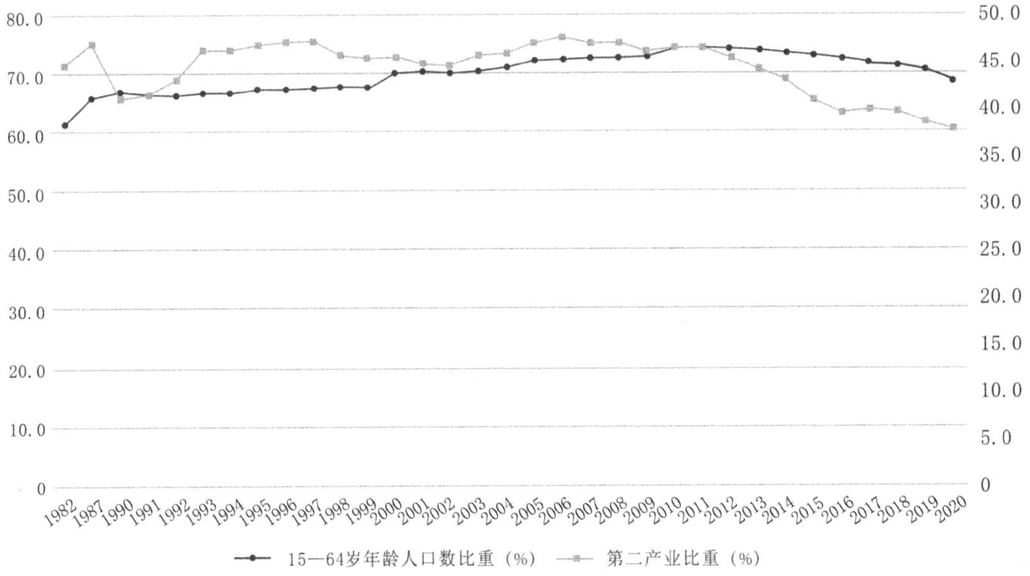

图0-7　中国劳动力人口数占比与第二产业增加值占比

资料来源：《中国统计年鉴2021》。

第四，应对百年变局和构建新发展格局的现实选择。一方面，百年变局和世纪疫情交叠，保护主义、单边主义、霸权主义来势凶猛，全球化遭遇强势逆流，全球生产分工的内化和区域化趋势明显，在此背景下，中国必须增强企业自主创新能力，实现关键核心技术自主可控，形成局部领先优势。而要形成局部领先优势，就必须有原始创新和关键技术突破，就必须优化和提升国家创新体系效能。另一方面，国际供应链、产业链、价值链均呈现明显收缩化、区域化特征。根据《世界开放报告2021》，尽管全球约八成经济体扩大开放，但世界整体开放水平呈震荡缩小势头[1]。中国企业参与国际产业合作和经贸合作的深度及广度受到严重威胁，沿全球产业链创新升级和跨链升级的空间变小、机会变少并且渠道进一步收窄。面对百年变局和世纪疫情交叠形势，中国政府提出加快构建“双循环”新发展格局。这不仅要通过自力更生，将科技成果快速转化为现实生产力，实现产业链供应链的自主、安全、可控“立起来”，而且要通过自主创新，破解关键核心技术，抢占产业链价值链制高点，积极探索科技前沿，攀登科技高峰“强起来”。习近平总书记为此指出：“推动国内大循环，必须坚持供给侧结构性改革这一主线，提高供给体系质量和水平，以新供给创造新需求，科技创

[1] 中国社会科学院世界经济与政治研究所、虹桥国际经济论坛研究中心：《世界开放报告2021》，第四届国际经济论坛，2021。

新是关键。畅通国内国际双循环，也需要科技实力，保障产业链供应链安全稳定[1]。”

科技创新在党和人民事业中的战略地位正在迈向历史新高度。在中国“十四五”规划纲要中，将坚持创新驱动发展摆在第一位，明确提出深入实施科教兴国战略、人才强国战略、创新驱动发展战略，加快建设科技强国，以及到2035年进入创新型国家前列的发展目标。党的二十大报告进一步强调，必须坚持科技是第一生产力、人才是第一资源、创新是第一动力，深入实施科教兴国战略、人才强国战略、创新驱动发展战略，开辟发展新领域新赛道，不断塑造发展新动能新优势。与此同时，我们应该清醒认识到，与当今世界科技强国比较，中国的差距仍较大，创新发展基础仍比较薄弱，存在原始创新能力还不强、创新体系整体效能还不高、科技创新资源整合还不够、科技创新力量布局有待优化、科技投入产出效益较低、科技人才队伍结构有待优化、科技评价体系还不适应科技发展要求、科技生态需要进一步完善等问题。这些问题的解决，均与强化企业创新主体地位息息相关。

[1] 习近平：《在科学家座谈会上的讲话》，《人民日报》2020年9月12日02版。

第四节 强化企业创新主体地位的战略规划

持续的技术进步助推着中国经济实现追赶、超越，并成就了“中国奇迹”。迈入全面建设社会主义现代化强国新征程，强化以企业为主体、推进产学研用深度融合、健全以市场需求为导向的技术创新体系，对于全面塑造发展新动能新优势具有重要意义。党的十九届五中全会高度强调了创新在现代化建设全局中的核心地位，把科技自立自强作为国家发展的战略支撑，对提升企业创新能力、加快建设科技强国提出了更为迫切的要求。党的十九届六中全会通过的《中共中央关于党的百年奋斗重大成就和历史经验的决议》强调，必须实现创新成为第一动力、协调成为内生特点、绿色成为普遍形态、开放成为必由之路、共享成为根本目的的高质量发展，推动经济发展质量变革、效率变革、动力变革。中国“十四五”规划纲要明确提出要“强化企业创新主体地位”，全文共有116处出现“企业”一词，从强调企业参与“基础研究”、加大研发投入激励制度、构架多层次“创新服务体系”、强化企业家参与创新决策等七个方面指出强化企业创新主体地位的基本要求[1]（见表0-3），要求企业不仅仅是技术创新体系中资源承载的主体，还要成为技术创新决策、研发投入、科研组织、成果转化的主体[2]。2022年2月，中国科学技术部在新闻发布会上强调，企业是研发投入的主体、项目组织的主体、科技成果转化的主体，在科技重大顶层设计、重大决策方面，企业应该参与进来，在项目形成、项目投入、项目组织、项目评价方面进一步提高参与度、话语权，巩固技术创新主体地位。

[1] 郝莹莹、王慧、杨耀武：《“十四五”规划纲要中企业创新主体培育的八个导向》，《科技中国》2021年第4期。

[2] 孙玉涛、柳玉梅：《实现科技治理体系现代化的张力平衡》，《中国社会科学报》2022年03月30日（003）。

表0-3　中国“十四五”规划纲要从七个方面强化企业创新主体地位

主题	规划内容
企业参与“基础研究”	对企业投入基础研究实行税收优惠，鼓励社会以捐赠和建立基金等方式多渠道投入；支持产业共性基础技术研发，包括建立关键共性技术平台、行业研究院，打造新型共性技术平台，建设混合所有制产业技术研究院等；依托行业龙头企业，加大重要产品和关键核心技术攻关力度，加快实现工程化产业化突破
加大研发投入激励力度	实施更大力度的研发费用加计扣除、高新技术企业税收优惠等普惠性政策；拓展优化首台（套）重大技术装备保险补偿和激励政策，发挥重大工程牵引示范作用，运用政府采购政策支持创新产品和服务；通过完善标准、质量和竞争规制等措施，增强企业创新动力；健全鼓励国有企业研发的考核制度，设立独立核算、免于增值保值考核、容错纠错的研发准备金制度，确保中央国有工业企业研发支出年增长率明显超过全国平均水平；完善激励科技型中小企业创新的税收优惠政策
构架多层次“创新服务体系”	推动国家科研平台、科技报告、科研数据进一步向企业开放，创新科技成果转化机制；推进创新创业机构改革，建设专业化市场化技术转移机构和技术经理人队伍；完善金融支持创新体系，鼓励金融机构发展知识产权质押融资、科技保险等科技金融产品，开展科技成果转化贷款风险补偿试点。畅通科技型企业国内上市融资渠道，增强科创板“硬科技”特色，提升创业板服务成长型创新创业企业功能，鼓励发展天使投资、创业投资，更好发挥创业投资引导基金和私募股权基金作用；培育具有国际竞争力的企业征信机构和信用评级机构，加强征信监管，推动信用服务市场健康发展；实施制造业降本减负行动，巩固拓展减税降费成果，降低企业生产经营成本；完善减税降费政策，构建有利于企业扩大投资、增加研发投入、调节收入分配、减轻消费者负担的税收制度
让企业家参与创新决策	依法保护企业家的财产权和创新收益，发挥企业家在把握创新方向、凝聚人才、筹措资金等方面的重要作用；建立制造业重大项目全周期服务机制和企业家参与涉企政策制定制度；弘扬企业家精神，实施年轻一代民营企业家健康成长促进计划
培育龙头企业	实施领航企业培育工程，培育一批具有生态主导力和核心竞争力的龙头企业；推动中小企业提升专业化优势，培育专精特新“小巨人”企业和制造业单项冠军企业；培育具有国际竞争力的服务企业；培育一批具有全球竞争力的现代流通企业
支持中小微企业成为“创新重要发源地”	完善激励科技型中小企业创新的税收优惠政策；支持创新型中小微企业成长为创新重要发源地，推动产业链上中下游、大中小企业融通创新；鼓励将符合条件的由财政资金支持形成的科技成果许可给中小企业使用；支持建设中小企业信息、技术、进出口和数字化转型综合性服务平台
强化发展环境与发展质量	优化民营企业发展环境。健全支持民营企业发展的法治环境、政策环境和市场环境，依法平等保护民营企业产权和企业家权益。保障民营企业依法平等使用资源要素、公开公平公正参与竞争、同等受到法律保护。进一步放宽民营企业市场准入，破除招投标等领域各种壁垒。创新金融支持民营企业政策工具，健全融资增信支持体系，对民营企业信用评级、发债一视同仁，降低综合融资成本。完善促进中小微企业和个体工商户发展的政策体系，加大税费优惠和信贷支持力度。构建亲清政商关系，建立规范化政企沟通渠道。健全防范和化解拖欠中小企业账款长效机制。促进民营企业高质量发展。鼓励民营企业改革创新，提升经营能力和管理水平。引导有条件的民营企业建立现代企业制度。支持民营企业开展基础研究和科技创新、参与关键核心技术研发和国家重大科技项目攻关。完善民营企业参与国家重大战略实施机制

资料来源：《中华人民共和国国民经济发展第十四个五年（2021—2025年）规划和2035年远景目标纲要》。

当前，中国经济总量占世界经济总量的比重达18.5%，企业市场主体达到4842.3万户，迈入全面建成社会主义现代化强国、实现第二个百年奋斗目标，以中国式现代化全面推进中华民族伟大复兴的新征程，对强化企业创新主体地位提出更高和更为迫切的要求。第一，建设科技强国的总目标，要求坚持创新在现代化建设全局中的核心地位，持续强化企业创新主体地位；第二，面对新形势新任务新挑战，要实现科技自立自强，企业创新意愿、创新动能和创新主体地位是关键；第三，“完善国家创新体系，加快建设科技强国”是国家实施创新驱动发展战略的主要任务，企业是国家创新体系的关键主体，唯有强化企业创新主体地位，才能不断推动创新驱动、高质量供给引领和创造新需求；第四，从近年来各类政策文件来看，中国政府非常重视企业这一技术创新主体，一直与时俱进地对此进行系统性规划并推进落实，对系统强化企业创新主体地位也有着明确的要求；第五，新一轮科技革命和产业变革催生大量的新技术和新业态，对原有的科技治理体系和能力形成了新挑战，而新技术应用和新业态呼唤新治理。以大数据、云计算、物联网、人工智能等新一代信息技术为代表的新技术的应用与推广催生出共享经济、平台经济、智能经济等大量新业态，而基于传统业态建立起来的治理理念和机制在针对新业态时经常面临伦理约束、促进发展不够、防范风险不力、法规不明确等困难，需要在国家创新体系框架下，以企业创新需求为导向，构建和发展新的科技治理体系和能力[1]。

以深化理论认识、推进相关主体研究以及解决现实问题为导向，本书尝试从国家创新体系视角，构建强化企业创新主体地位的理论分析框架和实践框架。在研究过程中，笔者力求较全面地描述、刻画当前中国企业创新现状及其主体地位，立足中国“十四五”规划纲要和新发展阶段强化创新主体地位的目标，思考强化企业创新主体地位的现实路径。在企业创新主体地位的形成过程中，政府扮演越来越重要的角色，但核心问题是在国家创新体系中处理好政府与市场的关系。因此，本书首先基于国家创新体系理论，展开分析企业创新主体概念、具体特征及其强化路径。其次，分析中国企业创新主体地位的变化过程及其特征。再次，揭示部分世界科技强国，以及中国广东、北京、上海、江苏、浙江、安徽等省市强化企业创新主体地位的做法、经验和不足。最后，提出中国进一步强化企业创新主体地位的基本思路和对策建议，并总结与提出相关结论、启示和展望。本书主要框架如图0–8所示。

本书强化马克思主义哲学及思维指引，从本体论层面剖析企业创新主体地位的本质属性，从认识论层面把握强化企业创新主体地位的核心内涵，从方法论层面探究强

[1] 巫云仙、张智建：《新发展阶段规模以上工业企业创新主体地位强化研究》，《改革与战略》2022年第2期。

化企业创新主体地位的实践进路，从而对企业创新主体地位的本质内容、内涵特征、方法策略等有一个系统完整的把握，对强化企业创新主体地位的历史逻辑、理论逻辑和实践逻辑有一个相对系统的认识。本书力求实现多维度价值。从学术角度，第一，立足科技自立自强等新情境、国家创新体系新视角，展开强化企业创新主体地位的理论研究与实践研究，深化相关研究的广度与深度；第二，提升相关主题研究的系统性，建立多元化的决策参考价值；第三，理论与实践研究方法的运用，提高了研究过程、研究结论与建议的合理性、科学性和有效性。从实践角度，研究内容可为政府部门全面深刻认识企业创主体地位提供经验证据，研究结论为激发创新要素活力和提升后发国家和地区企业创新主体地位提供决策参考，为优化完善国家创新体系和建设创新引领的世界一流企业提供有益启示。

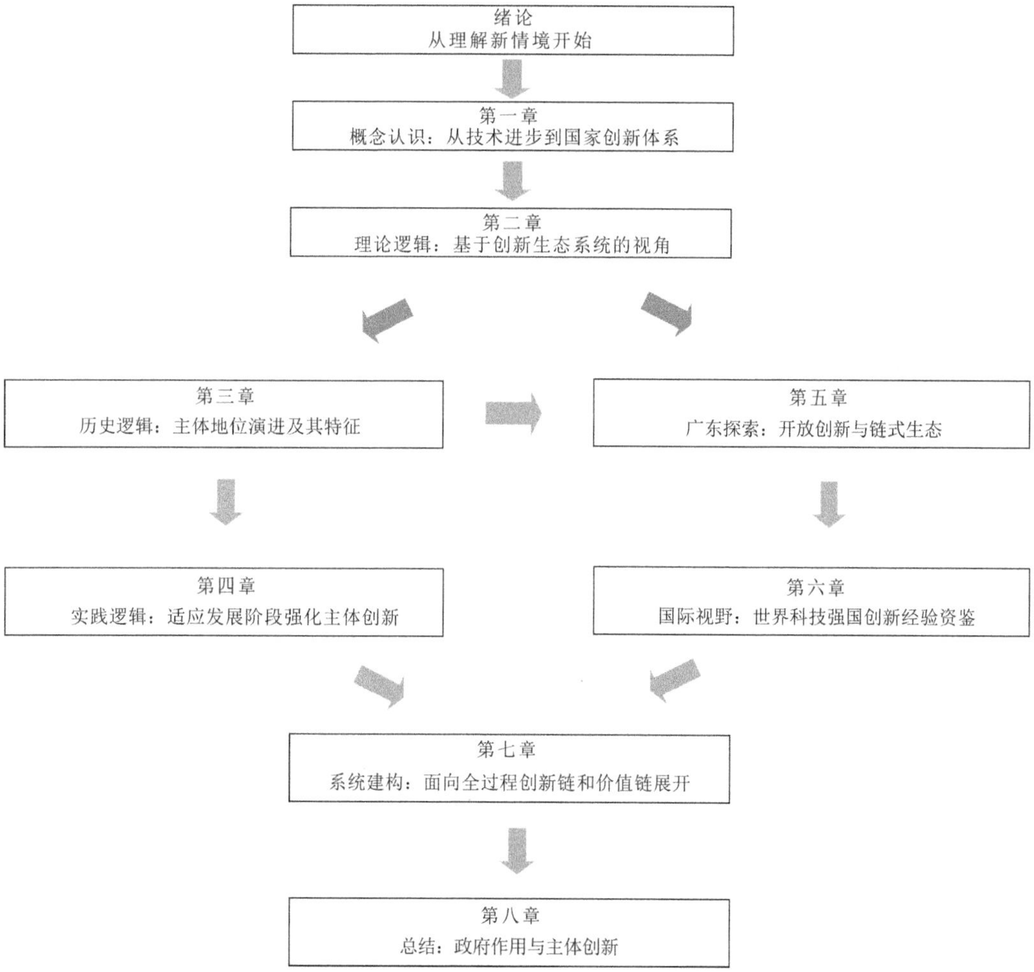

图0-8 本书框架

第一章

概念认识：从技术进步到国家创新体系

诺贝尔经济学奖获得者埃德蒙·费尔普斯（Edmund S. Phelps）指出："于经济发展而言，科学家的发明创造固然重要，但企业家的创新活动更重要。科学家知道怎么走路，而企业家却知道该向哪里走"[1]。伴随着科学与技术之间的关系从融合逐渐走向分立再到融合，科技与经济的结合紧密度不断提升，企业创新主体地位逐渐得到国内外学术界理论与实践层面的广泛研究。本章首先概述创新发展研究理论、基本思想及相关进展，其次归纳与企业创新主体地位相关的基础理论及其主要观点，最后在此基础上重点梳理国内外相关研究及其进展，展示企业创新主体地位的内涵、必要性、经验研究、强化机制等相关研究，并对其进行简要评述。本章的写作目的是为提出企业创新主体定义及强化企业创新主体地位的系统框架奠定必要的理论基础。

[1] ［美］埃德蒙·费尔普斯：《企业家是创新主体》，《北大商业评论》2013年第7期。

第一节 创新发展研究的三个主题

近300年经济发展的历史长河中，在工业革命实践驱动下，与科学技术、技术进步相适应，创新（经济学）理论研究不断深化，创新活动组织模式持续演进。整体而言，与企业相关的创新发展研究大致可划分为三个比较宏观的主题。

一、技术进步成为经济增长要素之一

1776年，亚当·斯密在《国富论》[1]建构了古典经济学增长框架，揭示了劳动生产力及劳动分工作为一国财富增长源泉的原理，指出科技发明及其在工艺上的应用是提高劳动生产力的关键因素。随后边沁（Jeremy Bentham）、萨伊（Jean-Baptiste Say）、马尔萨斯（Thomas Robert Malthus）、李嘉图（David Ricardo）、穆勒（John Stuart Mill）、马克思（Karl Heinrich Marx）等古典经济学家在斯密开创的道路上继续前进，强调了技术在驱动经济增长中的重要作用。比如，马尔萨斯在《人口原理》一书中指出，对生产最有力的三大因素分别是资本积累、土地肥力和劳动节约型的发明创造[2]。

20世纪被称为“科技百年”，飞机、计算机、人造卫星等一系列重大科技创新成果不断涌现。与此同时，马克思进一步思考了科技创新、技术创新及其与经济增长的关系，在《资本论》及其他著作中，将社会生产力发展来源归纳为劳动的社会性质、社会内部分工、智力劳动[3]。

[1] Smith A. “An Inquiry into the Nature and Causes of Wealth of Nations” . *Indianapolis*: *Liberty Fund*, 1776.中文版见亚当·斯密：《国民财富的性质及其原因的研究》，郭大力、王亚南译，商务印书馆，2002。

[2] ［英］马尔萨斯：《人口原理》，朱泱、胡企林、朱和中译，商务印书馆，1992。

[3] ［德］卡尔·马克思：《资本论》，中共中央马克思恩格斯列宁斯大林著作编译局译，人民出版社，2004。

受马克思思想启发，熊彼特（Joseph Alois Schumpeter）在经济发展层面思考并揭示创新与经济增长的关系，在《经济发展理论》一书中正式提出一个经济学新概念——创新（Innovation）[1]，并提出创新是生产过程内生的、创新的主体是企业家等思想（见图1-1）。他认为，经济增长的驱动要素包括两个，一个是传统要素，包括劳动、土地等，另一个是技术进步与科技创新，发挥的作用是通过要素组合实现“创造性破坏”，引起经济结构质变。熊彼特对创新进行了系统研究，提出了创新的概念、类型、对经济的作用，强调了企业家的作用等。比如，创新是建立一种新的生产函数；企业是经济总产量长期扩张的发动机，企业在生产经营活动中通过生产要素或生产条件的组合，进而从低效率状态向更高效率状态跃迁；创新包括新产品、新生产方法和工艺、新市场、新供应源、新企业组织方式五种类型；创新的“创造性破坏”特征是引起经济发展周期性和质变的原因；创新主要是由企业家完成，企业家精神体现为建立“私人王国”的梦想和意志、对胜利的热情、创造的喜悦、坚强的意志四个方面。以熊彼特的理论为基础，欧洲国家创新经济学与演化经济学学者通过持续深化研究，形成了熊彼特主义的基本思想——科技创新与技术进步能够打破旧有经济增长的要素均衡模型。

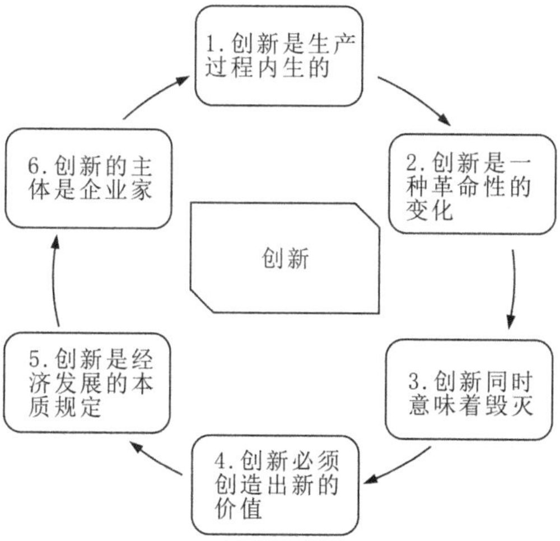

图1-1　熊彼特关于创新的基本观点

资料来源：［美］熊彼特：《经济发展理论——对利润、资本、信贷、利息和经济周期的探究》，叶华译，中国社会科学出版社，2009。

[1]　［美］熊彼特：《经济发展理论——对利润、资本、信贷、利息和经济周期的探究》，叶华译，中国社会科学出版社，2009。

以索洛（Robert Solow）、乔根森（Jorgenson D.W.）等为代表的学者再次将技术进步纳入经济增长函数的要素组合之中，通过经验研究强调经济增长是要素投入和技术进步的共同结果。索洛（1957）通过对美国工厂生产情况的经验研究发现，在1909—1949年，美国的人均小时总产量翻了一番，其中80%来自技术进步，继而提出了著名的“索洛剩余”研究的基本思想——经济长期增长的根本原因是技术进步，而不是资本积累或劳动力增长，而不是资本积累或劳动力增大[1]。与其观点相类似，乔根森等（1987）对不同劳动投入作了区分，发现1929—1948年美国经济增长的54.7%归因于创新，或者是由全要素生产率增长带来的[2]。

二、技术进步成为经济增长的内生变量

以魁奈（Francois Quesnay）、斯密（Adam Smith）、李嘉图（David Ricardo）等为代表的古典增长理论主张资本或劳动在经济增长中的决定性作用，同时也开始重视技术进步的作用。新古典增长理论比较全面地描述了技术进步与经济增长的关系，但将技术进步视作经济增长的外生变量，这局限了其应用范围及政策价值[3]。后来，一些学者尝试建立技术进步内生性增长框架。阿罗（Kenneth Arrow）（1962）在《“干中学”的经济含义》一文中突破技术进步外生性假设，提出技术因素内生化模型，揭示了技术进步的学习机制及与生产率的关系，以及“干中学”对经济增长的长期作用[4]。他认为，学习是以往经验的结果，也就是说，干得越多，经验越多，人均产出也就越多，人均生产率随着经验的积累而提高。

20世纪80年代中期以来，以技术因素内生化模型为起点和基本要素，罗默（Paul M. Romer）（1986）[5]、卢卡斯（Robert E. Lucas）（1988）[6]等进一步突破了新古典增长理论中关于技术进步外生性的假设，强调技术进步是内生的基本观点，以及资本积累和创新都是促进技术进步和经济增长的重要力量。门施（Gerhad Mensch）、弗里

[1] Solow R.M. “Technical Change and the Aggregate Production Function”. *Review of Economics and Statistics*, 1957, 39（3）：554-562.
[2] Jorgenson D.W. et al. “Productivity and U.S. Economic Growth”. *Cambridge*：*Harvard University Press*, 1987.
[3] Witt U.How Evolutionary is Schumpeter’s Theory of Economic Development?. *Industry and Innovation*, 2002, 9（12）：7-22.
[4] Arrow K.J. “The Economic Implications of Learning By Doing”. *Review of Economic Studies*, 1962（3）：155-173.
[5] Romer P. “Increasing Returns and Long-run Growth”. *Journal of Political Economy*, 1986, 94（5）：1002-1037.
[6] Lucas R. “On the Mechanism of Economic Development”. *Journal of Monetary Economics*, 1988, 22（1）：3-42.

曼（Chris Freeman）、纳尔逊（Richard R. Nelson）、罗森伯格（Rosenberger N.）等学者的观点形成了新增长理论或新熊彼特增长理论的基本思想。比如，罗默（1986）将知识及其积累作为一个独立的要素引入经济增长模型，认为知识的积累是现代经济增长的重要因素[1]。弗里曼（1987）[2]、纳尔逊和怀特（1982）[3]等学者强调知识与研发的公共商品性属性，指出存在市场失灵现象，认为政府应当进行适当干预与引导。此外，新熊彼特增长理论进一步强调了企业家和企业家精神是重新架构创新驱动发展新体系的动因[4]。

三、从线性创新模式到国家创新体系

从创新活动组织角度，创新组织具有明显的规律特征，并在长期发展过程中持续演进。20世纪之前，创新活动具有随机性，来自发明者灵光闪现或企业家冒险进取，这可能也是熊彼特创新理论从结果入手来提炼创新活动“要素重新组合”特征的根本原因[5]。进入21世纪，创新活动在企业内部开始变成一个有组织、有计划的集体行为。1902年，美国杜邦公司建立了最早的现代工业实验室——东部实验室；1903年，杜邦公司进一步建立中央实验室，以利用公司在化学纤维素方面的知识，扩大公司的产品品种范围；1934年，杜邦公司设立了哈斯科尔工业毒理学实验室；1935年，杜邦公司发明了尼龙，这一材料改变了全球化工发展格局。创新模式开始从随机转变为线性化过程。“二战”时期，美国组织实施了曼哈顿计划研制原子弹，历经3年时间，耗资22亿美元，动员了10万多人，充分体现了这一时期科技创新活动的线性化、集体性以及组织性特征。布什（Bush W.）（1995）[6]等科技创新推动者对20世纪的科技创新活动特征进行了深入研究，提出了“创新线性模型（linear model of innovation）”（见图1-2）。创新线性模型认为，科技创新活动是一个有组织的有机整体，企业创新的源头在于基础研究，经过研究开发（R&D）过程后实现商业化，并不断推广扩散，即“探索性的基础研究→将发现转化为某种实际用途的应用研究→开发应用新技术→能够大规模制造产品的商业化”。布什的线性创新模式又被称为“从基础研究到技术创新的线性模式”。

[1] Romer P. M. “Increasing Returns and Long-run Growth”. *Journal of Political Economy*, 1986, 94（5）: 1002-1037.

[2] Freeman C. “Technology Policy and Economic Performance”. *Pinter Pub Ltd*, 1987.

[3] Nelson R. R., Winter S. G. “An Evolutionary Theory of Economic Change”. *Cambridge: Harvard University Press*, 1982.

[4] Drucker P. F. “Innovation and Entrepreneurship: Practice and Principles”. *Butterworth-Heinemann*, 1985.

[5] 蔡跃洲：《数字经济的国家治理机制——数据驱动的科技创新视角》，《北京交通大学学报（社会科学版）》2021年第2期。

[6] Freeman C. “The ‘National System Of Innovation’ in Historical Perspective”. *Cambridge Journal of Economics*, 1995,（19）: 5-24.

图1-2　布什线性创新模式

资料来源：Freeman C. “The National System of Innovation in Historical Perspective” . *Cambridge Journal of Economics*, 1995, （19）: 5-24.

罗斯威尔（Rothwell R.）（1992）认为，从20世纪50年代到90年代，企业创新过程经历了深刻变化，共形成五代具有代表性的创新过程模型：第一、二代为简单线性模式，分别为技术推动和需求拉动；第三代为耦合模式，重视不同因素间相互作用和反馈环节；第四代为并行模式，重视公司内部一体化以及公司与供应商、顾客之间的外部联系；第五代为系统集成与网络过程模型，重视公司内外部联系的高度整合，促进开放式创新[1]（模型见图1-3至图1-7）。

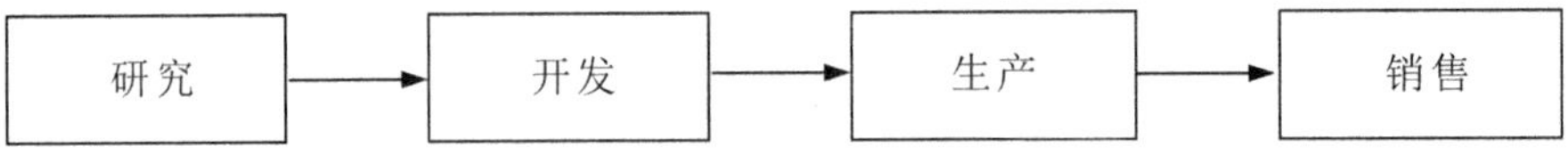

图1-3　技术推动创新模型

资料来源：Rothwell R. “Successful Industrial Innovation: Critical Factors for the 1990s” .*R&D Management*, 1992, 22（3）: 221-239.

图1-4　市场拉动创新模型

资料来源：Rothwell R. “Successful Industrial Innovation: Critical Factors for the 1990s” .*R&D Management*, 1992, 22（3）: 221-239.

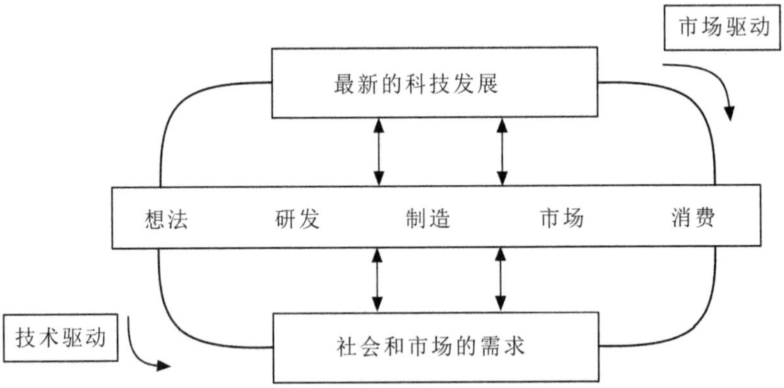

图1-5　链环创新模型

资料来源：Rothwell R. “Successful Industrial Innovation: Critical Factors for the 1990s” .*R&D Management*, 1992, 22（3）: 221-239.

[1] Rothwell R. “Successful Industrial Innovation: Critical Factors for the 1990s” .*R&D Management*, 1992, 22（3）: 221-239.

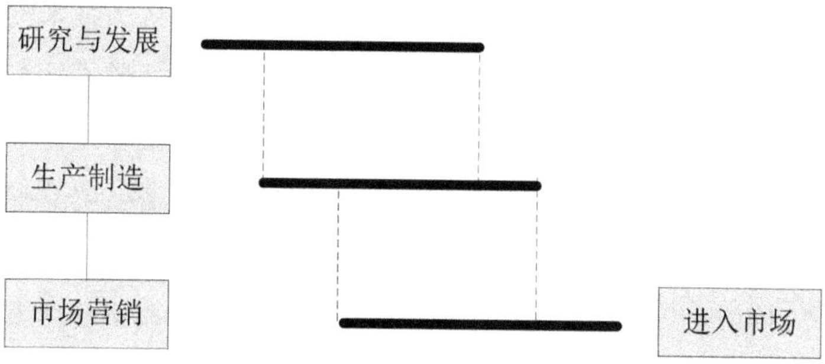

图1-6 一体化创新过程模型

资料来源：Rothwell R. “Successful Industrial Innovation： Critical Factors for the 1990s” .*R&D Management*, 1992, 22（3）：221-239.

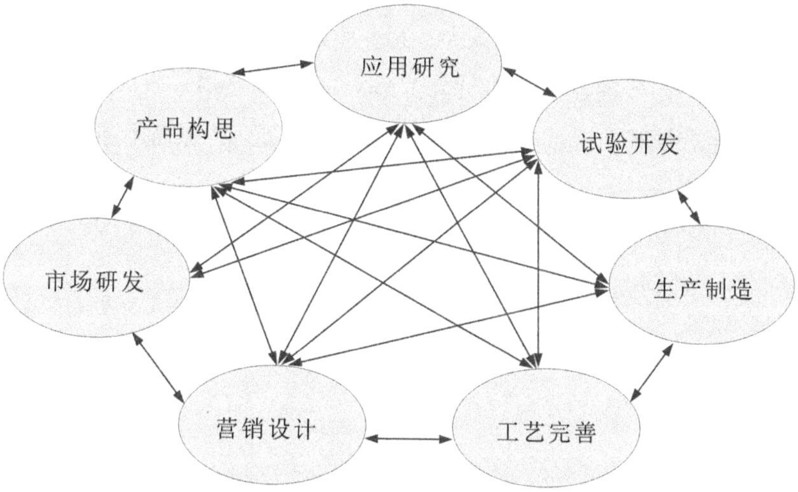

图1-7 系统集成与网络过程模型

资料来源：Rothwell R.1992. “Successful Industrial Innovation： Critical Factors for the 1990s” .*R&D Management*, 1992, 22（3）：221-239.

弗里曼（1987）基于日本的国家和企业创新实践，将政府、市场、社会等多主体驱动科技创新与技术进步过程纳入国家经济发展与国家能力演化的理论框架之中，提出“国家创新体系”（NIS）的概念[1]。国家创新体系是一种由公共部门、私人部门等机构共同组成的网络系统，在制度和产业结构层面创新具有系统性，国家技术干预具有重要性，“二战”后，日本经济追赶成功的原因在于发挥了通产省的关键作用、企业自身创新战略的成功、社会教育和培训的有效性、工业集群化发展。弗里曼指出：“政府和企业层面的政策使得日本的国家创新系统在20世纪后半叶成为全球最具效率的系统。”

[1] Freeman C. “Technology Policy and Economic Performance：Lessons from Japan” . *Printer Publishers*.1987.

弗里曼的NIS 理论将创新视作政府主导或干预的行为，认为技术创新必须跟政府的制度创新结合起来才能取得成功（见图1-8），这很好地解释了日本战后迅速崛起的内在原因，得到了经济合作与发展组织（OECD）等国际组织及相关国家的重视，并持续至今。总体而言，NIS理论发展包括三个方面，第一是早期基本强调“产学研结合”，即NIS是一种“产学研结合”的网络系统。第二是进入21世纪之后，全球科技创新进入了空前的活跃时期，政府在创新活动中的作用日益引起西方学者的关注与重视。政府不仅能够弥补市场失灵，而且还能够促进企业组织网络和学习过程的重构和大学的研究。第三是创新生态系统、创新网络等理论得到发展。汉南（Hannan M. T.）和弗里曼（1977）提出“组织种群生态学”的观点，揭示了组织受环境影响的特征[1]；摩尔（Moore J. F.）（1993）认为，企业生态系统是以组织和个体的相互作用为基础的经济联合体[2]；美国竞争力委员会（American Council on Competitiveness）结合国家创新系统和生态学基本观点，于2004年在国家层面提出“创新生态系统”（innovation ecosystem）概念[3]等。

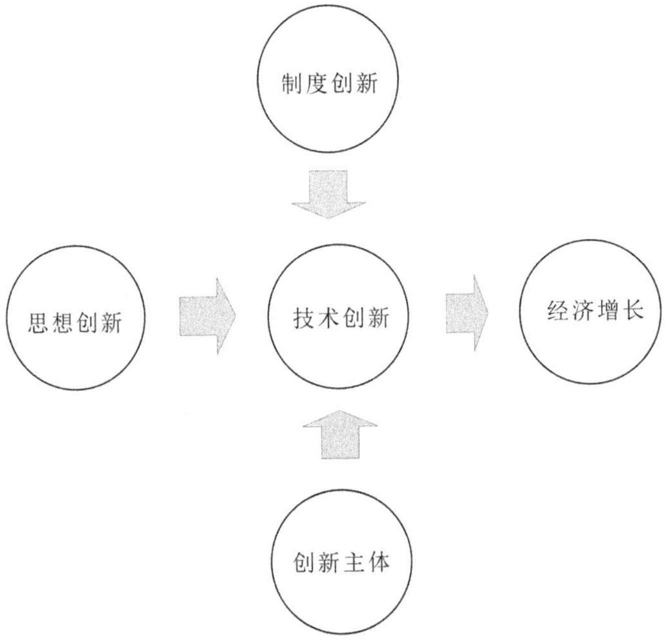

图1-8　弗里曼“国家创新体系”的思想架构

资料来源：笔者整理。

[1] Hannan M.T.，Freeman J. “Structural Inertia and Organization Change”. *American Sociological Review*, 1977，49：149-164.

[2] Moore J.F. “Predators and Prey：A New Ecology of Competition”. *Harvard Business Review*, 1993，71（3）：75-86.

[3] Council on Competitiveness. “Innovate America：Thriving in a World of Challenge and Change”. *United States of America*：*Council on Competitiveness*. 2004.

第二节 经典理论及关键思想体系

在百年创新研究过程中，熊彼特创新理论、国家创新系统理论等诸多理论在试图解释一个国家在工业经济、知识经济时代背景下日益复杂的创新活动的同时，直接或间接地表达了企业创新主体以及强化企业创新主体地位的思想，本书的研究以此为理论基础。具体而言，相关理论包括熊彼特创新理论、企业家精神理论、企业创新理论、国家竞争优势理论、三螺旋创新理论和创新体系等，这些理论分别从企业创新发展内在规律、企业创新与其他创新主体之间的关系、外部环境对企业创新的影响等不同维度揭示了企业创新特征及其主体地位的价值。强化企业创新主体地位，不仅要符合企业创新发展的基本规律，同时也要立足国家竞争力、国家技术追赶等战略需要，深化企业与其他创新主体及政府之间的关系。

一、起源：熊彼特创新理论

马克思本人并没有明确提出“创新”的概念，但其著作对生产力与生产关系的辩证关系的论述中蕴含着深刻的创新思想。从主体角度出发，马克思指出，科学是一种潜在的生产力，只有通过采用机器、使用新的生产方法，或通过机器、化学过程和其他方法，使工人的职能和劳动过程随着生产技术发展发生变革，将科学并入生产过程（即现代意义上的技术创新），才能大幅度提高生产率，转化为现实的直接生产力，推动经济的快速发展[1]。恩格斯则强调科学发展与社会需求的关系，指出“社会一旦

[1] 刘红玉、彭福扬：《马克思关于创新的思想》，《自然辩证法研究》2009年第7期。

有技术上的需要，这种需要就会比十所大学更能把科学推向前进”[1]。此外，马克思强调了技术创新与制度创新的关系，通过对生产力和生产关系的动态考察，阐释了技术创新（直接的生产力）决定制度创新（社会生产关系的调整和变革）、制度创新对技术创新具有影响和制约关系。

“创新鼻祖”熊彼特毫不讳言地指出其创新思想与马克思的创新思想有着内在联系。在熊彼特创新理论中，实现“生产要素和生产条件的新组合”是企业的基本职能，并且只有企业和企业家才能组合各种要素和资源。熊彼特在《资本主义、社会主义和民主》一书中提出了“创造性破坏”的概念。他描述了随着时间的推移，公司如何因技术和创新而繁荣发展或失败，以及这种动态对于推动增长和进步的重要性。资本主义经济的长期波动的实质是由创造性破坏过程推动的，即通过创造性破坏过程摧毁旧经济结构和创造新的经济结构。在此过程中，企业家精神是实现“创造性破坏”的重要来源，例如从手工作坊到美国钢铁企业的发展过程是一系列企业家的创造推动并实现了美国工业结构的突变[2]。根据熊彼特的相关研究，科技产业创新通常有两种含义，一种是指新的科技产业的兴起，另一种是指较为成熟的科技产业持续不断地改进和升级。前者对应“熊彼特Ⅰ型”产业创新模式，后者对应“熊彼特Ⅱ型”产业创新模式。在“熊彼特Ⅰ型”产业创新中，创业家和新企业在创新活动中扮演重要角色，所发生的创新往往是颠覆式的，产业中的企业一般是通过科技成果在本地产业化而产生，如生物技术产业便是典型代表。“熊彼特Ⅱ型”产业一般具有较高的进入门槛，大企业占据主导地位，所发生的创新通常是渐进式的，如半导体和大型计算机产业是典型代表。科技产业的熊彼特创新模式会随着时间发生演变。根据产业生命周期理论，创新活动的熊彼特Ⅰ型模式会演变为熊彼特Ⅱ型模式。当出现重大的知识、技术和市场不连续性时，创新活动的熊彼特Ⅱ型模式会被熊彼特Ⅰ型模式替代。柳卸林和葛爽（2018）基于新熊彼特增长理论的视角探究了20年来中国经济增长创新驱动的内在机制[3]。他们指出，新熊彼特增长理论在知识的基础上强调企业家的作用和破坏性创新，中国正处于从投资驱动阶段向创新驱动阶段的过渡时期，仅靠增加投入粗暴地促进技术进步和追赶模仿式的进步方式已经难以为继，亟须由好奇心驱动的具有前瞻性、颠覆性的科技创新（熊彼特I型）推动中国创新驱动发展[4]。

---

[1] 刘新林：《马克思主义关于创新的思想》，《学习时报》2015年11月23日。

[2] ［美］熊彼特：《资本主义、社会主义和民主》，吴良健译，商务印书馆，1999。

[3] 柳卸林、葛爽：《探究20年来中国经济增长创新驱动的内在机制——基于新熊彼特增长理论的视角》，《科学学与科学技术管理》2018年第11期。

[4] 同上。

企业家是企业创新发生和发展的根本原因。对于企业家（Entrepreneur）的研究最早的是熊彼特，其后可划分为三大学派：以熊彼特和鲍莫尔（Baumol W.J.）为代表的德国学派，他们将创新视作企业家精神的核心，比如，鲍莫尔将企业家细分为推动经济增长的生产性企业家，以及很少或不推动而且实际上有时还会损害经济增长的非生产性企业家[1]；以奈特（Knight F.H.）、舒尔茨（Schultz T.W.）等为代表的新古典学派，他们从市场角度探讨企业家的风险承担能力、冒险精神以及应对市场波动的能力；以米塞斯（Mises L.）和柯兹纳（Kipzner I.M.）为代表的奥地利学派，他们认为企业家精神体现为对市场机会的识别能力[2]。德鲁克（Drucker P.F.）沿袭了德国学派的基本思想，他在《创新与企业家精神》一书中针对创新与企业家精神进行了系统论述，并指出创新与企业家精神能让任何社会、经济、产业、公共服务机构和商业机构保持高度的灵活性和自我更新能力，建立形成一个企业家社会[3]。德鲁克为“企业家”下了一个定义：企业家是这样一种人，他们从来没有引起变化，但是他们又总是把变化变为机会。麦迪克（Maideque M. A.）的研究认为，企业家这一角色对根本技术创新是不可缺少的，但其随着厂商发展阶段而有所不同；根本技术创新的成功需要最高管理阶层参与到企业家网络中来；重要的中间层次的创业者在综合公司中的作用尤为突出，此即后来所说的 “内企业家”[4]。张维迎（2021）指出，创新和发明不一样，发明只需做出原来没有的东西，而创新最终要落实到商业价值上，如果没有一个企业家群体在那里“折腾”，就不可能有创新[5]。

二、微观：企业创新理论

自熊彼特提出创新概念后，企业创新研究经久不衰，形成了一系列经典理论和模式，为理解企业创新主体地位打开了“黑箱”。更多学者认为，企业创新是一个包含多维度内容的概念。克罗桑和阿佩丁（2010）对此进行了综合探究，如图1–9所示。在其框架中，企业创新的决定因素中，最为核心的是领导力，其次才是管理杠杆、商业过程，而企业创新的维度包括过程与结果两个维度[6]。

[1] 陈宪：《加快建设创新型国家——理论演进、主体转换和生态优化》，《探索与争鸣》2017年第11期。
[2] 卢现祥、李磊：《强化企业创新主体地位　提升企业技术创新能力》，《学习与实践》2021年第3期。
[3] ［美］德鲁克：《创新与企业家精神》，蔡文燕译，机械工业出版社，2009。
[4] Maidique M.A. “Entrepreneur，Champions，and Technological Innovation”. *Sloan Management Review*：1980，（21）：59–76. 参考：李兆友：《技术创新主体研究综述》，《哲学动态》1997年第11期。
[5] 张维迎：《创新的主体是企业家》，《中国中小企业》2021年第4期。
[6] Crossan M.M.，Apaydin M. “A Multi–Dimensional Framework of Organizational Innovation：A Systematic Review of the Literature”. *Journal of Management Studies*，2010，47（6）：1154–1191.

图1-9　企业创新的决定因素与维度

资料来源：Crossan M.M.，Apaydin M. “A Multi-Dimensional Framework of Organizational Innovation：A Systematic Review of the Literature”. *Journal of Management Studies*，2010，47：1154-1191.

从过程来看，克拉克（Clark J.B.）（2000）界定的创新过程分三个阶段：基础性创新、改良性创新和营销性创新[1]。阿伯纳西和厄特拜克（1975）将创新过程分为3个阶段：流动阶段、转换阶段和稳定阶段。他们根据企业在不同创新阶段面临不同的创新任务提出了AU模型，其核心思想是：流动阶段，主导设计尚未确立，产品创新率高、产品变化速度快、设计具有多样性特征，以产品创新为主；转换阶段，产品多样性开始让位于主导设计，重大产品创新率下降、重大工艺创新率上升，以工艺创新为主；稳定阶段，产品设计、生产程序和生产工艺日趋标准化，以市场创新为主[2]。伴随着企业技术创新的范式由最初的“线性范式”向“网络范式”转变（见表1-1）[3]，美国科技政策领域学者里克罗夫特和卡斯（1999）指出，21世纪创新成功的关键是

[1]　廖理、汪韧、陈璐：《探求智慧之旅》，北京大学出版社，2000年。
[2]　余维新、顾新、彭双：《企业创新网络：演化、风险及关系治理》，《科技进步与对策》2016年第8期。
[3]　陈晓红、解海涛：《基于“四主体动态模型”的中小企业协同创新体系研究》，《科学学与科学技术管理》2006年第8期。

建立并维持有效的网络[1]。从结果来看，按照创新强度的不同，学者把技术创新分为渐进性创新（Incremental Innovation）与突破性创新（Radical Innovation），也有学者称渐进性创新为可持续性创新、演化性创新，称突破性创新为破坏性创新、革命性创新。学术界一般认为，渐进性创新对现有产品的改变相对较小，能充分发挥已有技术的潜能，并经常能强化现有成熟型公司的优势，特别是强化已有企业的组织能力，对公司的技术能力、规模等要求较低。与此相反，突破性创新建立在一整套不同的科学技术原理之上，它常常能开启新的市场和潜在的应用[2]。付玉秀和张洪石（2004）指出，突破性创新是后发国家和企业实现经济赶超与跨越的根本途径[3]。

表1-1 两种创新范式特征比较表

	线性创新范式	网络创新范式
参与主体	大企业、研发机构（部门）	大企业、中小企业、高校及科研机构、政府、供应商、公共中介机构、客户
创新过程中的重要投入	研发投入	研发投入、市场信息、技术竞争、公共政策
技术创新后果影响	企业自身转化吸收	创新活动在网络内扩散

资料来源：Asheims T. “Interactive，Innovation Systems and SME Policy”. *Paper Presented on the EGU Commission on the Organization of Industrial Space Residential Conference*，Gothenburg，Sweden，1998.

资源是理解企业创新规律的重要视角。彭罗斯（Penrose A.）提出了“内部资源成长理论”，指出企业内部资源是其成长的基本条件，企业家管理能力是有效利用企业拥有的各种资源实现成长发展的重要因素[4]。在此基础上，以巴尼（1991）等为代表的资源基础观理论进一步指出掌握有价值的、稀缺的、不可模仿的以及不可替代的资源的企业更容易获得持久竞争优势和超额利润[5]。而资源拼凑理论则认为，对手头上现有而常被忽视的实物资源、社会资源、制度资源进行创造性利用，也是企业突破资源约束、获取新价值、实现快速成长的有效路径[6]。近年来，企业在创新过程中从外

[1] Rycroft R.W.，Kash D.E. “The Complexity Challenge：Technological Innovation for the 21st Century”. *Cassell Academic Publishers*，1999.
[2] Dewar R.D，Dutton J.E. “The Adoption of Radical and Incremental Innovations：An Empirical Analysis”. *Management Science*，1986，32（11）：1422-1433.
[3] 付玉秀、张洪石：《突破性创新：概念界定与比较》，《数量经济技术经济研究》2004年第3期。
[4] Penrose E. “The Theory of The Growth of The Firm”. *Oxford University Press*，1959.
[5] Barney J.B. “Firm Resources and Sustained Competitive Advantage”. *Journal of Management*，1991，17（1）：99-120.
[6] Baker T.，Nelson R.E. “Creating Something from Nothing：Resource Construction Through Entrepreneurial Bricolage”. *Administrative Science Quarterly*，2005，50（3）：329-366.

部环境获取资源变得尤为重要，形成了创新环境、创新网络、知识交互、创新系统、产业集群、知识溢出、开放式创新、全球创新网络等理论。这些理论揭示了外部环境和其他创新主体对企业创新发展的作用机制，企业创新主体地位的形成更多的是企业内部资源能力和外部环境资源溢出长时期相互作用的结果。如《奥斯陆手册》定义了以企业为中心的创新网络（见图1-10），强调企业与其他企业、大学和研究机构间建立创新网络，企业组织与制度结构，以及需求的作用[1]。

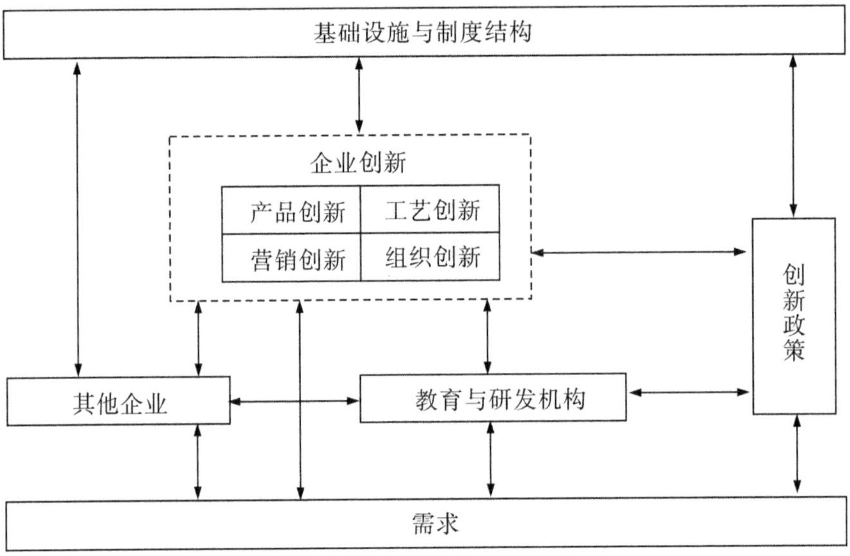

图1-10 企业创新及其网络关系

资料来源：甄峰：《欧盟企业创新调查与数据开发的经验和启示》，《科学学研究》2014年第7期。

一些学者则从生态视角理解企业创新与外部主体之间的关系。美国遗传学家列万廷（Lewontin R.）在《三螺旋：基因、生物体和环境》一书中最先使用三螺旋来模式化基因、组织和环境之间的关系，强调基因、生物体和环境三者间互为因果的辩证关系，基因和环境都是生物体的因，而生物体又是环境的因，因此基因以生物体为中介，又成了环境的因[2]。2003年，著名学者埃茨科威兹基于生物学三螺旋思想观点，在《创新中的创新：大学—产业—政府间的三螺旋关系》一文中较早地提出了政府在产学研一体化创新过程中的作用（见图1-11）。三螺旋创新模型不仅揭示了创新过程

[1] 甄峰：《欧盟企业创新调查与数据开发的经验和启示》，《科学学研究》2014年第7期。
[2] 方卫华：《创新研究的三螺旋模型：概念、结构和公共政策含义》，《自然辩证法研究》2003年第11期。

中的多主体特征，同时也揭示了不同主体之间的内在联系[1]。

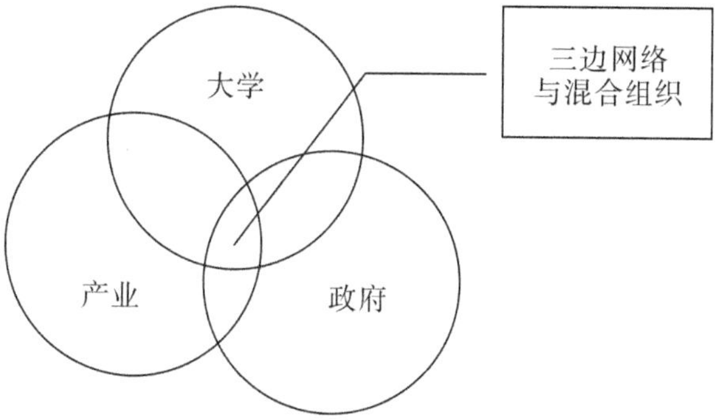

图1-11　政府、产业（企业）、大学关系的三螺旋模型

资料来源：Etzkowitz H. "Innovation in Innovation: The Triple Helix of University-Industry-Government Relations". *Social Science Information*, 2003, 42（3）: 293-337.

三、宏观：国家创新体系理论

获取国家竞争优势、实现技术追赶是国家强化企业创新主体地位的出发点。波特（Porter M.E.）将一个国家的经济发展阶段划分为要素驱动（Factor-Driven）、投资驱动（Investment-Driven）、创新驱动（Innovation-Driven）和财富驱动（Wealth-Driven）四类[2]。他在《国家竞争优势》一书中对创新驱动阶段的五大特征进行了描述，其中最重要的是企业摆脱了对国外技术和生产方式的绝对依赖，开始发挥自主创造力，在产品、工艺流程和市场营销等方面已经具备竞争优势[3]。波特（1990）将国家竞争优势的构成要素归结为"钻石模型"（Diamond Method），包括资源要素、需求条件、辅助支持行业、企业战略四个核心要素，以及政府功能和机遇这两个辅助要素（见图1-12）。波特理论从国家竞争角度强调了企业在创新驱动阶段的主体作用以及企业在创新过程中与外部其他要素的关系。

[1] Etzkowitz H. "Innovation in Innovation: The Triple Helix of University-Industry-Government Relations". *Social Science Information*, 2003, 42（3）: 293-337.

[2] 其中，要素驱动发展阶段的主要动力是丰富的劳动力和自然资源，投资驱动发展阶段的主要动力是大规模的投资，创新驱动发展阶段的主要动力是创新能力与水平，财富驱动发展阶段的主要动力是大规模的财富资本投入。波特认为一个国家不能停留在要素、投资驱动阶段，应积极向创新驱动方向发展，而财富驱动是一个国家走向衰落的标志。

[3] Porter M. E. "The Competitive Advantage of Nations". *Free Press*, 1990.参考：王海燕、郑秀梅：《创新驱动发展的理论基础、内涵与评价》，《中国软科学》2017年第1期。

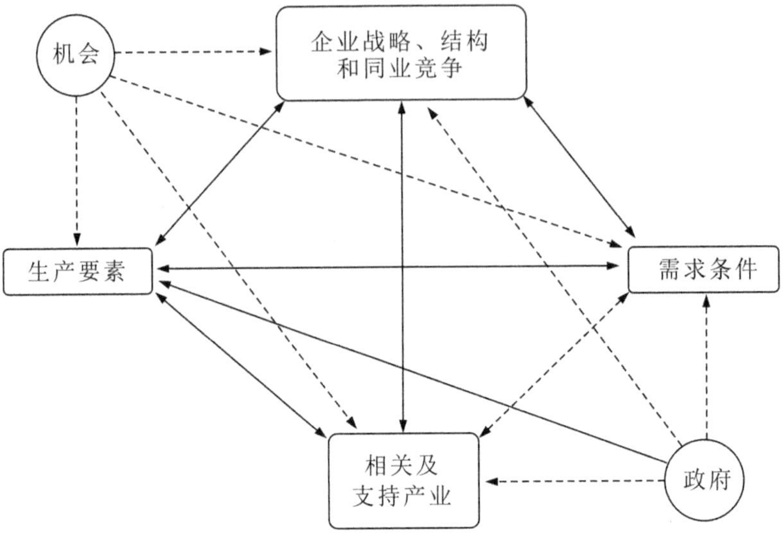

图1-12 波特“钻石模型”

资料来源：Porter M.E.“The Competitive Advantage of Nations”. *Free Press*, 1990.

从技术追赶角度出发，熊彼特创新理论推翻了经济增长是平衡连续发展的结论，认为增长是对现有经济关系的突破，是基于创新的非均衡破坏，是一种“创造性的毁灭”，在破坏过程中，创新不断涌现，“机会窗口”被创造出来，使技术后发国家有了追赶甚至超越的可能[1]。在对韩国电子产业发展进行研究的基础上，吉姆（Kim L.）（1980）、李（Lee）等（1988）研究了后发国家技术追赶过程，提出了引进—消化—改进的三阶段模型，以及跟跑—并跑—领跑的技术进步过程[2]。国内学者吴晓波等（1995）提出了“二次创新”的概念，即“在技术引进的基础上进行的，受囿于已有技术范式，并沿既定技术轨迹而发展的技术创新”。基于厄特拜克和阿伯纳西（1975）的技术生命周期模型，吴晓波（1995）进一步提出了技术引进的动态性特点，并基于此提出了二次创新的后发企业技术能力提升的动态过程模型，如图1-13所示。安同良（2006）提出技术追赶国家企业技术能力发展的五阶段模式——技术选择、获取、消化吸收、改进和创造[3]。

[1] 柳卸林、高雨辰、丁雪辰：《寻找创新驱动发展的新理论思维——基于新熊彼特增长理论的思考》，《管理世界》2017年第12期。
[2] 从引进国外技术“跟跑”，到消化、吸收先进技术经验“并跑”，进而在关键领域自主创新“领跑”。
[3] 安同良：《中国企业技术能力的高度化发展：技术创造》，《科技进步与对策》2006年第2期。

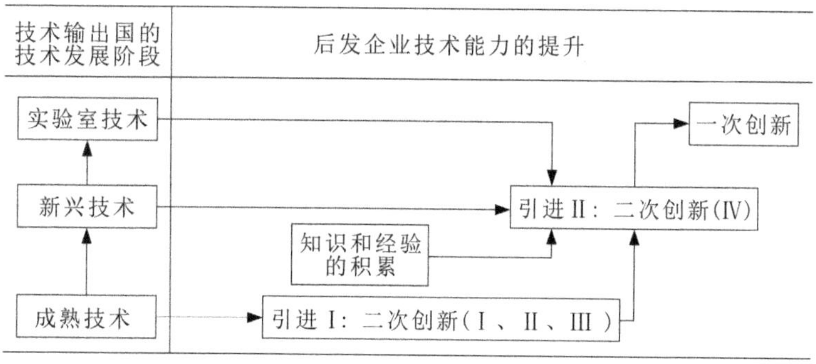

图1-13 技术引进的动态性特点和二次创新的动态过程

参考资料：彭新敏等（2013）[1]。

国家创新体系理论为企业创新主体地位提供系统视角。国家创新体系最早可以追溯到1856年李斯特提出的“国家体系”概念以及1934年熊彼特提出的“创新理论”[2]。自弗里曼（1987）提出NIS概念后，国家创新体系理论得到了深入发展，至今的创新研究均将企业作为创新系统的重要主体。比如，中国国务院发布的《国家中长期科学和技术发展规划纲要（2006—2020年）》将国家创新体系定义为以政府为主导、充分发挥市场配置资源的基础性作用、各类科技创新主体紧密联系和有效互动的社会系统。世界经济合作组织（OECD）则认为，在国家创新体系下，一个国家的公共研究机构、大学、参与科技研发的私营企业以及其他参与者们通过相互联系、作用与影响，决定了国家科技进步与创新发展的绩效[3]。在区域层面的研究指出，“政府（公共机构）—企业（产业）—大学（科研）—用户（市民）”在跨组织的创新生态系统中相互作用，形成网络式区域创新体系。阿希姆和伊萨克森（2002）认为，区域创新系统由区域主导产业集群中的企业、制度基础结构（如研究机构）两类主体构成[4]。

[1] 彭新敏、吴晓波、吴东：《基于二次创新动态过程的企业网络与组织学习平衡模式演化——海天1971—2010 年纵向案例研究》，《管理世界》2011年第4期。注：（1）二次创新动态过程是指从基于第I类技术引进（成熟技术）向基于第II类技术引进（新兴技术）的动态升级过程。基于第I类技术引进，简称引进I，引进的是成熟技术，该技术在引进时已经处于技术生命周期模型中的特性阶段，工艺创新与产品创新的频率都在降低，主导设计已经趋于成熟，技术竞争的焦点已经转向产品与工艺的渐进改进。基于第II类技术引进，简称引进II，引进的是新兴技术或实验室技术，该技术在引进时处于技术生命周期模型中的转换阶段末期，主导设计正在形成，技术改进的空间相对较大，对研发能力和生产能力的要求较高。（2）二次创新（I、II、III）是指模仿创新、创造性模仿和改进型创新三个阶段，二次创新（IV）是指后两次创新阶段。

[2] Schumpeter J.A. “The Theory of Economic Development：An Inquiry into Profits，Capital，Credit，Interest，and the Business Cycle”. *Transaction Publishers*, 1934.

[3] OECD：《以知识为基础的经济》，杨宏进、薛澜译，机械工业出版社，1997年。

[4] Aseim B.T.，Isaksen A. “Regional Innovation Systems：The Integration of Local ‘Sticky’ and Global ‘Ubiquitous’ Knowledge”. *Journal of Technology Transfer*, 2002，（27）：77-86.

关于国家创新体系的研究可以分为三类：一是以弗里曼和纳尔逊为代表的制度学派，他们认为国家创新体系是一种制度，制度的架构决定创新系统的效率，包含政府政策、企业研发、教育培训和产业结构等要素。一个国家的强盛不仅依靠技术创新，还会受到制度、组织创新的影响[1]。英国学者佩特尔和帕维特（1991）认为，国家创新系统是由国家制度、竞争力和激励机制等相互作用形成的，决定一个国家科技创新的速度和发展方向[2]。纳尔逊的研究把现代企业理论纳入宏观经济增长的体系之中，提出了惯例（Routine）—搜寻（Search）—环境选择（Selection）的由微观至宏观的技术创新范式概念，认为企业是关键的知识储藏库，技术变迁和组织变革相互交织推动企业进化。二是以伦德瓦尔为代表的技术创新学派，他们认为国家创新体系是指促进经济发展的知识生产者和使用者之间的相互作用和影响构成的技术创新体系，其核心活动是学习[3]。三是后来许多学者在不断探索和完善中逐渐形成的“创新生态系统”理论框架，譬如美国的《创新美国》研究报告中提出了“国家创新生态系统”这一概念[4]。

在国家创新体系中，企业技术创新的效率和能力决定了企业较其他技术创新参与者的相对位置，也是影响NIS核心竞争力的重要因素，因此NIS构成评价企业技术创新地位的系统视角。

---

[1] Freeman C. “Technology，Policy，and Economic Performance：Lessons from Japan” . *Pinter Pub Ltd*, 1987.

[2] Pavitt P.K. “Large Firms in the Production of the World’s Technology：An Important Case of “Non-Globalisation” . *Journal of International Business Studies*，1991，22（1）：1-21.

[3] Lundvall B.A. “National Innovation Systems：Towards a Theory of Innovation and Interactive Learning” . *Pinter*, 1992.

[4] Council On Competitiveness. “National Innovation Initiative Working Group Report” . *US: Council On Competitiveness*, 2004.

第三节 3

国内外研究动态及最新观点

国内外学者分别从企业创新主体的内涵和要求、必要性和发展定位、监测指标体系构建和总体评估、强化企业创新主体地位的措施等方面开展了理论和实践研究，取得了丰富的研究成果，形成了一些关键共识，同时也发现了一些值得关注并深入探究的问题。

一、企业创新主体的概念界定

企业创新主体概念研究包括“企业创新主体是什么”“企业创新主体的特征”“企业创新主体地位的具体表现是什么”等。

从创新链来看，创新包括三个层次：科学发现、技术发明、科技成果产业化。技术发明和科技成果产业化可概括为技术创新，科技创新包括科学发现。关于“企业创新主体是什么”，大部分学者认为，企业是技术创新的主体。连燕华（1994）从技术创新定义入手，最早提出只有企业才是技术创新的主体，大学、研究开发机构不能成为技术创新的主体，而只是新的生产要素的提供者[1]。后来，傅家骥（1996）[2]、赵克和朱新轩（1996）[3]、钟敏（2002）[4]、高策和郭淑芬（2003）[5]、孙福全和陈宝明

[1] 连燕华：《试论企业是技术创新的主体》，《科学管理研究》1994年第5期。
[2] 傅家骥：《让企业成为技术创新的主体》，《经济工作通讯》1996年第24期。
[3] 赵克、朱新轩：《论技术创新主体的转换》，《科学管理研究》1996年第4期。
[4] 钟敏：《浅析国企作为“技术创新主体”的内涵及外部环境》，《技术经济》2002年第11期。
[5] 高策、郭淑芬：《技术创新主体的演化史刍议》，《山西大学学报（哲学社会科学版）》2003年第3期。

（2006）[1]、连燕华（2006）[2]、柳卸林和潘铁（2008）[3]、汪锦等（2012）[4]、王瑞琪等（2017）[5]、李文静和彭红星（2022）[6]等进一步明确了企业在技术创新中的主体地位。中国政府于2012年印发的《关于深化科技体制改革　加快国家创新体系建设的意见》中也指出“充分发挥企业在技术创新决策、研发投入、科研组织和成果转化中的主体作用”。高策和郭淑芬（2003）从哲学的视角对技术创新和技术创新主体作了系统分析，提出技术创新的主体演替规律，即基本经历了个人主体—企业主体—国家“超主体”—区域“超主体”的演化过程，指出了中国技术创新主体的多元共存特征[7]。

关于企业是技术创新主体，学界已形成广泛共识。近年来，一些研究强调企业不仅要在技术方面创新，也要在科学研究、基础研究中发挥主体或重要作用。比如，吕薇（2020）指出提高原始创新能力是进入创新型国家前列的标志之一，而企业作为技术创新的主体，必将在加强基础研究和提高原始创新能力中发挥越来越大的作用[8]。柳卸林和潘铁（2008）在《构建以企业为主体的产学研合作模式》中指出，以企业为主体的产学研合作模式是指在科学技术转化为生产力的过程中，由企业来实现科技活动与经济活动的有机结合，其实质是企业自己主持基础研究、应用研究、开发研究、产品创新和新产品市场营销等全部流程，其特征是企业同时作为科学技术的创造者和科学技术转化为生产力的创新者，企业既是研究的主体又是生产的主体[9]。洪银兴（2012）探讨了科技创新视角下企业创新主体的四重含义，即企业是新技术的采用主体、企业是新技术的研发主体、企业是技术创新的投资主体、企业是孵化新技术的主体[10]。

从“企业创新主体的特征”来看，赵克和朱新轩（1996）指出，“技术创新主体是指参与技术创新活动过程，并在技术创新活动中占主导地位、发挥主导作用的社会组织或社会角色”[11]。孙玉涛和刘凤朝（2016）探讨了中国企业技术创新主体地位确立的情境、内涵和政策，认为在市场化进程中，企业确立技术创新主体地位是创新

[1] 孙福全、陈宝明：《企业作为技术创新主体的特征研究》，《中国科技论坛》2006年第3期。
[2] 连燕华：《关于企业技术创新主体地位的讨论》，《科技与管理》2006年第2期。
[3] 柳卸林、潘铁：《构建以企业为主体的产学研合作模式》，《中国科技产业》2008年第6期。
[4] 汪锦、孙玉涛、刘凤朝：《中国企业技术创新的主体地位研究》，《中国软科学》2012年第9期。
[5] 王瑞琪、原长弘、WANG等：《企业技术创新主体地位的内涵及其维度构建》，《技术与创新管理》2017年第6期。
[6] 李文静、彭红星：《中国上市公司技术创新投入的境况与思考——兼论企业创新主体地位提升》，《数量经济技术经济研究》2022年第6期。
[7] 高策、郭淑芬：《技术创新主体的演化史刍议》，《山西大学学报（哲学社会科学版）》2003年第3期。
[8] 吕薇：《有效发挥企业在基础研究中的作用》，《中国科技论坛》2020年第6期。
[9] 柳卸林、潘铁：《构建以企业为主体的产学研合作模式》，《中国科技产业》2008年第6期。
[10] 洪银兴：《科技创新中的企业家及其创新行为——兼论企业为主体的技术创新体系》，《中国工业经济》2012年第6期。
[11] 赵克、朱新轩：《论技术创新主体的转换》，《科学管理研究》1996年第4期。

体系围绕企业而不是政府运转；在全球化进程中，企业确立技术创新主体地位是本国企业成为全球价值创造和价值分配的主体；转变政府职能是企业技术创新主体地位确立的关键，在政策工具选择上要以完善市场环境和市场机制为主，减少对企业技术创新活动的直接干预[1]。陈宪（2017）指出，创新主体分为两种基本类型：一类是创业者、投资人和企业家，另一类是科学家、工程师和技术人员。这些主体的交互作用产生了大量的新创公司（Start-up），它们是最为重要的科创资源[2]。孙福全和陈宝明（2006）从“主体”概念出发，指出技术创新主体具有三个层次的特征，即制度特征、统计特征和功能特征[3]。

从企业创新主体层次方面进行的研究指出，企业创新主体概念是多维度的。比如，傅家骥（1996）在《让企业成为技术创新的主体》中提出了企业作为技术创新主体的“三因素论”，即企业要成为技术创新投资的主体、技术开发的主体、技术创新收益分配的主体[4]。2006 年，《国家中长期科学和技术发展规划纲要（2006—2020年）》鼓励企业成为研究开发投入的主体、技术创新活动的主体和创新成果应用的主体，提升企业自主创新能力。孙福全和陈宝明（2006）从统计特征角度提出了企业成为技术创新主体的“四因素论”，包括技术创新投入主体、活动主体、产出主体以及成果应用主体[5]。汪锦等（2012）从市场化和全球化两个层面，阐明了中国企业技术创新双重主体地位的内涵，指出在市场化进程中企业成为技术创新的主体包括创新资源的投入主体、创新组织实施主体、创新产权的占有主体和市场价值分配的决定主体，而从全球化层面来看，使企业真正成为技术创新主体必须考虑企业所有制结构，即本土企业必须掌握本国市场主导地位[6]。王瑞琪等（2017）提出了企业创新主体地位“六因素主体论”，即企业是技术创新决策主体；企业是研发投入的主体；企业是

[1] 孙玉涛、刘凤朝：《中国企业技术创新主体地位确立——情境、内涵和政策》，《科学学研究》2016年第11期。
[2] 陈宪：《加快建设创新型国家——理论演进、主体转换和生态优化》，《探索与争鸣》2017年第11期。
[3] 孙福全、陈宝明：《企业作为技术创新主体的特征研究》，《中国科技论坛》2006年第3期。注：在制度特征上，主体是指社会经济活动的行为者、当事人，在这个层面上，凡是参加技术创新的行为者、当事人都可以称为“技术创新的主体”，包括学校、科研机构、企业、个人等等。在统计特征上，主体是个相对的概念，它不仅指行为者、当事人，更要在与其他行为者、当事人的比较中具有数量上的相对优势。企业要成为这个层面上的技术创新主体，就要在各个参与者对技术创新所起的作用中具有相对优势，一般来说，它是技术创新的投入主体、活动主体和产出主体，也是成果的应用主体。从国外经验和市场经济发展的实际情况来看，企业在技术创新中处于主体地位有其必然性，目前在市场经济发达的国家中，企业在技术创新中基本都处于主体地位。在功能特征上，“主体”是指作为主体所能发挥的作用，是指企业通过增加科研投入、设立研发机构、加强研发力量和研究设施建设等措施，提高企业创新能力，增强企业的创新功能。
[4] 傅家骥：《让企业成为技术创新的主体》，《经济工作通讯》1996年第24期。
[5] 孙福全、陈宝明：《企业作为技术创新主体的特征研究》，《中国科技论坛》2006年第3期。
[6] 汪锦、孙玉涛、刘凤朝：《中国企业技术创新的主体地位研究》，《中国软科学》2012年第9期。

科研组织的主体；企业是成果转化的主体；企业是创新收益主体；企业是利益分配的主体[1]。总体而言，认为企业是创新决策、研发投入、科研组织和成果应用主体的判断标准最具有代表性。

国外学者研究方面，基于熊彼特“企业家是创新主体”的基本思想，西方学术界非常明确技术创新活动属于企业的主体职能，认为技术创新活动的主体只能是企业。比如，德鲁克在分析1873年至“一战”期间世界经济发展时指出，美国和德国同停滞的英国、法国在技术方面并没有什么不同，能解释其经济行为差异的一个因素，而且是唯一的因素，即企业家[2]。阿伯纳西和厄特拜克基于创新类型将技术创新主体区分为不同规模的企业，认为小规模企业是产品创新的主体，较大规模的企业是进行渐进型创新的主体[3]。布洛克（2008）把企业主导创新模式称为“发展型网络状态”（The Developmental Network State）[4]，马祖卡托（2013）称美国为“企业型政府”（The US Entrepreneurial State）[5]。

二、确立企业创新主体地位的必要性

企业创新主体地位的必要性研究与时代特征紧密相关，相关学者主要立足国际竞争、国家经济增长、区域比较优势、时代背景等角度分别探讨了企业创新主体地位培育、确立和强化的重要性。

20世纪的相关研究更多立足中国改革开放的背景，强调企业创新主体地位的重要性。比如，傅家骥和雷爱骕（1995）指出改革成功的标志是企业主动追求技术创新[6]。傅家骥（1996年）在《让企业成为技术创新的主体》一文中也指出，“推动技术创新，根基在企业，企业应成为技术创新的主体”[7]。

进入21世纪，随着中国经济和产业发展规模的提升，以及提升国家自主创新能力的需要，相关研究强调了确立企业创新主体的必要性。潘承烈（2006）认为，自主创

[1] 王瑞琪、原长弘、WANG等：《企业技术创新主体地位的内涵及其维度构建》，《技术与创新管理》2017年第6期。
[2] ［美］彼得·德鲁克：《创新和企业家精神》，《世界经济科技》周刊编辑室译，企业管理出版社，1989。
[3] Abernathy W.J，Utterback W. Patterns of Industrial Innovation. *Technology Review*，1978，80（07）：40-47.
[4] Block F. “Swimming Against the Current：The Rise of a Hidden Developmental State in the United States”. *Politics & Society*，2008，36（02）：169-206.
[5] Mazzucato M. “The Entrepreneurial State：Debunking Private vs Public Sector Myths”. *Anthem Press*, 2013.
[6] 傅家骥、雷爱骕：《改革成功的基本标志：企业主动追求技术创新》，《清华大学学报（哲学社会科学版）》1994年第1期。
[7] 傅家骥：《让企业成为技术创新的主体》，《经济工作通讯》1996年第24期。

新、研究开发要以企业为主体，因为企业具有贴近市场、了解市场需求以及主动占据技术制高点降低成本的特点[1]。李学勇（2007）指出，要从工业化进程看确立企业技术创新主体地位的必要性，从国际竞争态势看确立企业技术创新主体地位的迫切性，从提升国家自主创新能力看确立企业技术创新主体地位的重要性，从创新实践看确立企业技术创新主体地位的现实性[2]。李新男（2007）指出，确立企业技术创新主体地位是建设创新型国家的迫切要求，企业成为技术创新主体是经济发展的必然规律，企业主体地位缺失制约了中国自主创新能力的提升[3]。

近年来的研究与百年变局与世纪疫情交织叠加环境息息相关，更多地从“强化”角度探讨企业创新主体地位。比如，陈套（2022）通过比较历史的研究方式，分析了企业成为创新主体的必然性、应然性[4]。项安波（2020）指出企业是实现科技自立自强的创新主体和微观基础[5]。

三、企业创新主体地位的经验研究

经验研究重点回答了中国企业是否已经成为技术创新主体的问题，提供了相关的数据分析、实证检验等。

从监测指标来看，相关学者从投入和产出关系、规模和效率、系统框架构建、评价指标体系等角度进行了研究，具体指标包括研发经费、研发人员、专利、科技论文、专利转让等（见表1–2）。比如，连燕华（2006）在《关于企业技术创新主体地位的讨论》中提出了企业投入与使用的研究开发经费、拥有的研究开发人员、技术与专利产出等宏观监测指标[6]。连燕华（2008）在《透视国家科技进步奖：企业渐成创新主体》中提出了国家科技进步奖获奖项目中企业所占比重的指标[7]。汪锦等（2012）从规模和效率两个维度对中国企业技术创新主体地位进行了测量[8]。张赤东（2015）基于国家创新系统、创新过程理论等，构建了学习再造—价值再造—结构再造（LVS）系统分析框架及其评价指标体系，强调通过“有技术开发机构的企业

[1] 潘承烈：《自主创新为何要以企业为主体》，《上海企业》2006年第2期。
[2] 李学勇：《确立企业在技术创新中的主体地位》，《求是》2007年第8期。
[3] 李新男：《企业技术创新主体地位与建设创新型国家》，《中国科技论坛》2007年第6期。
[4] 陈套：《企业成为创新主体的逻辑发凡和实践路径》，《科学管理研究》2022年第2期。
[5] 项安波：《企业是实现科技自立自强的创新主体和微观基础》，《中国发展观察》2020第24期。
[6] 连燕华：《关于企业技术创新主体地位的讨论》，《科技与管理》2006年第2期。
[7] 连燕华：《透视国家科技进步奖：企业渐成创新主体》，《时事报告》2008年第2期。
[8] 汪锦、孙玉涛、刘凤朝：《中国企业技术创新的主体地位研究》，《中国软科学》2012年第9期。

占全部工业企业比重”等指标反映了科技创新中企业的主体地位[1]。迟国泰和赵志冲（2018）构建了以企业为主体的科技创新评价指标体系[2]。巫云仙和张智建（2022）认为，在新发展阶段，企业创新主体地位及其强化是推动创新型国家建设的核心力量，并从研发投入强度、技术创新活动和创新绩效三个方面提出了企业创新主体地位的监测指标[3]。

表1-2 现有研究关于企业创新主体地位的监测指标

类别	指标
投入	R&D 人员全时当量 R&D 经费支出 研发投入强度 研究机构数量等
产出	科技论文 发明专利等知识产权 国家科技计划项目 知识产权转让及许可 技术市场交易额等

资料来源：笔者整理。

虽然对于企业应该成为创新主体特别是技术创新主体的观念并没有太大的争议，但学者对于中国企业是否已经成为技术创新主体仍然存在不同看法[4]。连燕华（2006）指出，改革开放以后，企业的自主权逐步得到落实，从只有生产职能到拥有研究开发、生产、营销等全部活动的自主经营权，因此企业已成为技术创新的主体。连燕华（2008）通过分析2005—2007年国家科技进步奖获奖项目中企业所占比重，得出企业在技术创新投入和产出方面的主体地位日益加强的结论，因此认为中国企业已经真正地“渐成技术创新的主体”。冯娟（2008）考查了三次产业革命中企业所扮演的角色，得出企业在工业发展史中实际上始终处于技术创新主体地位的结论[5]。张赤东（2015）对 2000—2012 年中国企业的技术创新进行了实证分析，得出总体上企业技术创新主体地位有大幅度提升、大型企业特别是民营大企业对提高企业技术创新主体地位作用最大等结论[6]。江鸿和贺俊（2021）指出，“十三五”时期中国企业已成

[1] 张赤东：《中国企业技术创新主体地位监测分析（2000—2012年）》，《科研管理》2015年第11期。
[2] 迟国泰、赵志冲：《以企业为主体的科技创新评价指标体系的构建》，《科研管理》2018年第1期。
[3] 巫云仙、张智建：《新发展阶段规模以上工业企业创新主体地位强化研究》，《改革与战略》2022年第2期。
[4] 郭树东、关忠良、肖永青：《以企业为主体的国家创新系统的构建研究》，《中国软科学》2004年第6期。
[5] 冯娟：《企业作为技术创新主体的必要性》，《中国高新技术企业》2008年第5期。
[6] 张赤东：《中国企业技术创新主体地位监测分析（2000—2012年）》，《科研管理》2015年第11期。

为促进经济增长模式从投资拉动向创新驱动转型的关键主体[1]。

然而，李娜等（2009）以大量数据论证了中国企业研发经费投入总量和强度仍然不足、企业产品创新水平较低、自主创新能力还不强等问题，说明中国企业尚未成为技术创新的真正主体[2]。王伟元（2008）的研究还说明，中国企业尚未形成企业技术创新主体的体制和机制，缺乏对企业技术创新进行监管的外部环境，因此，中国企业与技术创新的主体还相差甚远[3]。汪锦等（2012）的实证结果表明，从规模视角看，在市场化进程中，企业在投入端已经成为绝对的主体，在产出端越接近市场主体地位越显著；在全球化进程中，本国企业在投入端的优势逐步被侵蚀，在产出端越接近市场主体地位越弱，其中私营企业、有限责任公司和股份有限公司地位突出，国有企业优势地位显著弱化，但总体而言难以判断“中国企业是否已经成为技术创新的主体”。同时，他们指出，企业技术创新主体地位问题的关键并不在于简单地回答企业是或者不是技术创新的主体，而是不同类型的企业在技术创新体系中处于什么样的位置[4]。陈宇学（2016）指出，中国企业技术创新主体地位尚不牢固[5]。卢现祥和李磊（2021）认为，目前中国企业尚未真正成为创新主体[6]。巫云仙和张智建（2022）通过数据分析发现，中国规模以上工业企业的研发投入强度纵向比较有进步，但与发达国家及不同行业企业横向比较差距较大；研发经费投入结构不平衡、行业分布不均，只有部分企业开展技术创新活动；企业技术创新绩效不理想，创新主体地位远未真正得到落实，政策目标与实施效果反差较大[7]。

总体而言，虽然仍有争议，但随着中国市场经济改革的深入，企业市场主体地位的形成以及国家创新体系建设的深入推进，企业创新实力与水平大大提升，大部分研究支持中国企业创新主体地位已经确立这一基本结论。与此同时，许多研究指出中国企业创新主体地位仍不牢靠，虽然在创新投入、创新活动和创新产出等方面都取得了飞跃式发展，企业R&D经费投入占全社会R&D经费投入的比重也远超50%，但企业创新能力和国际竞争力还较低，核心技术与关键零部件长期受制于人，原创性技术创新成果较少，在全球价值链中主导权和话语权缺失等问题依旧突出。

[1] 江鸿、贺俊：《“十四五”时期中国企业主体创新发展的问题及对策》，《宏观经济研究》2021年第12期。
[2] 李娜、李建华、卢相君：《如何使企业成为技术创新的主体》，《当代经济研究》2009年第6期。
[3] 王伟元：《企业如何成为技术创新主体》，《中国石油企业》2008年第4期。
[4] 汪锦、孙玉涛、刘凤朝：《中国企业技术创新的主体地位研究》，《中国软科学》2012年第9期。
[5] 陈宇学：《强化企业技术创新主体地位》，《理论视野》2016年第5期。
[6] 卢现祥、李磊：《强化企业创新主体地位　提升企业技术创新能力》，《学习与实践》2021年第3期。
[7] 巫云仙、张智建：《新发展阶段规模以上工业企业创新主体地位强化研究》，《改革与战略》2022年第2期。

四、强化企业创新主体地位的措施研究

相关研究基于不同视角展开，大致可以划分为制度视角、政策视角、开放视角等。

从制度视角来看，包括传统经济体制、产学研合作体制机制、政府与市场关系等。孙卫敏和马强（1999）认为，传统经济体制是导致中国企业未成为技术创新主体的原因，能力、体制（制度）、文化相结合使企业产生创新成果，他们提出一个企业成为创新主体的逻辑发展轨迹[1]（见图1-14）。卢现祥和李磊（2021）认为，制度藩篱是中国企业尚未真正成为创新主体的主因[2]。不少研究指出政府与市场关系的影响及原因。方晶等（2020）指出中国的企业创新补贴存在严重的资源错配。与国有企业相比，民营企业具有更高的创新效率，贡献了更多的创新成果，但获得的创新补贴少之又少[3]。陈宇学（2016）指出，中国企业技术创新主体地位尚不牢固，强化企业技术创新主体地位，需要全面深化改革。一方面，通过改革确立市场配置创新资源的主体地位；另一方面，更好地发挥政府在推动技术创新方面的作用，激励和倒逼企业创新，为企业技术创新营造良好环境[4]。顾家麒（2008）在《推进企业真正成为技术创新主体的若干政策建议》中指出，企业普遍认为关键是政府还掌握着重要市场资源的配置权，控制着重要生产要素的价格，并且环境监管不到位，使生产要素升值和资源环境的压力大多隔离在政府层面，没有充分转变为价格信号和严格的环境执法，成为转变发展方式的驱动力。尤其是有些地方政府利用自身掌握的市场资源，不执行中央的宏观调控政策。企业依据失真的信息进行决策，在轻易就能获得廉价生产要素、单纯靠扩大规模就可以获得丰厚利润的情况下，不愿去冒技术创新的风险[5]。从产学研合作体制机制来看，柳卸林和潘铁（2008）构建了以企业为主体的产学研合作模式[6]。刘彦（2007）研究了日本以企业为创新主体的产学研制度，从“共同研究”和“委托研究”制度的发展及原因入手，研究了日本企业参与两类合作研究制度的特点、实施结构及知识产权归属等问题[7]。

[1] 孙卫敏、马强：《推动我国企业R&D与技术创新的若干思考》，《山东大学学报（哲学社会科学版）》1999年第3期。
[2] 卢现祥、李磊：《强化企业创新主体地位　提升企业技术创新能力》，《学习与实践》2021年第3期。
[3] Fang J., H H., Lin. "China's Rising IQ (Innovation Quotient) and Growth : Firm-level Evidence". Journal of *Development Economics*, 2020, 147: 1-19.
[4] 陈宇学：《强化企业技术创新主体地位》，《理论视野》2016年第5期。
[5] 顾家麒：《推进企业真正成为技术创新主体的若干政策建议》，《中国科技产业》2008年第6期。
[6] 柳卸林、潘铁：《构建以企业为主体的产学研合作模式》，《中国科技产业》2008年第6期。
[7] 刘彦：《日本以企业为创新主体的产学研制度研究》，《科学学与科学技术管理》2007年第2期。

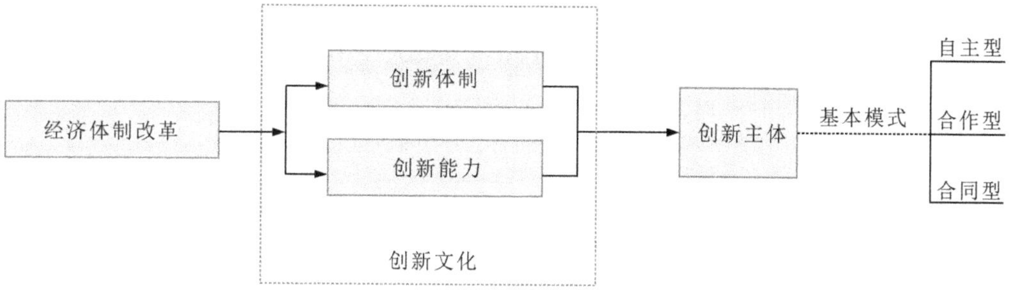

图1-14　企业成为创新主体的逻辑发展轨迹

资料来源：孙卫敏、马强：《推动我国企业R&D与技术创新的若干思考》，《山东大学学报（哲学社会科学版）》1999年第3期。

从政策视角来看，唐清泉等（2008）研究了企业成为创新主体与政府R&D补贴的角色定位，指出为引导企业成为自主创新主体，间接补贴是更有效的方法[1]。江鸿和贺俊（2021）指出，“十四五”时期，中国政府要进一步促进企业创新发展，并从推动政策资源由产业导向转为创新导向、完善共性技术供给和高端人才引进政策、建设更加协同的新兴技术治理政策体系、强化新兴技术标准和创新生态多边合作等方面提出相关政策建议[2]。张孟军（2006）从商业合同、税收激励、人才、基础研究等方面探讨了美国让企业成为技术创新主体的科技创新政策[3]。巫云仙和张智建（2022）认为，抓好规模以上工业企业，在国家创新体系中强化企业创新主体地位，是突破关键核心技术“卡脖子”问题的关键[4]。

从开放视角来看，相关研究主要立足创新体系理论观点，强调多元创新主体之间的共同作用。连燕华（2006）指出，要确立企业作为技术创新的主体，就要采取各种措施使企业能掌握更多的创新资源，同时也意味着必须加强企业与其他组织（特别是大学、研究开发机构和金融机构等）的联系[5]。张艺等（2018）以中国高铁领域的产学研合作为研究案例，探究学研机构与企业在参与产学研合作过程中双方创新能力的演变过程，揭示了后发国家在技术追赶过程中创新主体创新能力的演进机理。其中，

[1]　唐清泉、卢珊珊、李懿东：《企业成为创新主体与R&D补贴的政府角色定位》，《中国软科学》2008年第6期。

[2]　江鸿、贺俊：《“十四五”时期中国企业主体创新发展的问题及对策》，《宏观经济研究》2021年第12期。

[3]　张孟军：《必须让企业成为技术创新主体　讲实效、重人才的美国科技创新政策》，《科技成果纵横》2006年第1期。

[4]　巫云仙、张智建：《新发展阶段规模以上工业企业创新主体地位强化研究》，《改革与战略》2022年第2期。

[5]　连燕华：《关于企业技术创新主体地位的讨论》，《科技与管理》2006年第2期。

产学研合作推动了企业技术能力的不断演变（技术消化吸收—技术改进优化—技术原始创新）。他们发现，学研机构与企业在巴斯德象限（以应用为导向的基础研究）领域加强产学研合作可以实现双方共赢[1]。

[1] 张艺、陈凯华、朱桂龙：《产学研合作与后发国家创新主体能力演变——以中国高铁产业为例》，《科学学研究》2018年第10期。

第四节 研究共识及前进方向

综上所述，国内外对企业创新主体的研究比较丰富，特别是中国学术界近年来从多个角度进行了广泛研究，取得了一些进展，主要表现如下。第一，明确了企业技术创新主体地位的理论基础，从不同理论视角揭示了企业技术创新主体的内涵和外延、特征及必要性等，并形成了熊彼特经济增长、国家创新体系等研究主线。第二，从理论层面论述了创新活动中主体参与的重要性，国家创新体系中多元主体参与的特征，以及企业作为技术创新主体的必然性。第三，从实践方面说明了中国企业成为技术创新主体的关键共识，同时指出技术创新主体不牢固、体制机制存在壁垒、原始创新能力不足等各类问题，并探讨了培育、确立和强化创新主体的具体措施。总体而言，在创新已经成为当前各类企业基本功能的背景下，国内外学者已经基本不再讨论企业是否应该成为企业创新主体、确立企业创新主体地位这类问题，而将重点聚焦于如何强化企业创新主体地位，特别是背后的政府与市场关系等。第四，研究方法方面采取了经验研究，构建形成了具有科学性、指导性的监测指标体系，对中国企业创新主体地位进行了实证研究。

然而，从有利于全面理解国家创新活动并形成竞争优势过程，有利于指导并推进创新驱动发展的实践来看，国内对创新主体的研究还是不够深入，仍存在一些值得深入研究的问题。

第一，对企业创新主体及强化企业创新主体地位的理论分析系统性不足，缺乏比较系统的概念建构。第二，对企业科技创新主体地位的研究还不充分。现有研究主要针对企业成为技术创新主体，强调企业技术创新，与国家层面创新驱动发展战略内涵不匹配，缺乏对企业创新链的整体考虑和内涵分析，对于企业在科技革命、基础研究中的主体作用缺乏考虑。历史上，不少重大基础研究成果的获得者和诺贝尔奖得主来自企业。比如，企业设立的工业实验室是信息通信技术领域诺贝尔奖获得者的主要支撑，许多获奖者来自贝尔实验室、瓦里安联合公司、德州仪器公司、康宁公司等。日本很多企业设立了基础研究中心，通过产学研合作形成了获得诺贝尔奖的基础研究成果，21世纪初期，日本诺贝尔奖获奖人数出现井喷之势。韩国企业是基础研究第一大执行主体，韩国三星集团研发人员在《自然》《科学》等科学杂志上发表了一系列关于光电、通信、材料等的基础研究论文。引导企业参与基础研究是强化中国国家竞争力的重要内涵，也是强化企业创新主体地位的题中之义。第三，已有研究侧重于企业技术创新主体地位的内涵和要素分析，以及国家创新体系视角下整体性的对策建议研究，缺乏国家层面的研究。创新是引领发展的第一动力，企业创新能力决定整个经济体系的生存力、竞争力、发展力、持续力。从国家发展视角出发，探讨强化企业创新主体地位的内涵及政策建议，对于中国从要素驱动、投资驱动迈入创新驱动阶段具有重要的现实意义。第四，缺乏长周期动态研究。中国企业成为创新主体经历了一个变化过程，包括培育、确立及强化三个阶段，不同阶段下的政策指引、主要特征、启示等值得深入研究。第五，缺乏比较研究。对于西方发达国家以及追赶成功国家在强化企业创新主体地位方面的经验研究，以及中国和不同地区的做法的比较及经验启示研究，仍有待深入。

第二章
理论逻辑：基于创新生态系统的视角

迈克尔·波特从国家创新体系视角，指出当竞争的基础转为创造和知识积累时，国家或政府的作用就变得日益重要，创造与保持竞争优势也变成本土化过程[1]。本章从群体性、创新性、价值性三个维度对企业创新主体含义进行了界定，在融合国家创新体系、巴斯德象限、创新链、价值链、创新周期等理论观点的基础上，构建强化企业创新主体地位的概念框架，明确强化企业创新主体地位的基本过程。基于制度供需关系、政府与市场关系、创新主体间协作关系、企业与环境互动关系等角度指出，强化企业创新主体地位的实践重点。本章的写作目的是为后续经验研究、对策研究提供理论思路。

[1] ［美］迈克尔·波特：《国家竞争优势》，李明轩、邱如美译，华夏出版社，2002。

第一节 三个维度：群体性、创新性和价值性

“主体”是指事物的主要部分。国家创新体系理论的一个基本观点是，创新的多主体性及不同主体之间的系统互动特征，如世界经济合作组织（OECD）认为，在国家创新体系下，一个国家的公共研究机构、大学、参与科技研发的私营企业以及其他参与者们通过相互联系、作用与影响，决定了国家科技进步与创新发展的绩效[1]。因此，企业创新主体是指相对于大学、研究机构等其他创新载体，企业在全社会创新活动体系及创新价值体系中发挥重要、关键乃至主导作用。此外，国家创新体系强调以创新体制化把握现代科技革命与产业变革机遇，认为知识的流动是创新过程的关键，知识产生、创新及扩散过程是企业、大学和研究机构等行为者一系列复杂的相互作用的结果。政府支持与市场机制的关系涉及创新链、价值链发展的全过程。现有国内外关于企业创新主体地位的研究主要从企业创新过程、企业创新价值等角度展开。基于国家创新体系视角，综合现有研究思路，企业创新主体地位的内涵可展开为三个方面：群体性、创新性、价值性。当然，“一个硬币有两面”，企业占据创新主体地位并不代表完全主导，也不改变国家创新体系的多主体属性，实验室、高校、科研院所、社会组织等不仅是基础研究和应用基础研究的主体，也在技术创新、科技成果转化等领域发挥着不可或缺的作用。

[1] OECD：《以知识为基础的经济》，杨宏进、薛澜译，机械工业出版社，1997。

一、群体性：形成创新型企业群体和成长梯队

德鲁克认为，企业家是企业的灵魂，是实现生产要素和生产条件新组合的主要承担者，即创新是由大量的企业家推动的。企业创新主体地位，是在许多企业和企业家共同努力下，实现国家创新体系主体结构的变化。由此可见，主体地位的形成不是单一企业可以完成的，而是一个国家或地区所有科技企业和企业家共同努力和创新分工的结果，创新型企业群体的形成是企业成为创新主体的基本特征。事实上，培育形成头部创新型企业、中小型科技企业、新创企业等在内的创新型企业群体及梯队一直是中国政府制定政策的着力点，比如，2021年6月中国工业和信息化部等六部门联合发布《关于加快培育发展制造业优质企业的指导意见》，强调要加快培育、发展专精特新“小巨人”企业、制造业单项冠军企业、产业链领航企业。

创新活动本质上是探索未知世界的过程，当然，原始创新的不确定性、风险性更高。企业创新主体地位不仅在于企业群体形成，同时也是企业家追逐梦想、勇于探索、敢于冒险、不怕失败的创新精神的充分体现，即创新要成为企业家群体的共同追求和价值旨趣。对于创新过程的风险性、不确定性，学者们形象地用“死亡之谷[1]”“达尔文之海”进行表述（见图2-1、图2-2）。其中，哈佛大学的布兰斯科姆（Branscomb L. M.）教授提出的“达尔文之海”理论，描述了研究和发明到创新和创立企业之间有一个犹如在大海中搏斗的“进化”过程，企业之间相互竞争，从蓝海到红海，只有最先完成创新活动的企业才能获取丰厚回报（见图2-2）。

从历史到当下，成功企业的成长过程都是企业家及其团队的奋斗史，也是靠企业家不甘平庸、勇于挑战、不怕失败、不断推动和实现创新的过程。比如，著名汽车大王福特（Ford H.）致力于将汽车变为全社会的一种普通交通工具，并创造性地将流水作业引入汽车生产中，创造了全世界第一条汽车装配流水线，将汽车装配时间从13个小时缩短到9分钟，生产效率提高了80多倍，在短短七年时间内将福特汽车公司发展成为全世界最大的汽车公司；日本索尼公司的两位创始人——盛田昭夫和井深大领导了电子技术创新潮流，在全球率先推出了磁带录音机、袖珍晶体管收音机、录像机系统、台式电子计算机、集成电路收音机、电子摄影机、超速录像机等产品。

[1] 20世纪80年代，美国学者发现“将研究成果转化为商业产品”是制约产业竞争力提升的重要因素，即科学研究与商业化产品开发之间严重脱节。1998年，时任美国众议院科学委员会副委员长的Ehlers将其命名为“死亡之谷”。Ehlers认为，政府有必要在“死亡之谷”上搭建一座桥梁，以使众多基础研究成果能够越过“死亡之谷”，实现商品化、产业化。

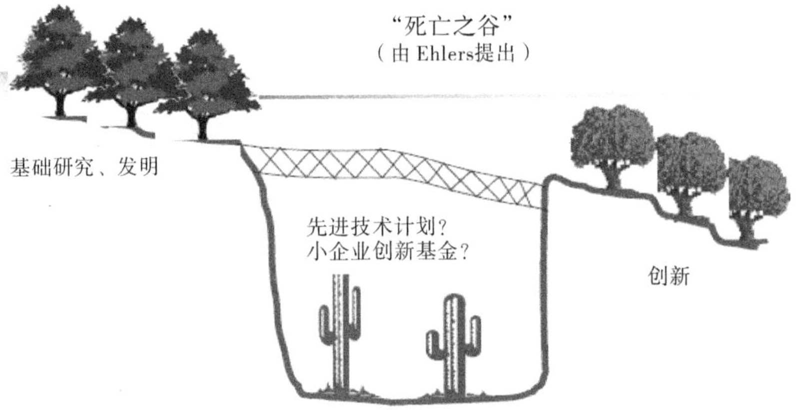

图2-1 "死亡之谷"

资料来源：Ehlers V. "Unlocking Our Future: Toward a New National Science Policy". A report to congress by the House Committee on Science, 1998/09/24. http://webharvest.gov/peth04/20041117182339/www. house. gov/science/science_policy_report. htm.

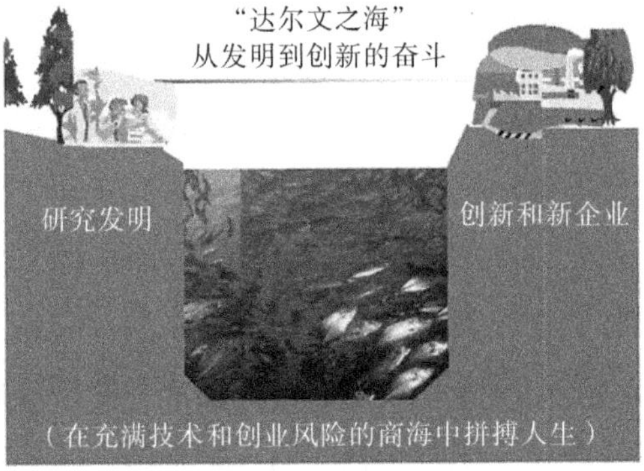

图2-1 "达尔文之海"

资料来源：Branscomb L. M. "Where do High Tech Commercial Innovations Come From?" *Duke Law & Technology Review*, 2004(3): 1-27.

二、创新性：在全过程创新链中发挥积极作用

蒂默尔斯（1999）指出，创新链包括科学研究（如基础研究、应用基础研究、应用研究）、技术开发（如产业技术创新、工程技术创新等）、成果转化（如中试、产

品原型等）及市场推广（如商业模式创新等）等环环相扣、缺一不可的链条[1]。根据国家创新体系和创新链理论，政府支持与市场机制的有机结合，可形成包括“基础研究+技术攻关+成果产业化+科技金融+人才支撑”的全过程创新生态链。在全过程创新生态链中，企业不仅在技术攻关和成果产业化过程中发挥主体作用，同时也在基础研究领域起着关键作用。

积极参与纯基础研究和应用基础研究。根据普林斯顿大学斯托克斯（Stokes D.E.）教授的巴斯德象限模型[2]，基础研究包括纯基础研究和应用基础研究（见图2-3），其本质是创造新知识，侧重于科学发现，目的是解释客观世界从宏观到微观的本质规律。虽然基础研究不必然面向经济和产业领域，但历次工业革命已揭示，唯有基础研究层面突破才是工业革命发生的源泉和动力。

图2-3　巴斯德象限图

资料来源：［美］斯托克斯：《基础科学与技术创新：巴斯德象限》，周春彦、谷春立译，北京：科学出版社，1999年。

从历史事实来看，科技领军企业在基础研究中发挥重要参与者作用。比如，由战后的电信业垄断集团美国电话电报公司（AT&T）建立的贝尔实验室对20世纪50—60年代高科技的发端和发展有着无法估量的贡献。贝尔实验室的工作可以大致分为三个

[1] Timmers P. “Building Effective Public R&D Programmers”. Proceeding of the Portland International Conference on Management of Engineering and Technology on “Technology and Innovation Management”, 1999.

[2] 巴斯德象限模型中，四象限的两条坐标轴分别表示研究的动机（考虑实用性？）和知识的性质（追求基本知识？）。第一象限为玻尔象限，代表追求基本知识的纯基础研究；第二象限为爱迪生象限，代表实用导向的应用研究；第三象限为巴斯德象限，代表由解决实用问题产生的基础研究。

类别：基础研究、系统工程和应用开发。在基础研究领域，贝尔实验室在数学、物理学、材料科学、行为科学和计算机编程理论等领域进行了深入研究，成为晶体管、激光器、太阳能电池、发光二极管、数字交换机、通信卫星、电子数字计算机、C语言、Unix操作系统、蜂窝移动通信设备、长途电视传送、仿真语言、有声电影、立体声录音，以及通信网等许多重大发明的诞生地，累计获得8项诺贝尔奖（包括7项物理学奖、1项化学奖）。其中晶体管带动的半导体产业，创造了数万亿美元的产值。又如，杜邦公司通过成立工业实验室和研发部门，集聚了来自世界各地的2000名科学家、工程师和技术人员参与其研究开发工作，其发明改变了世界化工格局，也改变了全人类的生活。杜邦公司发明的染料技术，使服装的颜料工业发展到新的高度，其推出的各类高级油漆刺激了汽车工业的发展，其研发的玻璃纸导致包装业的巨大变革。杜邦公司还改良发明了莱卡、特氟龙、涤纶、锦纶、氯丁橡胶、革新轮胎、人造橡胶等[1]。

贝尔实验室的设立及其发展变迁

20世纪20—30年代：从电话到电信。诺基亚贝尔实验室的前身是美国电话电报公司（AT&T）和贝尔系统制造组织西方电气公司（Western Electric Company）的几个工程部门的合并。1925年，约4000名科学家和工程师被分配到一个新建的贝尔电话实验室，并全力致力于电话通信研究。1934年，AT&T的发展和研究部并入贝尔实验室，该部门致力于缩小实验室研究和通信系统操作之间的差距。

20世纪40—50年代：战时项目和信息理论的诞生。美国加入第二次世界大战迫使贝尔实验室对研究工作进行重组。其资源被用于军事电子雷达、磁学、声学和密码学等项目。在战后繁荣时期，贝尔实验室继续帮助贝尔系统实现其为美国所有人提供“通用电话服务”的承诺。研究重点是语音、数据和电视的宽带微波传输、跨洋电话电缆和自动交换系统。

20世纪60—70年代：卫星、CCD（电荷耦合器件）和大爆炸。20世纪60年代，计算机技术兴起。贝尔实验室的科学家们扩展了他们在软件和固态电子方面的研究，标志着向数字通信系统和卫星技术领域迈进。20世纪70年代，贝尔实验室设计了具有数字信号处理和计算机存储功能的新型微芯片，开创了微电子的新时代。研究试验开始于使用光子而非电子的光波传输系统。

20世纪80—90年代：数字化剥离。1996年，AT&T将贝尔实验室及其设备制造业务剥离给朗讯科技（AT&T聘请少量研究人员组建了AT&T实验室）。作为这一过渡的一部分，大多数开发部门被整合到朗讯科技的业务部门中，但研究职能仍保留在贝尔实验室内。2007年，朗讯科技与阿尔卡特合并成立阿尔卡特朗讯（Alcatel-Lucent）一年后，贝尔实验室和阿尔卡特的前研究与创新部门合并为一个组织。

2016年，诺基亚收购阿尔卡特朗讯。贝尔实验室和前诺基亚Future Works组织联手创建了一个更大的诺基亚贝尔实验室，覆盖更多国家，但仍保持着同样的使命。2021年，贝尔实验室精简了组织结构，形成了两个姐妹组织：贝尔实验室核心研究和贝尔实验室解决方案研究机构。

资料来源：诺基亚贝尔实验室官网。

推动技术攻关和科技成果产业化。技术攻关和科技成果产业化是企业创新活动的主战场。在巴斯德象限中，技术攻关体现为以实践导向的应用研究（Development）以及可能的应用基础研究，主要是运用科学规律解决现实问题，形成可以产业化、产

[1] 史约克：《杜邦帝国——让世界震惊、让历史吃惊的流亡贵族》，成都出版社，1996。

生市场价值的成果，包括技术发明、技术创新等。科技成果产业化的核心是通过工程化、产业化方式形成产品原型，并通过企业家的资源整合过程，将创新成果推向市场。

集聚科技资本和科技人才。资本和人才是创新过程中最为重要的投入要素。在基础研究、技术攻关到科技成果产业化过程中，由于创新风险性和不确定性的变化，科技金融及其资本形式相应发生变化（见图2-4）。在早期阶段，基础研究和应用研究更多依托大学、政府、科研机构等相关投入，同时相关部门会通过设立“种子基金”来撬动社会投资；随着项目运行模式的逐渐成熟以及商业模式的成立，政府资金逐步退出，风险投资更多承担成果转化相关工作；后期阶段，在完成产品原型验证、推出市场并取得预期效果后，进入规模化应用阶段，主要通过项目/资产融资、公司构建以及私募股权市场/公募股权市场扩大市场空间，以及实现产业化收益目标。一个国家或区域风险资本以及私募股权市场/公募股权市场的发达程度，体现了本地企业创新的活跃度。也有研究指出，科技成果从投入到研发阶段、成果转化阶段和产业化阶段的资金占比应为1：10：100。

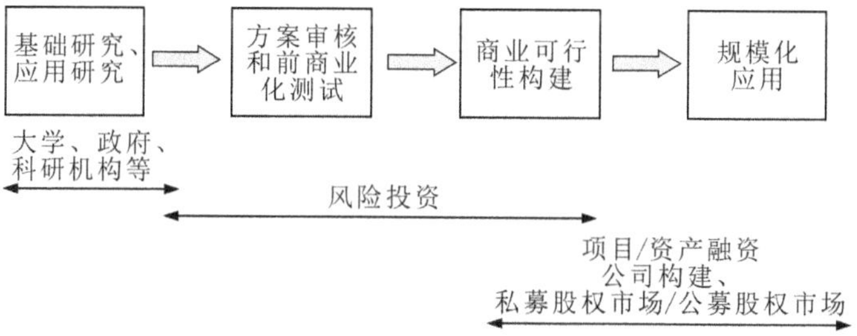

图2-4 创新过程中科技资本形式变化

资料来源：Ghosh S.，Nanda R. “Venture Capital Investment in the Clean Energy Sector”，*Harvard Business School Working Papers*，2010.

科技人才集聚是企业创新活动的特征和支撑条件，只有科学家、工程师、企业家、技能工人等参与才能完成基础研究、应用研究和科技成果转化等工作。比如，当前贝尔实验室有28000人，其中3000名科学家在做基础研究，其他人才主攻产品开发。党的二十大报告也进一步强调了人才在现代化建设中的支撑作用，“深入实施人才强国战略，坚持尊重劳动、尊重知识、尊重人才、尊重创造，完善人才战略布局，加快建设世界重要人才中心和创新高地，着力形成人才国际竞争的比较优势，把各方面优秀人才集聚到党和人民事业中来”。

三、价值性：主动占据创新价值链中高端环节

创新是一个复杂的价值创造过程，包括科学价值、技术价值、经济价值、社会价值、文化价值的创造，涉及科学发现、技术发明、方法创新及其商业化应用与社会推广活动。创新，实际上是实现创造发明潜在的经济价值和社会价值的过程。价值性是创新的基本特征。

创新的价值体现在多个方面。波特（1990）在《国家竞争优势》一书中指出，竞争优势是相对于竞争对手拥有的可持续性优势[1]。管理学者莫尔斯进一步指出“可持续竞争的唯一优势，来自超过竞争对手的创新能力”，后来，这一理论成为“莫尔斯法则”。中国台湾宏碁集团董事长施振荣先生提出“微笑曲线”理论，指出产业链附加值高的环节更多体现研发、设计、品牌、服务和销售，而制造环节的附加值最低。汉森和伯金肖（2007）将创新价值链分解为创意的产生、转换和传播三个阶段[2]。

从创新过程角度分析，企业的创新过程本质上是通过知识创新、科研创新和产品创新以及多重创新要素投入（包括中间投入、追加投入）掌握价值链相应环节过程[3]。从需求层面来看，在市场竞争压力下，企业对新技术产生强大且持续的需求，通过内部创造或者外部获取等方式满足需求，激发形成多种机构共同参与的创新生态系统，直接或间接推动创意的产生。从供给层面来看，企业是新技术的供给者。企业是技术创新的组织主体，通过创意发展和创意扩散等过程实现价值创造，将研发成果推向市场，转化为生产力，为自身和社会创造价值[4]。从创新强度层面来看，渐进性创新能充分发挥已有技术的潜能，而突破性创新的目的是开启新的市场和潜在的应用[5]；渐进性创新更多地强化现有价值链环节，而突破性创新则能有效推动企业把握价值链中高端环节。比如，据美国知识产权拥有者协会2017年的统计，当年授予的近32万项专利中，IBM居首，有近9000项，数量排名前120中仅有两所大学，其中获得专利较多的是加州大学，也只有524项，排在第77位[6]。

[1] Porter M.E. “The Competitive Advantage of Nations”. *Free Press*, 1990.
[2] Hansen M.T., Birkinshaw J. “The Innovation Value Chain”.*Harvard Business Review*, 2007, 85（6）： 121-130.
[3] 余泳泽、刘大勇：《我国区域创新效率的空间外溢效应与价值链外溢效应——创新价值链视角下的多维空间面板模型研究》，《管理世界》2013年第7期。
[4] 孙玉涛、刘凤朝、曹聪：《中国科技体制改革的逻辑：一个制度理论的框架》，《科学学研究》2022年第1期。
[5] Dewar R.D, Dutton J.E. “The Adoption of Radical and Incremental Innovations： An Empirical Analysis”. *Management Science*, 1986, 32（11）： 1422-1433.
[6] 李国杰：《要形成以产业技术为导向的科技文化》，澎湃网，https：//www.thepaper.cn/newsDetail_forward_9792985。

从价值性角度看，企业创新主体地位具有多样性。蒂默斯（1999）研究指出创新价值具有链式和多层次性特征，技术突破、技术升级、产品（包括零部件）开发、质量控制、企业品牌建立、市场拓展等构成了创新价值体系[1]。企业创新成果价值性体现为规模与质量的双重内涵。从规模角度看，企业创新主体地位体现为创新成果数量及规模。从质量角度看，企业创新主体地位体现为创新成果的价值性，即能否掌握创新价值链中高端环节，包括标准制定、高价值专利、形成话语权等[2]。

把握价值链中高端环节是企业创新主体地位的体现，也是产业转型升级的重点。比如，广东惠州比亚迪电子公司认为，打造“总部研发+量产母厂”的制造业业态，留住价值链高端环节，是推动产业转型升级的一个重要方向[3]。为此，公司加大研发投入，建立了从材料科学、精密加工技术、表面处理技术、自动化信息化技术到产品设计开发等的贯穿全产业链的研发流程，解决行业痛点，满足客户需求。该公司是中国首家成功自主研发全自动3D玻璃热弯机的公司，打破了国际技术垄断。2021年，比亚迪电子公司产值达363亿元，同比增长10.72%。

[1] Timmers P.“Building Effective Public R&D Programmers”. *Proceeding of the Portland International Conference on Management of Engineering and Technology on* “*Technology and Innovation Management*”，1999.
[2] 王福涛：《我国科技自立自强的历史经验与现状分析》，《国家治理周刊》2021年第1-2期。
[3] 调研资料。

第二节 2 概念模型及四类基本路径

一、概念模型的基本构成

根据美国总统科技顾问委员会（PCAST）报告，一个完整的创新生态系统至少由四部分组成，分别是创新主体、创新资源、创新环境以及它们之间的协同关系；美国的繁荣和领先是基于一种新的体系——创新生态系统（Innovation Ecosystem）（见图2-5）。这一创新生态系统的建构是基于国家的研发能力、劳动力/教育状况、创业氛围和基础设施改善，具体包括：发明家、技术人才和创业者；积极进取的劳动力；世界一流水平的研究型大学；富有成效的研发中心（包括产业资助的和联邦资助的）；充满活力的风险资本产业； 政府资助聚焦于高度潜力领域的基础研究。美国总统科技顾问委员会关于国家创新生态系统的定义强调了创新投入、产出及与这一过程相关的基础条件、环境因素等。

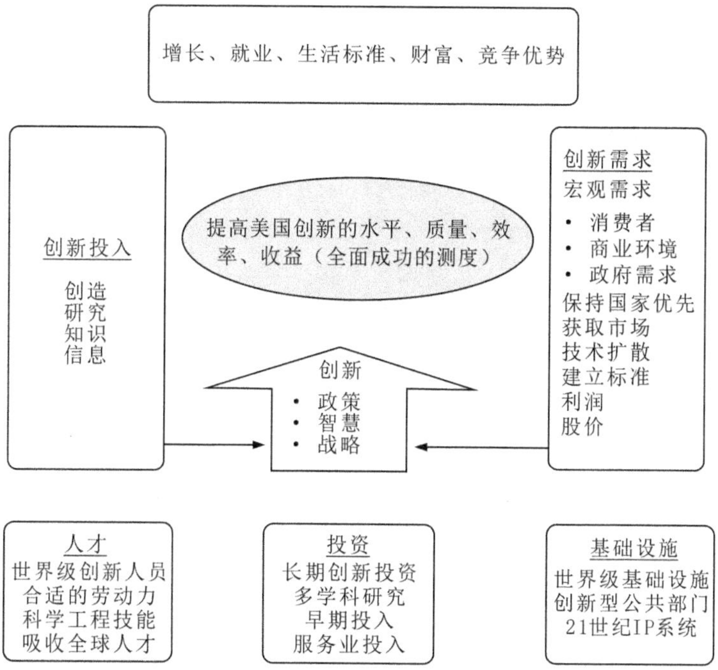

图2-5 美国国家创新生态系统

资料来源：Council on Competitiveness. “Innovate America： Thriving in a World of Challenge and Change”. *United States of America： Council on Competitiveness*, 2004.

从创新生产生命周期和创新链价值链来看，国家创新体系本质上是一个闭环的生产生命周期（见图2-6），具有系统性特征，包括知识创造—技术转化—商业化—集群和网络化阶段。在知识创造环节，大学和研发机构、政府R&D投入十分重要；在技术转化环节，孵化器/创新园以及风险资本对跨越“达尔文之海”起着关键作用，同时，政府审批效率也影响了企业技术和产品推向市场；在商业化环节，劳动力市场有助于企业快速成长；在集群和网络化阶段，政府监管环境以及相关的产业R&D、并购与重组等有助于带来规模经济。强化企业创新主体地位，需要从创新生产全过程出发，涉及政府政策、创新资源、基础条件以及环境因素等。

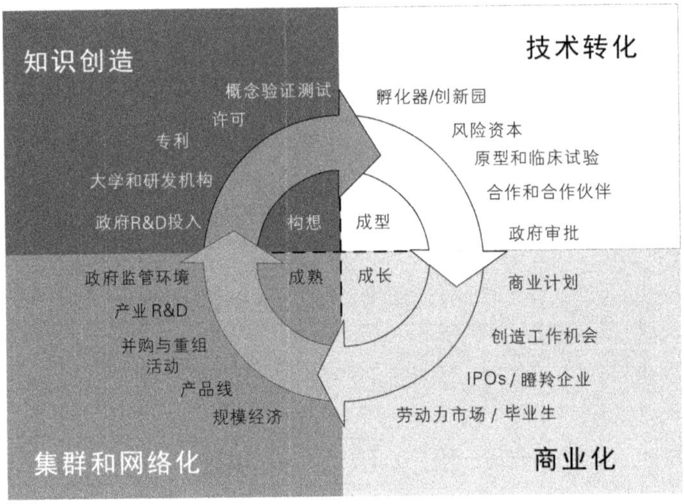

图2-6 创新生产生命周期

资料来源：New economy strategies and milken institute.

当前，企业是否应该成为创新主体已经不是一个需要讨论的问题，理论和实践争论的焦点是在企业创新主体地位形成的背景下，如何进一步强化企业创新主体地位。习近平总书记指出："要坚持科技创新和制度创新'双轮驱动'，以问题为导向，以需求为牵引，在实践载体、制度安排、政策保障、环境营造上下功夫，在创新主体、创新基础、创新资源、创新环境等方面持续用力，强化国家战略科技力量，提升国家创新体系整体效能。"[1]综合相关理论观点，在国家创新体系中强化企业创新主体地位，即充分发挥制度的规范性和秩序性、合理性和合法性分配、协调性和整合性、导向和激励等功能，积极探索政府与市场协同发展的新模式以及有效结合的新机制，通过创新主体培育、创新基础设施建设、创新资源配置、创新环境塑造等持续提高企业创新效率以及效益，发展形成全过程创新生态链，促进国家创新体系中企业群体形成、推动企业在全过程创新链中发挥作用以及支持企业占据创新价值链中高端环节（见图2-7）。

[1] 2018年5月28日，习近平总书记在中国科学院第十九次院士大会、中国工程院第十四次院士大会上的讲话。

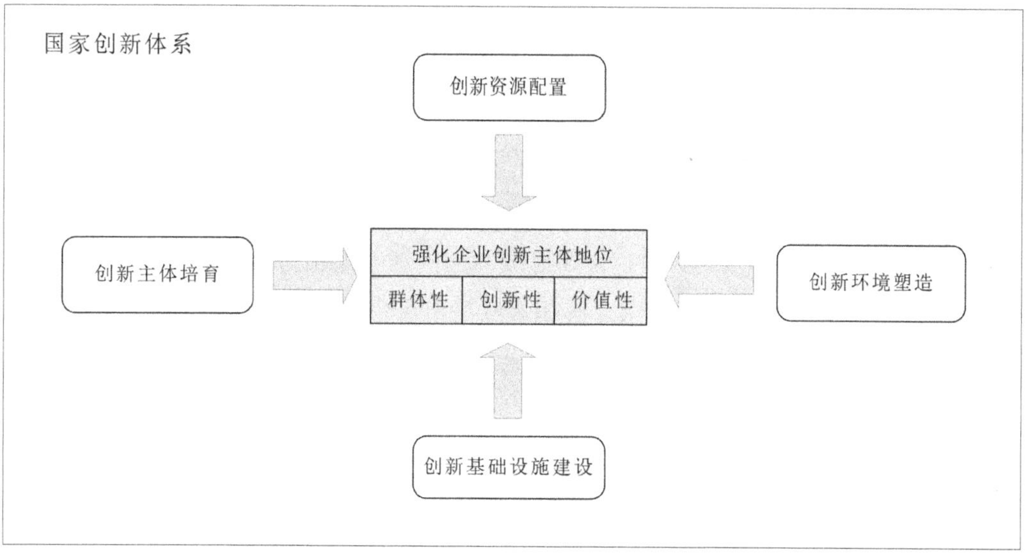

图2-7　强化企业创新主体地位的概念框架

资料来源：笔者绘制。

二、培育创新型企业群体

拥有核心技术能力突出、集成创新能力强、富有创新创业精神的创新型领军企业和企业集群是经济高质量发展和现代产业体系构建的基石[1]。2020年7月召开的企业家座谈会上，习近平总书记明确提出，企业家要做创新发展的探索者、组织者、引领者，“努力把企业打造成为强大的创新主体，在困境中实现凤凰涅槃、浴火重生”[2]。在《正确认识和把握中长期经济社会发展重大问题》一文中，习近平总书记指出，要发挥企业在技术创新中的主体作用，使企业成为创新要素集成、科技成果转化的生力军，打造科技、教育、产业、金融紧密融合的创新体系[3]。

在国家创新体系中培育创新型企业主体是一个动态的过程。一方面，要通过体制机制创新等举措提高国家创新体系中现有创新主体的发展水平；另一方面，通过资源优化配置，打造符合国家和地方发展需要的新型力量主体，开发出新的资源和培养新的能力，从而提高创新能力体系的多样性及层次性，优化创新能力结构。此外，主体培育的核心不仅在于企业规模，更重要的是培养企业家的创新精神。比如，广东利元

[1]　邓丽姝：《加快建立技术创新体系的三个着力点》，《经济日报》2020年09月23日（011）。
[2]　《习近平总书记在企业家座谈会上的讲话》，中国政府网，2020年7月21日，http://www.gov.cn/xinwen/2020-07/21/content_5528791.htm。
[3]　习近平：《正确认识和把握中长期经济社会发展重大问题》，《求是》2021年第2期。

亨智能装备股份有限公司成立于2014年，主要从事智能制造装备的研发、生产和销售，为锂电池、汽车零部件、精密电子、安防、轨道交通等行业提供高端装备和工厂自动化解决方案，属于中国制造2025、智能制造发展规划、“十三五”战略性产业发展规划等国家战略和政策重点扶持的新兴产业。公司重视培育长期创新精神和动能，拥有研发技术人员870多名，历年研发投入占销售额比重均在10%以上。通过政府重点扶持，以及企业自身努力，目前，公司已成为国内锂电池制造装备行业的领先企业，产品成功打开德国、瑞士、加拿大、美国等欧美市场[1]。

三、夯实基础设施条件

创新具有高风险性、不确定性的特征，也是市场容易失灵、需要政府发挥关键作用的领域。

从创新过程来看，科研成果从转化到生产，一般是先在实验室取得科研成果，通过中试条件放大实验来发现问题、解决问题、完善方案，再进一步应用到大生产上。在此过程中，各类基础设施，特别是各种不能由企业内部解决或承担建设的创新基础设施的供给显得尤为重要，可满足企业创新主体在基础研究和应用基础研究、前沿科技探索、企业科技创新和成果转化、国际科技合作等各方面的综合需求，降低创新成本、提高创新效率，提高创新质量。

创新发展相关基础设施包括重大科技基础设施、科教基础设施、产业技术创新基础设施，以及其他与未来科技革命发展方向相适应的公共服务平台等，具有支撑企业科学研究、技术开发、产品研制的功能，具有公益属性。以美国为例，其国内研究型大学、国家实验室、信息共享设施等的数量和质量都领先全球，全美共有3600多所高校，其中研究型综合大学有310多所，有50所大学进入世界前100名；美国联邦政府约有700家国家实验室和研究中心；图书馆、网站等公共服务开放程度较高，各类技术创新公共服务平台发展水平高。中国各级政府也高度重视与创新相关的基础设施条件建设。比如，广东佛山市积极创建信息基础设施和推进产业数字化，推动工业化和信息化深度融合发展，建设了一批中小企业数字化转型公共服务平台，打造国家级跨行业、跨领域工业互联网平台，支持龙头企业发挥“头雁效应”，带动中小企业抱团取暖。

[1] 引自调研资料。

四、优化创新资源配置

从资源基础观（RBV）视角来看，企业的持续竞争优势来源于其拥有和控制的具有价值性、稀缺性、难模仿性以及不可替代性的资源和能力[1]。企业通过获取外部资源和能力，并通过内部创新过程转化为具有竞争优势的资源和能力。创新具有天然的不确定性和风险性，由于信息不对称、创新的外部效应等原因，对创新资源要素的特定需求往往会影响企业创新活动的积极性，同时，考虑到创新资源的稀缺性，市场并不总能有效配置创新资源，都需要政府通过有效的资源配置手段，组织调配创新资源，促进创新要素向企业集聚，加大对企业科技研发、科技团队、科技金融等资源要素的保障力度，用利益来驱动创新知识的生产、流动与转化，提升企业创新积极性，实现知识和能力的有效积累，加快创新成果从潜在生产力向现实生产力的转化。

企业创新所需的资源包括人才、资本、基础设施等，政府对这些资源的配置及优化充分体现了国家创新体系中政府与市场的关系。一方面，由于创新的系统性和市场失灵特征，政府的技术干预具有重要作用，包括促进人才、资本、基础设施等高级创新要素生成以及优化配置，促进资源在各主体间、国家与地方之间的合理分布；另一方面，创新的高度不确定性也使得市场配置资源具有决定性意义。只有这样，企业才能更好地感知未来技术趋势和发展方向，也才能更好地发挥资源的最大效益。

从优化资源配置角度出发，强化企业创新主体地位的关键和着力点表现在两个方面。一方面，要突出市场化导向，让市场在资源配置中起决定性作用。比如，在财政科研项目申报中采取“揭榜挂帅制”“赛马制”，让企业选择科研方向，决定科研资源配置，进一步发挥企业作为科技创新出题人、答题人和阅卷人的作用。另一方面，更好地发挥政府在资源配置中的作用。推动资本、技术、高端人才等高级生产要素向产业链核心环节流动，推动更多具有核心技术、较强创新力以及产业带动作用的企业成为产业链中的“链主”企业和创新链中的领航企业。比如，广东省第十三次党代会报告要求，“要强化企业主体地位，推进产学研深度融合，支持领军企业牵头组建体系化、任务型创新联合体”。“推进”和“支持”等字眼充分体现了政府在资源配置中的重要作用。一些城市在资源配置中强调以需求为导向，其本质是强调政府支持与市场机制的有机结合。比如，广东韶关聚焦“产学研用”，以需求为导向，结合产业

[1] Barney J.B. “Firm Resources and Sustained Competitive Advantage”. *Journal of Management*, 1991, 17（1）: 99-120.

优势，主动对接广深港、广珠澳科技创新走廊，先后引进武汉理工大学韶关研究院、韶关先进材料研究院、中震科建（广东）防灾减灾研究院、广东碳中和研究院（韶关）等11个高水平研究院，推动院士专家及高层次人才团队创新成果落户韶关，促进钢铁、有色金属、装备制造等传统产业技术革新、转型升级。

五、营造创新生态环境

创新环境最先是由欧洲创新环境研究小组（GREMI）的学者们在研究欧洲高新产业区的过程中提出来的。创新环境是创新发生的基本条件。从创新网络角度来看，创新环境是决定或影响创新发生的区位与空间因素、社会文化因素、产业组织与经济方面的因素、公共机构与组织支撑因素等各种正式或非正式因素，是各类行为主体（大学、科研院所、企业、地方政府等机构及个人）之间在长期正式或非正式的合作与交流的基础上所形成的相对稳定的系统[1]。美国学者杰克逊（2002）将创新生态环境界定为：以技术创新和发展为目的，众多科学家、政府官员、企业界人士、工程师、作家等领域人士集合在一起的复杂关系系统[2]。创新生态环境源自创新生态系统，是决定或影响创新发生的区位与空间、社会文化、经济与制度、公共机构与组织支撑等各种正式或非正式因素的有机综合及相互作用。良好的创新生态环境有利于发挥企业家创新精神、不断孕育出创新思想、强化创新引导正向激励、加快企业技术创新速度、提高创新资源配置效率、促进创新扩散与应用、激发企业技术创新潜能、增强企业创新原动力，形成更大规模的经济增长效应。

创新生态环境营造是一个潜移默化的过程，也是多主体长期互动的结果。中国《国家中长期科学和技术发展规划纲要（2006—2020年）》中指出，国家科技创新体系是以政府为主导、充分发挥市场配置资源的基础性作用、各类科技创新主体紧密联系和有效互动的社会系统，中国基本形成了政府、企业、科研院所及高校、技术创新支撑服务体系四角相倚的创新体系。本书认为，创新生态环境总体包括政务服务环境、创新主体协作环境、开放创新环境等。决策机制、评价机制、组织机制、激励机制、开放机制等机制及相关政策对企业创新生态环境有着深远的影响。一方面，政府从知识和创新系统入手，鼓励创新、宽容失败，简政放权，加快促进产业链与创新链

[1] 王缉慈：《知识创新和区域创新环境》，《经济地理》1999年第1期。
[2] Furmcan J.L., Porter M.E., Stem S. “The Determinants of Mational Innovative Capacity”. *Research Policy*, 2020（06）: 29-24.

的深度融合，有利于提高知识密集度、关联度与增强企业创新动力；另一方面，从产业协同、产业融合与国际国内市场联动入手，大力发展平台型企业和服务型企业，支持行业商协会等社会组织发挥有效作用，促进创新网络形成，有利于降低企业创新的信息不对称成本和交易成本。

第三节 实践进路及四种作用效应

强化企业创新主体地位的基本过程是从群体性、创新性、价值性入手，通过培育创新型企业群体、夯实创新基础条件、优化创新资源配置以及营造有利于企业创新的生态环境，强化制度创新及供给，产生制度供需相适、政府与市场协同、产学研深度融合、企业与环境有效互动等效应，引起国家创新体系中主体结构、创新链以及价值链结构的变动，进而不断强化企业创新主体地位。

一、制度供需相适解决创新过程失灵问题

与其他经济社会活动相比，创新过程存在更为广泛的失灵框架。从发达国家关于创新的研究来看，早期着重通过政府干预解决市场失灵问题，后来注重通过国家创新体系解决系统失灵[1]问题，当前更多地强调通过推动公共和私人部门合作解决制度失灵的问题。比如，演化经济学家关于创新的一个重要的共识是“市场机制不会自发地产生突破性创新”[2]，政府应该在创新过程中发挥积极引领作用，纠正市场失灵。安维复在《从国家创新体系看现代科学技术革命》一文中指出[3]，国家创新体系具有制度属性，政策就是为了寻求改进在创新体系中的行为者和制度联系的结构，目的在于提升企业的创新能力，特别是企业同化和吸收技术的能力；在现代科学技术革命中，

[1] 所谓系统失灵，是指在国家创新体系中各个行为主体之间相互作用的缺乏，公共研究部门的基础研究与产业部门的应用研究之间的失衡。技术转移机制和信息的不健全，企业的技术吸收能力的贫弱，都会导致一个国家的创新活动贫乏。引自，OECD：“National Innovation of Systems”，1997。

[2] 路风、何鹏宇：《举国体制与重大突破——以特殊机构执行和完成重大任务的历史经验及启示》，《管理世界》2021年第7期。

[3] 安维复：《从国家创新体系看现代科学技术革命》，《中国社会科学》2000年第5期。

政府实际上充当着企业和研究机构的中介；建立健全国家创新体系，目的是解决市场失灵、政府失灵[1]和系统失灵问题。马祖卡托（Mazzucato M.）则认为，公共和私人部门之间是共生共赢关系，政府引领既不是纠正创新体系的某种失灵，也不是针对市场失灵，而是设法创造、塑造市场和制度，形成对系统失灵障碍的超越[2]。

中国《国家中长期科学和技术发展规划纲要（2006—2020年）》指出："国家创新体系是以政府为主导、充分发挥市场配置资源的基础性作用、各类科技创新主体紧密联系和有效互动的社会系统。"国家创新系统是由政府、研发机构、企业、高校等创新主体以及它们之间的相互作用所构成的，在市场经济条件下，这些创新主体创新能力的高低以及它们的有机联系强弱决定了国家创新系统的强弱，若是系统内创新主体的能力不足、相互间交互不利，创新制度、文化等滞后，则会导致创新效率低下，而系统失灵也源于此。此时，政府干预的目的也不仅仅是纠正市场失灵，而是通过制度供需相适纠正系统失灵[3]。因此，从实践角度来看，强化企业创新主体地位，要从企业创新的制度需求出发，通过制度供给解决创新过程中存在的市场失灵、制度失灵等各种失灵问题，着力提高企业创新效率，推动主体之间交互创新、拓展企业创新空间、促进企业突破性创新等。

二、政府与市场协同提升主体创新力

根据波特（Porter M.E.）的理论，国家创新体系包括两类生产要素：一类是自然资源、气候、地理位置、非技术与半技术劳动力等天然形成或只需要少量投资就能获得的初级生产要素；另一类是随着生产力水平的提高与分工的细化，需要大量资本与人力资源投入才能获得的高级生产要素，如高素质人力资本、大学与科研机构、现代化基础设施、完善的产业配套体系、高水平的管理、丰富的数据等[4]。知识、技能等高级生产要素蕴藏在制度、组织和高素质人才之中，难以形成也难以替代，对于国家的产业和经济发展更为重要。与生产要素可区分为初级生产要素和高级生产要素相类似，创新能力也可以分为基础能力与高级能力，基础创新能力主要是基于初级生产要

[1] 政府失灵有两个含义：其一，政府的作用有其特定的内涵，政府不能代替市场机制去配置社会资源，也不能代替大学和研究机构从事基础研究；其二，政府失灵是指，政府的创新政策有可能导致经济动机的扭曲。引自，安维复：《从国家创新体系看现代科学技术革命》，《中国社会科学》2000年第5期。

[2] ［美］马祖卡托：《创新型政府——构建公共与私人部门的共生共赢关系》，李磊等译，北京：中信出版社，2019年。

[3] 王德华、刘戒骄：《国家创新系统中政府作用分析》，《经济与管理研究》2015年第4期。

[4] ［美］迈克尔·波特：《国家竞争优势》，李明轩、袁邱如译，华夏出版社，2002。

素而形成的引进创新、模仿创新能力，如工艺设计、加工制造、贴牌生产（OEM）等；高级创新能力主要是基于高级生产要素形成的集成创新、原始创新能力，如自主品牌、原创产品等。

国家创新体系研究从技术创新和制度创新两个角度出发，强调政府引导、推动与市场机制的有机结合对经济社会领域创新和企业创新主体高级能力形成的重要性。一方面，政府通过发挥整合、动员和执行作用，加强高级生产要素供给，对创新环节实施相应的强干预，有利于打破创新路径依赖及能力刚性约束；另一方面，市场机制的注入则能更有效地把控政府过度干预可能带来的技术方向选择失误、“自上而下”运行机制、力量无法有效集中、遴选机制、国际规则制约等风险[1]。因此，在国家创新体系中强化企业创新主体地位，核心是正确处理政府与市场的关系，实现政府支持与市场机制的有机结合，在充分发挥市场在资源配置中决定性作用的同时更好地发挥政府引导作用。

三、产学研深度融合适应“技术–经济范式”

意大利经济学家杜西（Dusi G.）在198年用“技术范式”概念揭示技术与经济相互关系及其运行机制，强调为解决特定经济问题而设的技术创新系统或技术创新模式[2]。在这里，技术进步不是指某个单项技术的进步，而是指能够引起经济增长的技术范式的更替。裴雷兹（Perez C.）和弗里曼（Freeman C.）在1983年进一步发展了技术范式的思想，提出了“技术–经济范式”的概念，其基本含义是技术进步不会自动渗透到所有的国家、所有的部门和所有的生产要素中，且技术革命的扩散往往伴随着一场重大的结构调整危机，必须通过体制改革来使新技术与整个社会更好地“匹配”，形成由技术创新体系、经济结构（其中包括工业组织和市场结构）以及经济政策环境等构成的互动体系[3]。历次科技与产业革命都会形成新的“技术–经济范式”，后发国家和地区只有适应乃至创造新“技术–经济范式”，才能将科技创新真正转变为经济发展动能。

国家创新体系的基本观点是，企业在现代经济增长中发挥着不可替代的作用，主体之间以及主体与外部环境之间的互动性、网络性，即基础科学、大规模研发、应用

[1] 朱学彦、张宓之：《集中力量办大事体制的演变及内涵研究》，《体制改革》2021年第11期。
[2] Dosi Get al. “Technical Change and Economic Theory” . *Pinter Publishers*，1988.
[3] Freeman C.Perez C. “Structural Crises of Adjustment，Business Cycles and Investment Behaviour” ，in Giovanni Dosi et al. “Technical Change and Economic Theory” . *London：Francis Pinter*，1988.

和传播创新过程中形成的因果关系不是线性的，相反，创新网络充满了市场与技术、应用和科学之间的反馈循环（feedback loops）[1]。在Freeman（1987）的“国家创新体系”概念中，经济目标是公共和私有部门之间网络化和相互作用的关键目标[2]，科技活动与经济社会发展统一是建设国家创新体系的内在价值追求，与“技术-经济范式”相匹配是国家创新体系绩效形成的关键。要充分把握新一轮科技革命和产业变革机遇，适应科学研究以及“技术-经济范式”深刻变革、学科交叉融合不断发展以及科学技术和经济社会发展加速渗透融合、科技成果转移转化明显提速等趋势，持续提高、增强企业在顶层设计和决策部署中的参与度、话语权[3]，深化产学研协作机制创新。企业成为创新主体并不意味着排斥其他技术创新要素的作用，而是要在国家创新体系中，以企业为中心建立产学研协同创新机制，使得不同主体能相互配合、高效分工、深度合作。

四、企业与环境有效互动推动能力提升

国家创新体系具有典型的开放性特征，创新主体与外界环境之间进行多元化、深层次、广泛紧密的互动。萨维奥蒂（1997）从进化角度认为，国家创新体系是一个开放系统，通过与外界物质与能力的交换形成了系统的结构组成、量变、不确定性、路径依赖等特性[4]。在国家创新体系中，企业主体地位的提升是企业适应外部环境，与环境一起不断变化的，只有适应环境的变化才能推动企业创新能力升级。特别是在具有高度互动性特征的知识经济与网络经济时代，在全球范围内行之有效地识别、获取、整合、利用与配置资源已经成为影响企业创新能力的必要条件。

当前，新一代信息技术、物联网、人工智能等新技术对全球产业各行业及细分领域渗透、变革的作用日益加深，引发产业和企业技术创新、研发模式、生产方式、业务模式和组织结构的重大变革，形成了产业链价值链模块化、公司价值链细化、创新环节深度分工等新特征与新趋势，企业创新环境发生了深刻变革。唯有拥抱变化才能引领未来。一方面，科技创新活动的系统性、复杂性和不确定性等特征不断强化，科

[1] ［美］马祖卡托：《创新型政府——构建公共与私人部门的共生共赢关系》，李磊等译，中信出版社，2019。

[2] Freeman C. “Technology and Economic Performance：Lessons from Japan”. *Printer*, 1987.

[3] 邓丽姝：《加快建立技术创新体系的三个着力点》，《经济日报》2020年09月23日（011）。

[4] Saviotti P. “Innovation Systems and Evolutionary Systems of Innovation Technologies”.*London and Washinton pinter*, 1997.

技创新活动的“乌卡（VUCA）特征”[1]日益突出，技术变化和产品生命周期快速缩短；另一方面，全球范围内，产业链趋于片段化、分散化，制造业价值链各个环节的可分解性、中间品（服务）的可贸易性以及要素配置的分散化程度日益提高。国际分工体系从产业间分工转向产业内分工、产品内分工，拓展了各国和地区深度参与全球产业链、提高经济和产业发展水平的价值空间[2]。此外，分散在不同地理空间中的生产和创新过程之间的多层次联系日益紧密，推动创新环节的跨国分工及转移。随着国际分工形态逐步走向产品内分工，围绕产品内部工序、区段、环节的水平或垂直分工引致大量的共同研发者网络、创新联盟、技术投资等活动[3]。在企业层面，竞争对手“零和博弈”早已过时，技术层面合作不断涌现[4]。近年来，丰田、松下、特斯拉、本田、比亚迪、宁德时代等同行和竞争对手根据各自的优势和市场定位在汽车生产制造、动力电池、系统集成等领域展开互补性技术、产业、产品和市场层面的合作。强化企业创新主体地位，需要把握好企业创新与外部环境的关系，推动开放式创新，融入全球创新网络，鼓励企业及时进行转型升级，支持企业适应环境变化，乃至创造条件推动环境变化，实现创新能力持续提升。

[1] VUCA（乌卡时代），是volatile、uncertain、complex、ambiguous的缩写。这四个单词分别是易变不稳定、不确定、复杂和模糊的意思。乌卡时代是一个具有现代概念的词，是指我们正处于一个易变不稳定性、不确定性、复杂性、模糊性的世界里。

[2] 刘志彪：《从全球价值链转向全球创新链：新常态下中国产业发展新动力》，《学术月刊》2015年第2期。

[3] 张鑫、王一鸣：《经济全球化视角下的国外区域经济发展研究综述——基于全球价值链、全产网络和创新网络的比较分析》，《南京理工大学学报（社会科学版）》2014年第4期。

[4] Chesbrough H. “Open Innovation： The New Imperative for Creating and Profiting from Technology” .*Harvard Business School Press*，2003.

第三章
历史逻辑：主体地位演进及其特征

现代管理学之父德鲁克（Peter F. Drucker）指出，我们正进入一个知识社会，在这个社会当中，基本的经济资源将不再是资本（Capital）、自然资源（Natural Resources）或是劳动力（Labor），而将是知识（Knowledge）[1]。中华人民共和国成立以来，中国经济发展模式整体上呈现由资源驱动、资本驱动到创新驱动（知识驱动）的变化过程，与此同时，企业创新主体地位也发生了深刻变化。本章立足强化企业创新主体地位的概念模型及实践进路，采取历史和比较分析方法，探讨了中国企业创新主体地位的形成与发展，揭示了中国企业创新主体地位的基本特征。首先，从群体性维度探讨创新型企业群体以及梯队变化情况；其次，从创新性维度探讨企业研发投入强度等指标的变化情况，揭示企业在创新链中相关环节的主体地位及其变化；最后，从价值性维度探讨企业创新成果的价值性及变化情况，揭示企业在价值链中相关环节的主体地位及其变化。

[1] ［美］彼得·德鲁克：《后资本主义社会》，傅振焜译，东方出版社，2009。

第一节 创新型企业群体及梯队形成

中华人民共和国成立之初，中国社会主义企业主要来源于萌芽于20世纪30年代前后的革命根据地或解放区兴办的公营工业企业，以及从帝国主义、官僚资本主义手里接手过来的外资企业[1]。国营企业、公私合营企业、合作社营企业（后来称为集体所有制企业）、私营企业等是企业的主要类型。在1949—1992年计划经济时期，公有制经济占主导地位，私营企业发展缓慢。1981年6月，《关于建国以来党的若干历史问题的决议》为非公有制经济发展开了政策绿灯，以私营经济、港澳台资及外资经济为主体的其他经济类型企业开始发展。1992年，中国共产党第十四次全国代表大会正式提出建立社会主义市场经济体制的目标。到2010年，中国形成了国有企业、私营企业和外资企业“三分天下”的微观经济新格局。2012年，党的十八大以来，随着商事制度改革的纵深推进，中国市场主体以及企业数量呈井喷式增长态势，创新型企业群体不断壮大，形成了进一步强化企业创新主体地位的优势条件。

一、市场主体数量的规模化扩张

20世纪50年代至70年代，中国企业单位数量相对稳定，增长较为平缓。以工业企业为例，据统计，1957年，全国工业企业数量约为31万个，到1978年，工业企业数量为34.8万个，仅比1957年增长了12.3%。改革开放后，随着社会主义市场经济体制的逐步确立和市场主体数量快速增长，企业单位数量迎来快速增长，到2017年，全国工业

[1] 余菁：《新中国70年企业制度的演变历程与发展取向》，《经济体制改革》2019年06期。

企业数量增加到371.3万个，比1978年增长了9.7倍[1]。从法人单位数量来看，根据1996年全国基本单位普查数据，1996年全国共有法人单位440.2万个。至2020年，全国法人单位数量增加到2938.9万个，24年间增长了5.7倍，年均增长8.23%。特别是党的十八大以来，全国法人单位数量爆发式增长，2012—2020年，法人单位数量从1061.7万个迅速增加到2938.9万个，增长了1.8倍，年均增长13.6%（见图3-1）。

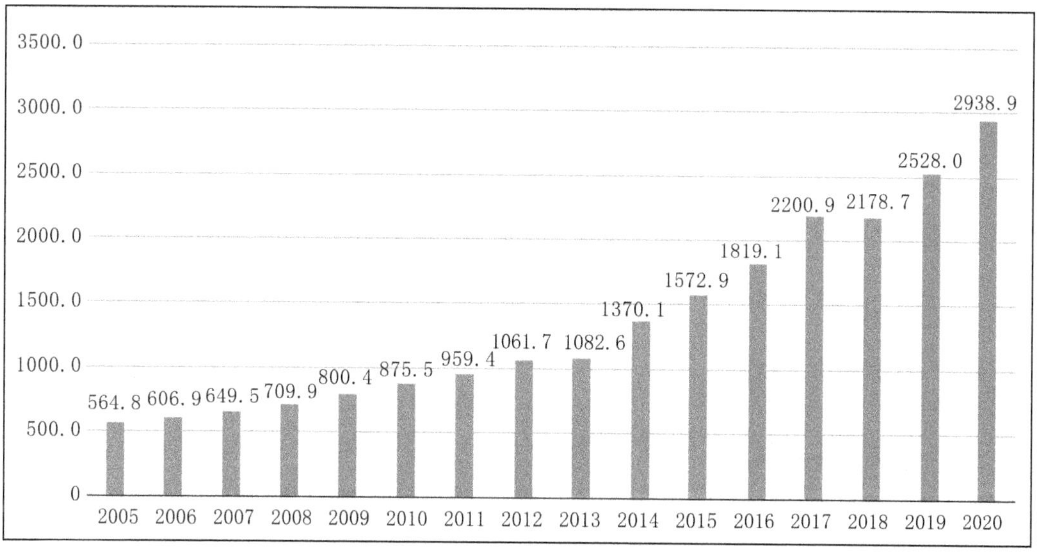

图3-1　2005—2020年中国法人单位数量变化（单位：万个）

数据来源：《中国统计年鉴2021》。

从企业法人单位数量来看，1996年，全国共有企业法人单位262.8万个，2020年，企业法人单位数量增加到2505.5万个，增长了9.5倍，年均增长9.9%，占全部法人单位的比重从59.7%增加至85.2%，提高了25.5个百分点。特别是党的十八大以来，随着“放管服”改革的深入推进以及营商环境的全面优化，企业法人单位数量进入爆发式增长阶段，从2012年的828.7万个迅速增长到2020年的2505.5万个，8年间增长了2倍，年均增长14.8%，高于全部法人单位数量年均增长率。根据中国国家市场监督管理总局的市场主体数据，1978—2018年，中国市场主体数量从改革开放初期的49万户增长到2018年的1.09亿户，增长了222倍。其中，实有企业数量达3434.64万户，日均新设市场主体5.8万户，日均新设企业1.8万户；每千人企业数量达24.7户，较商事制度改革前的2013年的11.36户增长了117%。中国工业和信息化部企业数据也显示，截至2021年末，全国企业数量达到4842万户，比2012年增长1.7倍，其中99%以上都是中小企

[1]　国家统计局：《新中国成立70周年经济社会发展成就系列报告》，2019。

业。从企业类型来看，私人控股企业占绝对地位，占比高达95.4%（见图3-2）。

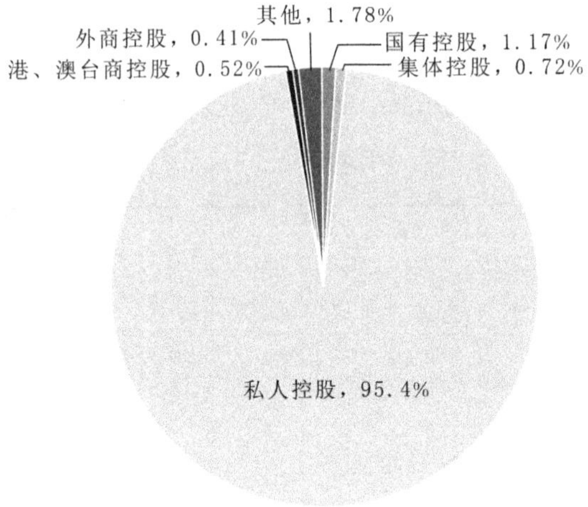

图3-2　中国企业法人单位结构

数据来源：《中国统计年鉴2021》。

根据中国国家市场监督管理总局的数据，2012—2021年，中国民营企业数量从1085.7万户增长到4457.5万户，民营企业在企业总量中的占比由79.4%提高到92.1%（见图3-3）。

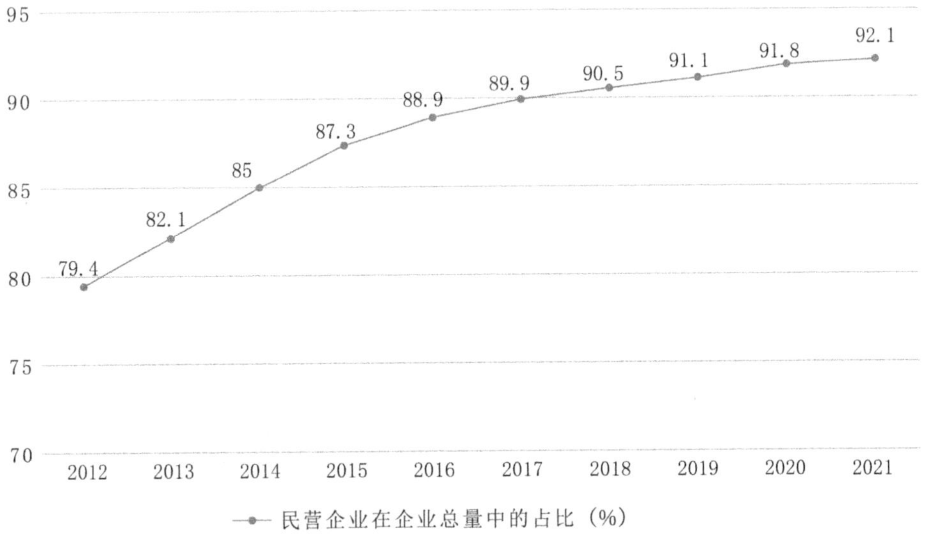

图3-3　2012—2021年中国民营企业在企业总量中的占比变化

数据来源：中国国家市场监督管理总局。

二、创新型企业群体和“金字塔”式梯队

随着国家创新战略的深入实施，以及企业在市场和竞争压力下的技术追赶，中国市场主体结构逐渐发生变化，私营企业快速发展，传统企业向创新型企业转变，逐渐形成包括头部创新型企业、中小型科技企业、新创企业等在内的科技企业群体和“金字塔”式的梯队格局。一方面，规上工业企业、高新技术企业等“金字塔塔基”企业数量呈增长态势；另一方面，世界500强企业、单项冠军、专精特新“小巨人”企业等“金字塔塔尖”科技企业数量持续增长，全球影响力持续提升。

（一）“金字塔塔基”企业群体

规上工业企业和高新技术企业是中国政府鼓励和推动企业转变发展模式、实现创新发展的重要抓手。其中，规上工业企业是指年主营业务收入在2000万元及以上的工业企业；高新技术企业是指在《国家重点支持的高新技术领域》内，持续进行研究开发与技术成果转化，形成企业核心自主知识产权，并以此为基础开展经营活动，在中国境内（不包括港、澳、台地区）注册一年以上的居民企业。规上工业企业主要采取申报制；高新技术企业主要采取认定的方式，有关科技部门重点考核高新技术产品（服务）范围、知识产权、企业科技人员占比、研发投入、研发投入占销售收入总额比例等指标。

规上工业企业。2002—2021年，中国规模以上工业企业数量呈上升态势，从2001年的17.1万个增加到2010年的超过45.3万个；2011年因统计口径变化转变为32.6万个，之后呈波动增长态势，至2021年已达40.9万个（见图3–4），其中接近四成的企业开展了技术创新活动，且占比呈现持续上升趋势（见图3–5），在中国超过1亿多个市场主体中占比虽不到1%，但是关键少数。这些有创新活动的工业制造部门主要集中于计算机、电气机械、化学原料、通用设备等行业，在中国经济高质量发展中发挥着“中流砥柱”作用。

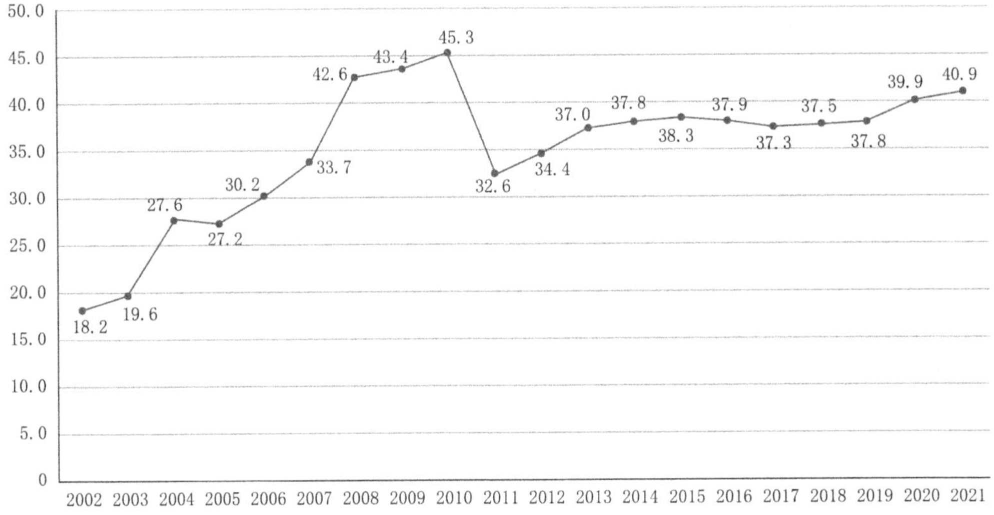

图3-4　2002—2021年中国规模以上工业企业数量（单位：万个）

数据来源：《中国统计年鉴2021》。

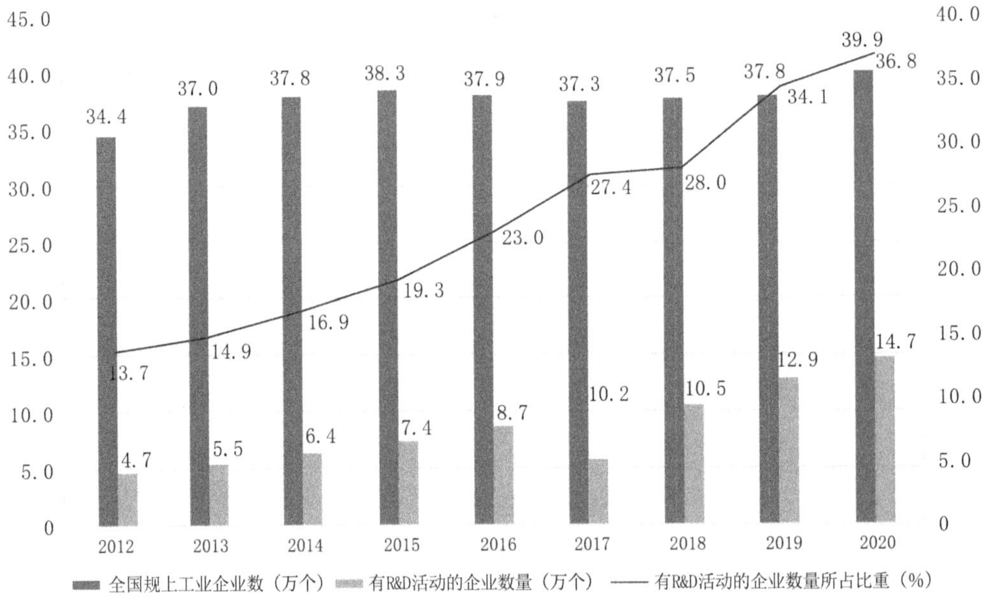

图3-5　2012—2021年有技术创新活动的规上工业企业占全部工业企业比重

数据来源：《中国统计年鉴2013—2021》。

高新技术企业。高新技术企业是中国技术创新投入、高端就业人口、知识产权创造、IPO上市的主体。

国家和各省市均高度重视高新技术企业的培育工作，设立相关指标和门槛条件，并对入围企业在税收减免、财政补贴、科技贷款、企业荣誉、政策倾斜、上市、投标加分等方面给予特殊政策。比如，2018年，上海出台《关于加快本市高新技术企业发展的若干意见》，发布了对入库企业给予一次性20万—200万元的支持等系列支持举措。在国家和地方政策双重激励下，2009年以来，中国高新技术企业数量不断增长，2012—2020年的平均增速达到31.8%。2019年，全国高新技术企业数量达21.9万个，同比增长26.9%；2020年，据国家税务总局的相关统计数据，全国高新技术企业达到33万个，同比增长32.8%（见图3-6）。截至2022年6月，中国高新技术企业研发投入占全国企业投入的70%，上缴税额由2012年的0.8万亿元增加到2021年的2.3万亿元；在上海证交所科创板、北京证交所上市的企业中，高新技术企业占比超过90%[1]。

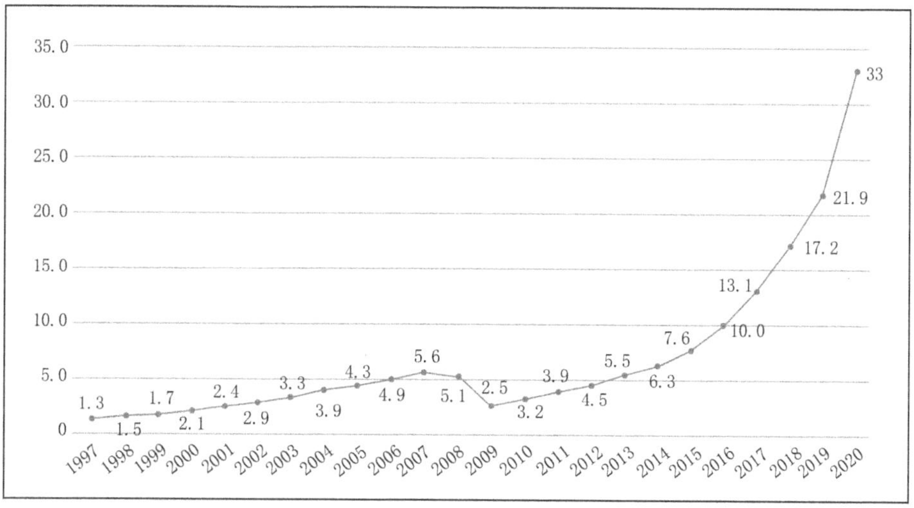

图3-6　1997—2020年中国高新技术企业数量增长趋势（单位：万个）

数据来源：科学技术部火炬统计中心。

（二）“金字塔塔尖”企业群体

“金字塔塔尖”企业在产业链中处于“链主”位置，市场规模进入全球前列或者在创新发展方面具有引领性和代表性，包括制造业500强企业、独角兽企业、专精特新及“小巨人”企业等。

制造业500强企业。中国企业联合会、中国企业家协会发布的数据显示，2022

[1]　《中国科技产业》编辑部：《成功进入创新型国家行列　经济社会迈向高质量发展——中共中央宣传部举行“中国这十年”系列主题新闻发布会》，《中国科技产业》2022年第6期。

年，中国制造业企业500强营业收入达到47.1万亿元，比2012年增加25.4万亿元，同比增速17.07%，增速为2013年以来的最高值，资产总额达到47.6万亿元，比2012年增加27.9万亿元，同比增速为7.5%；500家企业营业收入和资产总额均占全国全部规上工业企业营业收入总额和资产总额的30%以上；研发投入首次突破1万亿元，485家企业共计投入研发费用10557.55亿元，同比增加1667.9亿元，增幅达18.8%，平均研发投入强度达到2.4%，同比全部规上工业企业研发投入强度为1.41%。

独角兽企业。根据CB Insights数据，截至2022年6月，全世界共有1170个独角兽企业[1]，总估值为3.8万亿美元，其中中国独角兽企业数量排名第二，达175个，总估值为6750亿美元，占比17.7%。从独角兽企业增长速度来看，中国2016—2022年独角兽企业年均增长率为32%，2022年比2021年增长了4%左右（见图3-7）。

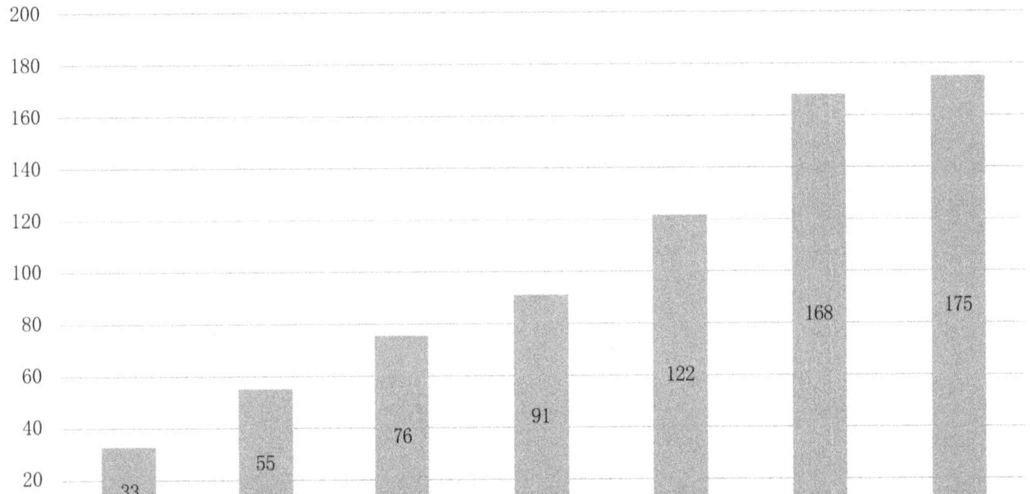

图3-7 2016—2022 年中国独角兽企业数量变化情况（单位：个）

资料来源：CB Insights.

从独角兽企业的行业分布来看，中国独角兽企业主要分布在电子商务和消费者终端、人工智能、硬件、出行和运输等领域（见图3-8），美国则聚焦于互联网软件和服务、金融科技、健康、人工智能、网络安全等领域。

[1] 独角兽企业（Unicorn）的概念由硅谷风险投资者 Aileen Lee 在2013年提出，指的是那些估值超过10亿美元的私有/初创企业。

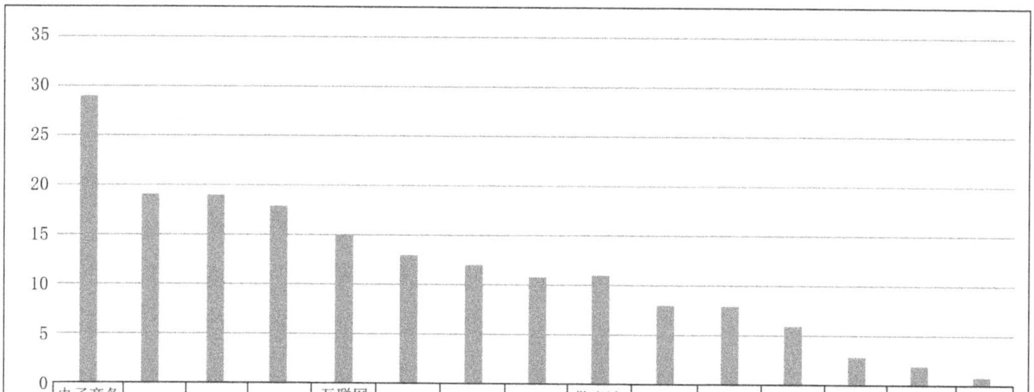

	电子商务和消费者终端	人工智能	硬件	出行和运输	互联网软件和服务	移动和电信	教育科技	健康	供应链、物流和交付	金融科技	零售	其他	交通出行	数据管理和分析	网络安全
中国	29	19	19	18	15	13	12	11	11	8	8	6	3	2	1

图3-8　2021年中国独角兽企业行业分布情况（单位：个）

资料来源：CB Insights.

专精特新及“小巨人”企业。专精特新企业主要分布于智能制造、人工智能、生物技术、信息技术、航空航天、光电芯片、新材料、新能源八大硬科技领域（见图3-9）。截至2021年底，中国工业和信息化部已培育3批4762家专精特新及“小巨人”企业，600多家制造业单项冠军企业，带动各地培育省级“专精特新”中小企业4万多家。“小巨人”企业的平均研发强度达到10.3%，高于上市企业1.8个百分点。专精特新及“小巨人”企业中超六成属于工业基础领域，超七成深耕行业十年以上，超八成进入战略性新兴产业链，超九成是国内外知名大企业的配套企业。

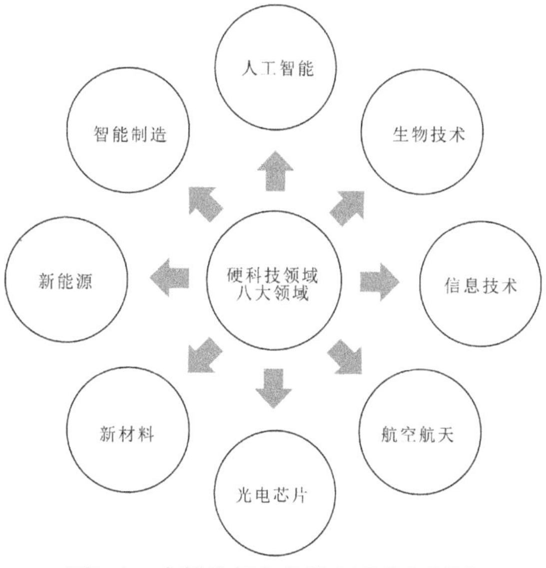

图3-9　专精特新企业的主要分布领域

世界500强企业。在经济全球化和产业高质量发展过程中，大企业通常主导技术标准、行业发展方向和主流市场。据统计，世界500强企业主导完成了全球80%的研发投入、70%的技术创新以及60%的技术转移活动[1]。2003年，中国世界500强企业数量仅为11家，2020—2022年，中国世界500强企业数量持续位列全球第一。2022年《财富》世界500强企业排行榜中，中国上榜企业（仅包含大陆、香港企业）136家（见图3-10），部分企业是中国技术创新的领军企业，发挥了带头和引领作用。从企业性质来看，国有企业有86家，包括国家电网、中石油、中石化、中建集团等，民营企业有50家，包括京东集团、阿里巴巴、华为公司、腾讯公司等。中国世界500强企业前20名中有18名是国有企业（见表3-1）。

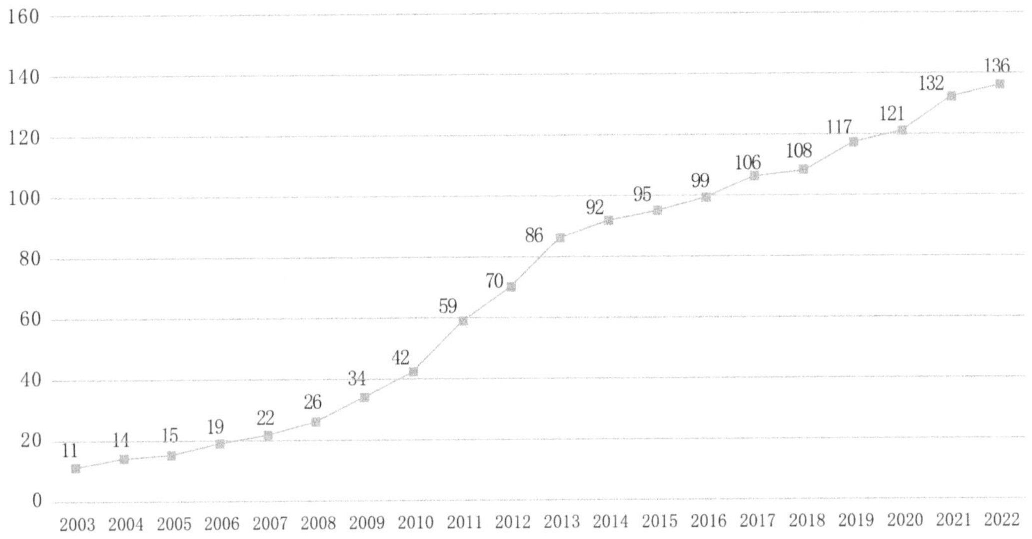

图3-10　2003—2022年中国世界500强企业数量（单位：家）

数据来源：历年《财富》世界500强企业排行榜。

表3-1　2022年中国世界500强企业前20

序号	排名	企业名称	营业收入（百万美元）	利润（百万美元）
1	3	国家电网有限公司	460616.90	7137.80
2	4	中国石油天然气集团有限公司	411692.90	9637.50
3	5	中国石油化工集团有限公司	401313.50	8316.10
4	9	中国建筑集团有限公司	293712.40	4443.80

[1] 《我国500强仍缺核心竞争力》，《人民日报》2011年9月5日，http://finance.sina.com.cn/g/20110905/ 065310431749.shtml。

续表

序号	排名	企业名称	营业收入（百万美元）	利润（百万美元）
5	22	中国工商银行股份有限公司	209000.40	54003.10
6	24	中国建设银行股份有限公司	200434	46898.90
7	25	中国平安保险（集团）股份有限公司	199629.40	15753.90
8	28	中国农业银行股份有限公司	181411.70	37390.80
9	31	中国中化控股有限责任公司	172260.30	-197.7
10	34	中国铁路工程集团有限公司	166452.10	1853.20
11	39	中国铁道建筑集团有限公司	158203	1703.80
12	40	中国人寿保险（集团）公司	157095.30	3087.10
13	42	中国银行股份有限公司	152409.30	33573.30
14	44	中国宝武钢铁集团有限公司	150730	2994.90
15	46	京东集团股份有限公司	147526.20	-551.8
16	55	阿里巴巴集团控股有限公司	132935.70	9700.50
17	57	中国移动通信集团有限公司	131913.40	14628.90
18	58	中国五矿集团有限公司	131800.40	616.8
19	60	中国交通建设集团有限公司	130664.10	1397.30
20	65	中国海洋石油集团有限公司	126920.10	9183.40

资料来源：2022年《财富》世界500强企业排行榜。

从城市分布来看，国内世界500强企业集中于北京、上海、深圳、杭州、香港以及广州（见表3-2）。北京聚焦了大量央企和大型国企，数量达到54家；深圳、杭州、香港等则以民营企业为主。

表3-2　2022年中国世界500强企业城市分布和名称

城市	企业数量（个）	企业名称
北京	54	国家电网、中国石油、中国石化、中国建筑、工商银行、建设银行、农业银行、中化控股、中铁工程、铁道建筑、中国人寿、中国银行、京东集团、中国移动、中国五矿、中国交建、中国海油、中国医药、中国邮政、国家能源、中粮集团、中电建设、中信集团、中国人保、中国电信、中国兵工、中国铝业、航空工业、北汽集团、保利集团、中国建材、中国光大、中国华能、中国机械、中国电科、国电投资、小米集团、中国联通、中国能建、民生银行、中煤能源、中国兵装、中航科技、中国华电、首钢集团、航天科工、泰康保险、建龙重工、中核集团、中国中车、大唐集团、龙湖集团、中航油科、新华人寿
上海	12	宝武钢铁、上汽集团、绿地控股、中远集团、交通银行、太平洋保险、浦发银行、中国船舶、苏商建设、上海建工、上海医药、德龙钢铁

续表

城市	企业数量（个）	企业名称
深圳	10	平安保险、正威国际、华为投资、腾讯控股、招商银行、万科企业、中国电子、深圳投控、比亚迪、顺丰控股
杭州	8	阿里巴巴、物产中大、荣盛控股、吉利控股、恒逸集团、浙江交投、杭州钢铁、海亮集团
香港	7	中国华润、招商局集团、联想集团、友邦保险、太平洋保险、长和实业、怡和集团
广州	4	南方电网、广汽工业、广州建筑、广州医药
成都	3	新希望集团、蜀道集团、成都兴城
厦门	3	厦门建发、厦门国贸、厦门象屿
济南	3	山东能源、山东钢铁、山东高速
乌鲁木齐	3	太平洋建设、新疆中泰、广汇实业
苏州	3	恒力集团、盛虹控股、江苏沙钢
佛山	2	碧桂园、美的集团
石家庄	2	河钢集团、敬业集团
西安	2	陕西煤业化工、延长石油
鞍山	1	鞍钢集团
滨州	1	魏桥创业
大同	1	晋能控股
福州	1	兴业银行
鹰潭	1	江西铜业
金昌	1	金川集团
昆明	1	云南投资
龙岩	1	紫金矿业
南宁	1	广西投资
青岛	1	海尔智家
太原	1	山西焦煤
桃源	1	广达电源
铜陵	1	铜陵有色
潍坊	1	潍柴动力
温州	1	青山控股
芜湖	1	海螺集团
武汉	1	东风汽车
长春	1	中国一汽
长沙	1	湖南钢铁
长治	1	潞安化工
珠海	1	格力电器

资料来源：2022年《财富》世界500强排行榜。

三、企业家创新精神和产品体系

改革开放以来，中国企业家敢于冒险，在经济体系中强化生产要素和生产条件的新组合，不断引进和创造新型生产力，涌现出王选、任正非、马化腾、何享健、汪滔、李东生、张瑞敏、李书福、王传福等知名创新型企业家，推动中国制造做大做强，走出国门。2011年，中国工业总产值为2.9万亿美元，位居世界第一。2012—2021年，中国制造业增加值占全世界制造业增加值比重从22.5%提高到30%；中国技术密集型的机电产品、高新技术产品出口额分别由2012年的7.4万亿元、3.8万亿元增长到2021年的12.8万亿元、6.3万亿元（见表3-3）。

表3-3　2016—2021年全国及部分省市高新技术产品进出口总额（单位：亿元）

	2016年		2017年		2018年		2019年		2020年		2021年	
	出口	进口	出口	进口	出口	进口	出口	进口	出口	进口	出口	进口
全国	39876	34618	45150	39501	49374	44340	50427	43978	53692	47160	63266	54088
广东	14095	12520	14605	13699	15452	15905	15131	15300	15038	15312	17150	17764
江苏	7718	5200	9338	6426	10126	7288	9947	6594	10223	7263	11286	7960
浙江	1112	528	1260	691	1408	—	1605	—	2028	—	2720	—
上海	5220	5134	5697	5715	5742	5821	5647	6315	5782	6936	6052	7434

数据来源：全国及有关省市历年国民经济和社会发展统计公报。

从产品体系来看，通过从引进创新、集成创新向自主创新转变，中国工业已经从“一穷二白”发展到拥有41个工业大类、207个工业中类、666个工业小类，成为世界上工业体系最为健全的国家。目前，已能自主生产500种主要工业产品，40%以上工业产品的产量位居世界第一，光伏、新能源汽车、家电、智能手机、消费级无人机等重点产业跻身世界前列，通信设备、工程机械、高铁等一大批高端品牌走向世界，汉字信息化、电子商务、5G手机、电动车、手机支付、新能源汽车等自主创新成果举世瞩目，彰显了中国企业家勇于拼搏、敢于创新、自立自强等创新精神，充分体现了中国企业创新主体地位。

第二节 2 企业在创新链中形成主体地位

研究与试验发展（R&D）是指为增加知识存量（包括有关人类、文化和社会的知识）以及涉及已有知识的新应用而进行的创造性、系统性工作，包括基础研究、应用研究和试验发展三种类型。从国际上看，研究与试验发展活动的规模和强度指标，包括R&D经费、R&D人员等，反映一国的科技实力和核心竞争力，体现了创新主体在创新链中的相对地位。

一、全社会研发经费支出

1995年，中国提出科教兴国战略，以逐渐解决研发经费投入不足的问题为切入点增强创新能力。中国的全社会研发经费支出以及全社会研发经费支出占国内生产总值的比例（GERD/GDP）开始进入快速上升通道。从支出规模来看，至2021年实现总量持续稳定增长。

自2013年起，中国成为世界第二大研发经费投入国家，居发展中国家首位（见图3-11）。2016—2019年，中国R&D经费年均净增量超过2000亿元，年均增长11.8%，成为拉动全球R&D经费增长的主要力量。2020年，中国R&D经费总量稳居世界第二。2021年，中国全社会研发经费投入达27864亿元，比上年增长14.2%，增速比上年快4.0个百分点，延续了“十三五”规划以来两位数的增长态势，研发经费投入与国内生产总值之比达到2.44%，比上年提高0.03个百分点。

从全社会研发经费支出强度来看，中国的追赶速度不断加快。20世纪90年代以来，中国全社会R&D经费投入强度不断增加，从1995年的 0.57%增加到2014年的2.02%，再到2020 年的2.41%，增长近5倍，位列全球第12。

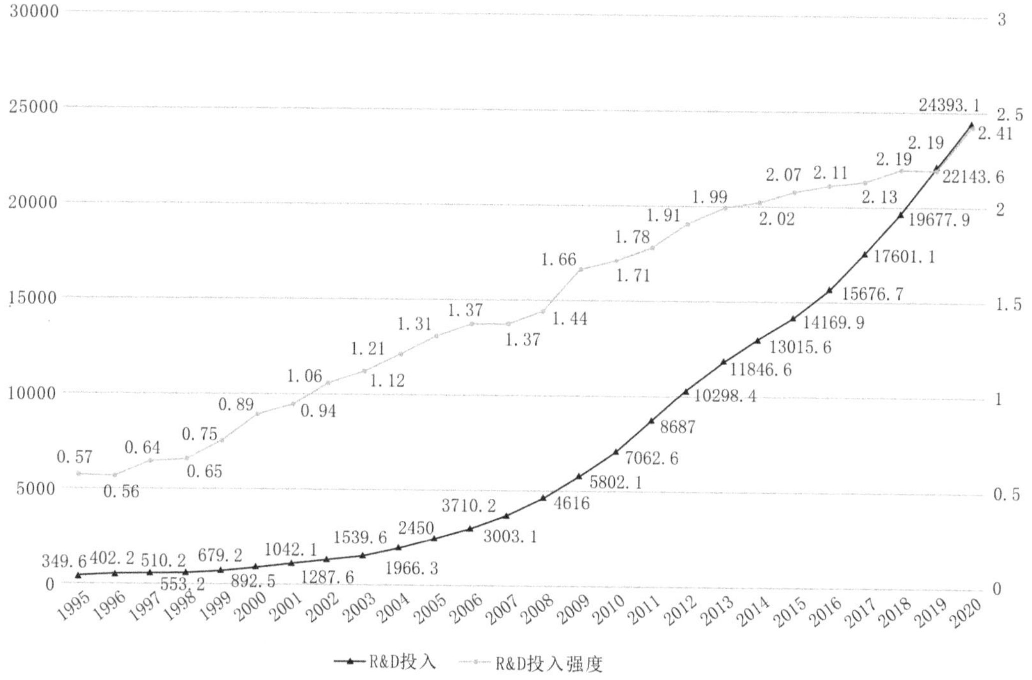

图3-11　1995—2020年中国R&D经费投入及R&D经费投入强度变化（单位：亿元，%）

数据来源：《中国科技统计年鉴2021》及历年全国科技经费投入统计公报。

根据《2020年全国科技经费投入统计公报》，R&D经费投入超过千亿元的省（市）有8个，分别为广东（3479.9亿元）、江苏（3005.9亿元）、北京（2326.6亿元）、浙江（1859.9亿元）、山东（1681.9亿元）、上海（1615.7亿元）、四川（1055.3亿元）和湖北（1005.3亿元），这些省市R&D经费投入累计占全国的65.7%（见图3-12）。

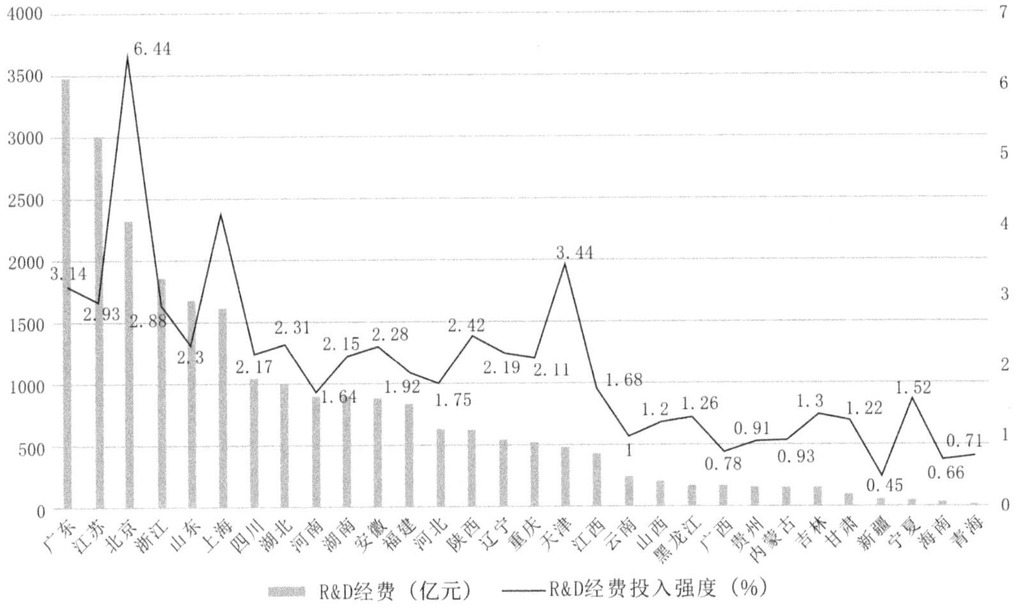

图3-12　2020年中国各地区R&D经费投入及投入强度情况

数据来源：《2020年全国科技经费投入统计公报》。

2020年，中国政府来源资金和企业来源资金比例分别为19.8%、77.5%，而在1995年，中国企业研发经费占比仅为31.71%（见表3-4）。

表3-4　中国研发经费结构变化及国际地位

国家	年份	研发强度（GERD/GDP）（%）	政府来源资金比例（%）	企业来源资金比例（%）	其他来源资金比例（%）	基础研究比例（%）	应用研究比例（%）	试验发展比例（%）
中国	1995	0.57	25.84	31.71	42.45	5.2	26.4	68.4
	2012	1.84	21.68	73.91	4.41	4.7	11.8	83.5
	2020	2.41	19.78	77.46	2.76	6.0	11.3	82.7
中国研发经费投入达到2.4%时主要发达国家研发经费投入结构								
美国	1959	2.39	—	73.6	—	—	—	—
德国	1981	2.35	41.8	56.85	1.35	19.2	—	—
英国	1981	2.34	48.1	42.05	—	—	—	—
当前主要发达国家研发经费投入结构								
美国	2019	3.07	25.9	63.3	10.7	16.4	19.0	64.5
日本	2019	3.20	14.7	78.9	6.4	13.0	19.4	67.6
德国	2019	3.19	27.8	64.5	7.7	—	—	—
英国	2018	1.73	25.9	54.8	19.3	18.3	42.1	39.7
法国	2019	2.20	32.5	56.7	10.8	22.7	41.3	36.1

数据来源：《全国科技经费投入统计公报》《中国科学技术统计年鉴》。注：—表示相关统计数据缺失。中国1995年为科技活动经费中政府来源、企业来源和其他比例。

二、企业研发经费投入

从历史角度来看，20世纪90年代末以来，中国企业研发投入持续增加。2004年和2005年，企业研发投入占全社会研发投入的比例已经分别达到65%和67%，但总体上总量还比较小。2005年，中国全部企业研发投入仅为1673.8亿元，2020年，中国企业研发投入为18673.8亿元（见图3-13），比上年增长10.4%，占全国研发投入的比重达76.6%，比2012年翻了一番。

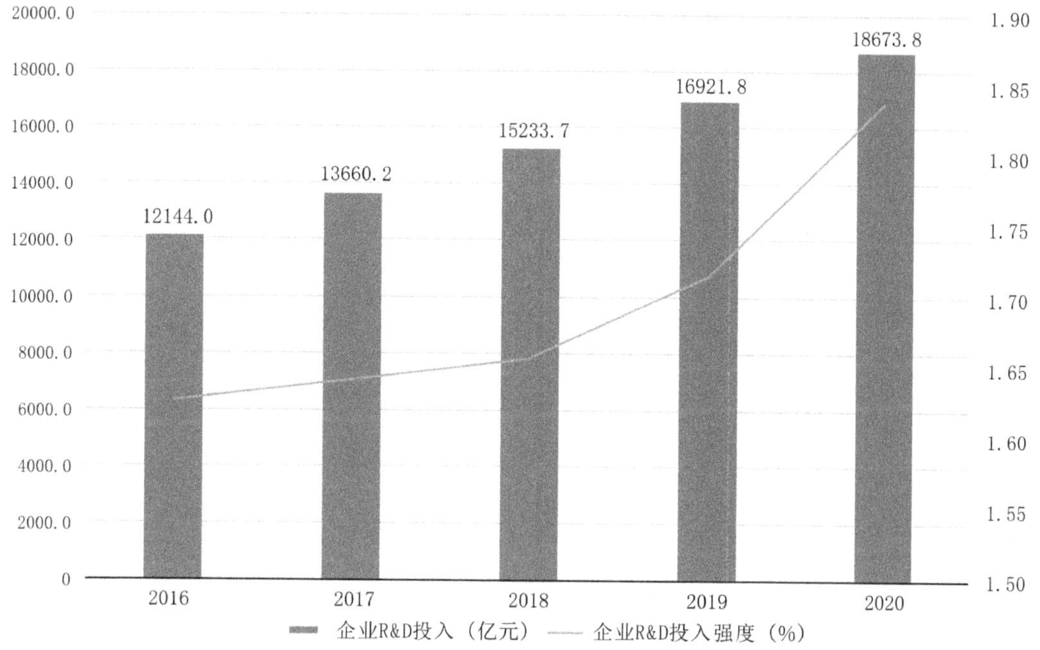

图3-13　2016—2020年中国企业R&D投入及企业R&D投入强度变化

数据来源：《中国统计年鉴2020》。

从规上工业企业研发投入来看，中国规上工业企业研发经费投入从2004年的1104.5亿元增长到2020年的15271.3亿元，R&D经费支出与营业收入之比从0.56%增长到1.41%（见表3-5）。从结构来看，一方面，内资企业成为研发主体，占总额比重达到了80.4%，港澳台商投资企业和外商投资企业占比不足20%。从内资企业内部R&D支出来看，私营企业、有限责任公司因企业数量最多，投入总额较高，其次为股份有限公司。另一方面，从经费来源看，企业资金投入成为大头，占比达到96.8%。试验发展支出成为规上工业R&D经费主要支出类型，占比达到97%（见表3-6）。

表3-5 中国规上工业企业R&D经费投入及其占营业收入之比

指标	R&D经费支出（亿元）	R&D经费支出与营业收入之比（%）
2004	1104.5	0.56
2009	3775.7	0.69
2019	13971.1	1.32
2020	15271.3	1.41

数据来源：《中国统计年鉴2021》。

表3-6 2020年中国规上工业企业R&D经费内部支出结构（单位：亿元）

	总额	#试验发展支出	日常性支出	#人员劳务费	资产性支出	#仪器和设备	政府资金	企业资金	境外资金	其他资金
总计	15271.3	14810.8	14121.8	4852.1	1149.5	1122.0	419.0	14791.4	39.3	21.6
#大型企业	7163.7	6870.1	6644.2	2413.6	519.5	506.9	276.6	6855.4	19.8	12.0
中型企业	3608.6	3539.9	3302.0	1126.5	306.5	300.4	73.1	3517.2	14.4	3.8
内资企业	12272.7	11848.2	11329.1	3788.0	943.6	920.7	376.9	11864.8	17.4	13.6
国有企业	157.3	152.3	142.9	49.1	14.4	14.0	12.9	143.0	0.5	0.9
集体企业	6.8	5.7	6.0	2.1	0.9	0.8	0.0	6.8	0.0	0.0
股份合作企业	8.4	8.3	7.8	2.9	0.6	0.6	0.1	8.3	0.0	0.0
联营企业	2.8	2.7	2.0	0.7	0.7	0.7	0.0	2.7	0.0	0.0
国有联营企业	0.4	0.4	0.4	0.1	0.0	0.0	0.0	0.4	0.0	0.0
集体联营企业	0.1	0.1	0.1	0.0	0.0	0.0	0.0	0.1	0.0	0.0
国有与集体联营企业	0.2	0.2	0.2	0.0	0.0	0.0	0.0	0.2	0.0	0.0
其他联营企业	2.1	2.1	1.4	0.5	0.7	0.7	0.0	2.1	0.0	0.0
有限责任公司	4262.5	4015.5	3911.8	1311.1	350.7	341.0	226.9	4022.4	7.3	5.8
国有独资公司	515.9	498.4	476.2	147.9	39.6	38.4	58.5	451.1	3.5	2.7
其他有限责任公司	3746.6	3517.2	3435.5	1163.2	311.1	302.5	168.4	3571.3	3.8	3.1
股份有限公司	2169.3	2108.5	2030.7	775.5	138.6	136.0	74.7	2086.9	5.6	2.0
私营企业	5647.0	5536.5	5209.7	1643.6	437.3	427.1	61.8	5576.4	3.9	4.9
私营独资企业	41.5	39.9	38.7	8.9	2.8	2.7	0.2	41.3	0.0	0.1
私营合伙企业	6.2	5.9	5.8	1.6	0.4	0.4	0.0	6.1	0.0	0.0
私营有限责任公司	4761.8	4662.6	4394.1	1339.2	367.7	359.2	45.7	4709.1	2.8	4.1
私营股份有限公司	837.5	828.2	771.1	293.9	66.4	64.8	15.9	819.8	1.0	0.7
其他企业	18.7	18.5	18.3	3.0	0.4	0.4	0.6	18.1	0.0	0.0
港澳台商投资企业	1256.2	1241.0	1175.9	455.2	80.2	78.7	15.8	1233.1	6.3	1.0
与港澳台商合资经营企业	445.9	440.1	418.9	151.8	26.9	26.4	6.2	438.8	0.6	0.3
与港澳台商合作经营企业	13.1	13.1	11.4	2.4	1.7	1.7	0.1	12.2	0.8	0.0

续表

	总额	#试验发展支出	日常性支出	#人员劳务费	资产性支出	#仪器和设备	政府资金	企业资金	境外资金	其他资金
港澳台商独资经营企业	681.9	673.1	636.6	260.6	45.3	44.5	7.6	668.8	4.9	0.7
港澳台商投资股份有限公司	108.4	107.7	102.4	38.0	6.0	5.8	1.6	106.8	0.0	0.0
外商投资企业	1742.4	1721.6	1616.8	608.9	125.6	122.6	26.3	1693.5	15.6	7.0
中外合资经营企业	871.6	865.1	811.8	259.3	59.7	57.9	13.7	848.4	7.1	2.4
中外合作经营	14.6	13.5	14.3	4.7	0.3	0.3	0.1	14.4	0.1	0.0
外资企业	747.4	735.9	688.4	310.7	59.0	58.0	9.0	725.8	8.4	4.2
外商投资股份有限公司	94.1	92.7	89.4	31.0	4.7	4.6	3.2	90.4	0.1	0.3

数据来源：《中国科技统计年鉴2021》。注："#"代表表中的总量指标与分组指标呈依次缩进的格式。其中，有"#"号的分组指标表示其为总量指标的一部分；无"#"号的分组指标则反映全部分组指标数据之和为总指标数据，下同。

欧盟委员会（European Commission）发布的"2500家全球研发投入最高公司"记分牌很好地反映了一个国家头部企业的研发状况。该记分牌已累计统计了17年，2021年记分牌统计了2020—2021年度全球研发投入（R&D）最多的2500家公司公布的经营数据，包括2500家母公司及80多万家子公司的关键指标，这些指标能够很好地评估企业的经济和创新绩效。根据2021年记分牌结果，入榜门槛至少为3600万欧元，2500家公司R&D投入总额为9089亿欧元，相当于全球企业R&D投入的90%。2021年，共有597家中国公司（不含台湾）（占比16%）入榜（见表3-7），华为、阿里巴巴、腾讯、百度等13家企业研发投入占据全球前百位的领先位置（见表3-8）。

表3-7 "2500家全球研发投入最高公司"中国上榜企业

年份	2009年	2016年	2017年	2018年	2019年	2020年	2021年
中国业企数量/个	15	327	376	438	507	536	597

数据来源：European Commission.

表3-8 2021年欧洲产业研发投入记分牌部分代表性中国企业研发投入

全球排行	公司	研发投入（百万欧元）	全球排行	公司	研发投入（百万欧元）
2	华为	17460	119	蚂蚁集团	1322.5
17	阿里巴巴	7138	120	美团	1319.9

续表

全球排行	公司	研发投入（百万欧元）	全球排行	公司	研发投入（百万欧元）
33	腾讯	4860	122	美的	1261.8
46	中国建筑	3665.3	123	中石化	1257.8
59	中国铁路	2723.3	149	联想	1055.6
63	中国交建	2462.3	150	百济神州	1055.2
64	百度	2433.4	151	小米	1050.9
66	中国铁建	2320.2	155	比亚迪	1044.6
80	中石油	1963.6	156	上海建工	1003.6
82	中国电建	1905	161	京东方	990.2
83	上汽集团	1866.5	167	携程	956.1
84	中兴通讯	1862.6	174	宝钢	917.3
100	中国中车	1592.7	178	海尔智家	900.4
105	中国中冶	1526.8	184	拼多多	857.8
118	网易	1344.7	188	中国能建	846.1

数据来源：European Commission。

2022年9月，中国企业联合会、中国企业家协会发布了“2022中国企业500强”榜单以及各个公司研发强度排名。其中，华为公司研发强度高达22.62%，是唯一一家研发强度突破20%的中国大型企业（见表3-9）。

表3-9 “2022中国企业500强”部分公司研发强度

排名	公司名称	研发强度（%）	行业名称
1	华为投资控股有限公司	22.62	通信设备制造
2	中兴通讯股份有限公司	16.42	通信设备制造
3	中国航天科技集团有限公司	15.22	航空航天
4	中国信息通信科技集团有限公司	13.14	通信设备制造
5	中国航天科工集团有限公司	12.88	航空航天
6	荣耀终端有限公司	9.44	通信设备制造
7	美团公司	9.31	互联网服务
8	闻泰科技股份有限公司	7.02	半导体、集成电路及面板制造
9	阿里巴巴（中国）有限公司	6.91	互联网服务
10	中国中车集团有限公司	6.38	轨道交通设备及零部件制造

数据来源：中国企业联合会、中国企业家协会“2022中国企业500强”。

三、企业研发投入结构

在中国科技经费投入统计口径中，基础研究是一种不预设任何特定应用或使用目的的实验性或理论性工作，其主要目的是获得（已发生）现象和可观察事实的基本原理、规律和新知识。应用研究是指为获取新知识，达到或达成某一特定的实际目的或目标而开展的初始性研究。应用研究是为了确定基础研究成果的可能用途，或确定实现特定和预定目标的新方法。试验发展是指利用从科学研究、实际经验中获取的知识和研究过程中产生的其他知识，开发新的产品、工艺或改进现有产品、工艺而进行的系统性研究。这与巴斯德象限中的纯基础研究、应用基础研究、纯应用研究的定义大致相对应[1]。

2021年，中国基础研究经费投入为1817.0亿元，比上年增长23.9%；应用研究经费投入为3145.4亿元，增长14.1%；试验发展经费投入为22995.9亿元，增长14.0%。基础研究经费投入所占比重为6.50%，比上年提升0.49个百分点；应用研究和试验发展经费投入所占比重分别为11.3%和82.3%[2]。从执行主体来看，基础研究中企业执行占比6%。从应用研究来看，2021年，中国应用研究经费投入占研发经费投入的比重为11.3%，处于近几年较高水平。从纯应用研究来看，中国试验发展经费投入比重为82.3%。

从全时当量R&D人员投入来看，2020年全国共有全时当量R&D人员523.4万人，其中，企业R&D人员约406万人，占比为77.6%。在企业R&D人员构成中，基础研究、应用研究、试验发展分别为2.3万人、15.8万人、387.9万人，占比分别为0.6%、3.9%和95.5%（见表3-10）。与研发经费相类似，中国企业在R&D人员投入方面以市场为导向，更加聚焦于试验发展。

表3-10　2020年按执行部门研究与试验发展（R&D）人员全时当量（单位：万人）

项目	R&D人员				
	全时当量	#研究人员	基础研究	应用研究	试验发展
全国	523.45	228.11	42.68	64.31	416.46
企业	406.04	133.43	2.34	15.79	387.91
#规上工业企业	346.04	105.28	1.33	11.59	333.12
研究与开发机构	45.37	33.11	10.31	15.51	19.55
高等学校	61.48	54.74	28.47	28.95	4.06
其他	10.56	6.83	1.56	4.07	4.94

数据来源：《中国科技统计年鉴2021》。

[1] 资料来源：国家统计局。
[2] 资料来源：《2021年全国科技经费投入统计公报》。

2020年，中国全部R&D人员共有755.3万人，其中来自企业的有560.5万人，占比达到74.2%。企业R&D人员中，来自规上工业企业的有198.9万人，占比76.8%（见表3-11）。从R&D人员从事的领域来看，以试验发展为主，自2007年起保持在80%左右（见图3-14）。

表3-11　2020年全国研究与试验发展（R&D）人员情况

	R&D人员（人）	#全时人员（人）	#博士毕业（人）	#硕士毕业（人）	#本科毕业（人）
全国	7552986	5222913	636370	1111011	3054063
企业	5604827	4185540	41090	376358	2587768
#规上工业企业	4767501	3544185	34593	308103	1988969
研究与开发机构	519355	406492	104598	196624	152077
高等学校	1273926	556610	470325	499676	267736
其他	154878	74271	20357	38353	46482

数据来源：《中国科技统计年鉴2021》。

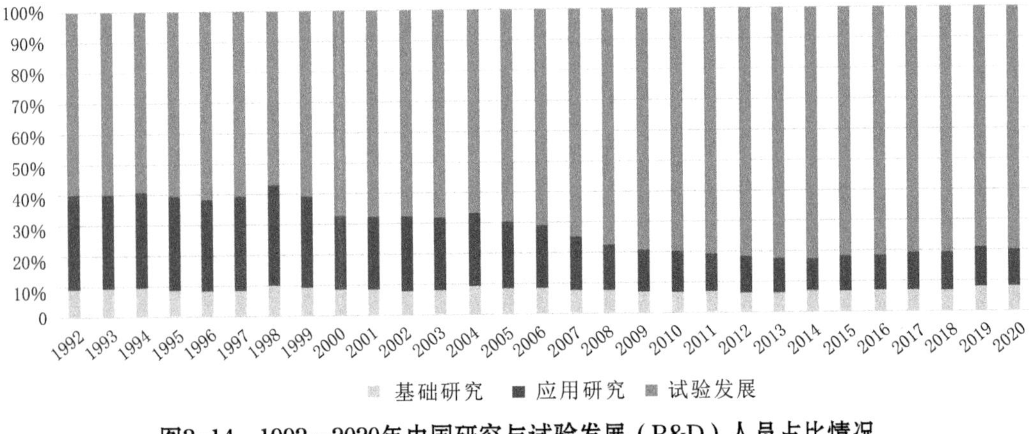

图3-14　1992—2020年中国研究与试验发展（R&D）人员占比情况

数据来源：《中国科技统计年鉴2021》。

第三节 3

企业在价值链中形成主体地位

创新价值具有链式和多层次性特征，体现为建立与发展包括技术突破、技术升级、产品（零部件）开发、质量控制、企业品牌建立、市场拓展等在内的创新价值体系。从具体指标来看，知识产权、品牌、标准、技术市场交易额等规模及其质量指标，在价值维度上体现了企业创新的主体地位特征。

一、知识产权规模及质量

知识产权包括专利、商标和地理标志等。根据《国家知识产权局2021年度报告》，中国全年共授权发明专利69.6万件、实用新型专利312.0万件、外观设计专利78.6万件，受理PCT国际专利申请7.3万件，注册商标773.9万件。2020年，专利密集型产业增加值达到12.1万亿，占GDP的比重达到12%，较上一年提高0.35个百分点。2020年，中国专利申请总量约为519.4万件，发明专利申请数量约为149.7万件，专利授权数约为363.9万件（见表3–12），其中，企业专利申请数量约为158.9万件，约占中国专利申请总量的30.6%，发明专利申请数量约为63.7万件，约占中国发明专利申请总量的42.5%；全部企业专利申请数量约为158.9万件，其中，规上工业企业专利申请数量为124.4万件，约占中国专利申请总量的23.9%（见表3–13）。

表3-12　中国2016—2020年专利产出情况

指标	2016年	2017年	2018年	2019年	2020年
专利申请数（件）	3464824	3697845	4323112	4380468	5194154
#发明专利	1338503	1381594	1542002	1400661	1497159
专利授权数（件）	1753763	1836434	2447460	2591607	3639268
#发明专利	404208	420144	432147	452804	530127

数据来源：《中国统计年鉴2021》。

表3-13　中国2016—2020年全部企业专利申请情况

指标	2016年	2017年	2018年	2019年	2020年
专利申请数（件）	832538	955749	1132666	1333090	1589424
#发明专利	351597	398322	472328	547673	636905
有效发明专利数（件）	894750	1082392	1310103	1542007	1832645

数据来源：《中国科技统计年鉴2021》。

从发明专利授权来看，2021年中国授权发明专利69.6万件，同比增长31.3%（见图3-15）。截至2021年底，已授权并维持有效的发明专利拥有数量为359.7万件，同比增长17.6%；国内（不含港澳台）每万人口高价值发明专利拥有数量达7.5件。华为、腾讯、OPPO、Snopec等企业位居前十（见图3-16）。2020年中国规模以上重点企业每亿元营收高价值专利数量达2.38件，而2012年仅为0.62件。

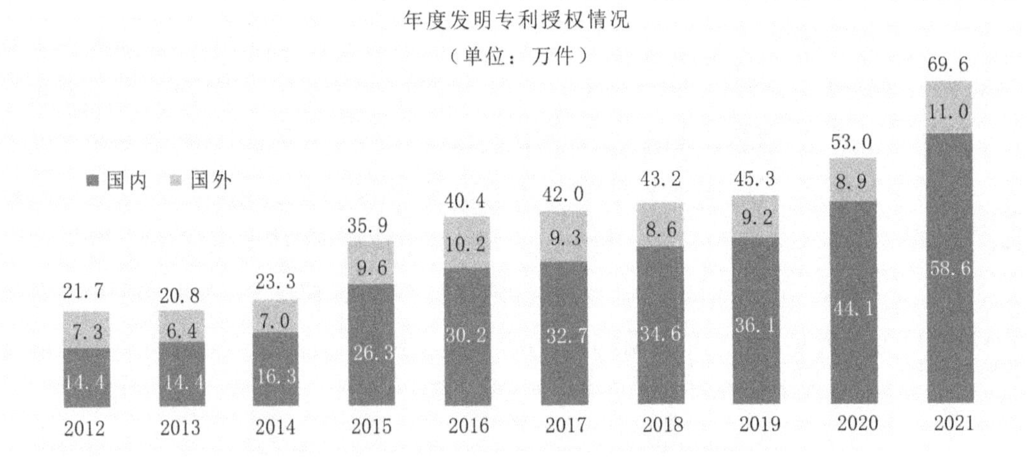

图3-15　中国2012—2021年度发明专利授权情况

资料来源：《国家知识产权局2021年度报告》。

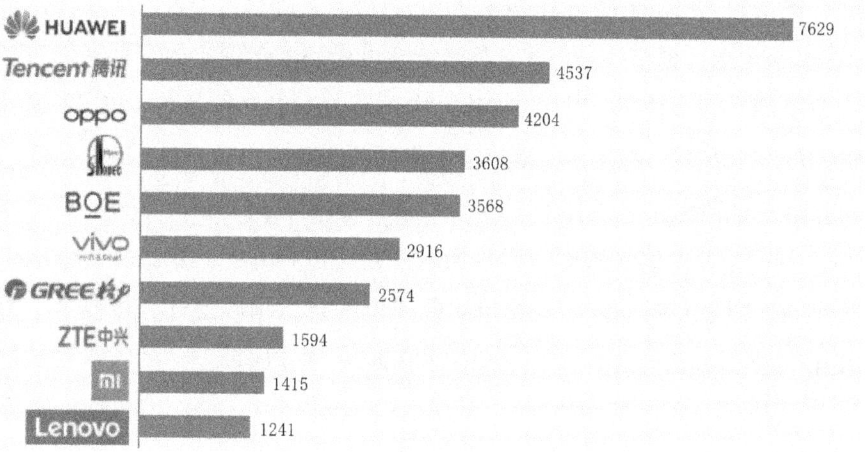

图3-16 中国2021年度发明专利授权量居前十位的企业（单位：件）

资料来源：《国家知识产权局2021年度报告》。

其他专利方面，2021年，中国实用新型专利申请数量为285.2万件，同比下降2.5%，授权实用新型专利312.0万件，同比增长31.2%；外观设计专利申请数量为80.6万件，同比增长4.6%，授权外观设计专利78.6万件，同比增长7.3%。

根据世界知识产权组织（WIPO）的全口径数据，从2000年开始，中国专利授予开始进入快速发展期，2015年，中国专利授予数量位居世界第一（见图3-17）。

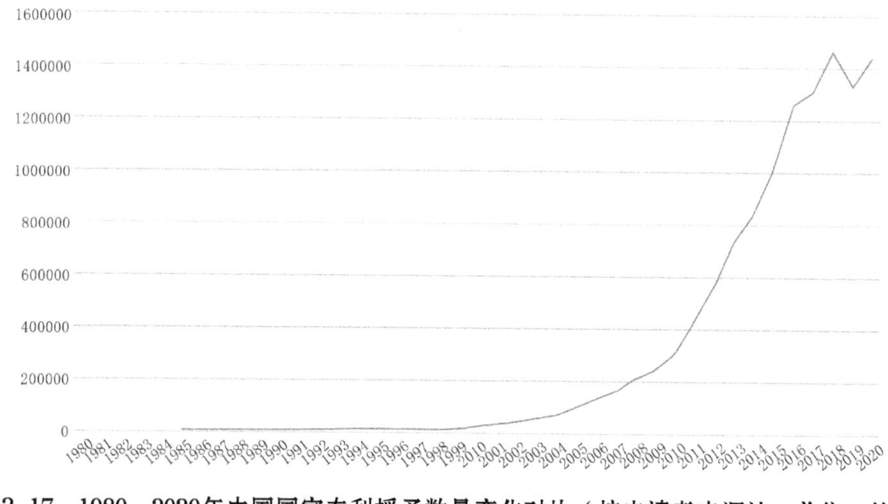

图3-17 1980—2020年中国国家专利授予数量变化对比（按申请者来源计，单位：件）

数据来源：世界知识产权组织。

专利合作条约（Patent Cooperation Treaty，PCT）是专利领域的国际合作条约，目前有150多个缔约国，提交一份PCT专利申请即可受到多个国家的专利保护，是企业出海过程中重要的专利“护甲”[1]。2019年，中国通过专利合作条约（PCT）途径提交专利申请5.9万件，位居全球第一。2020年，中国PCT专利申请量达到68746件，成为世界PCT专利第一申请大国（见图3-18）。13家中国企业进入PCT专利申请全球50强。前10强中，中国企业占据最多席位，华为、京东方位列其中。2021年，中国申请人提交并公开的PCT国际专利申请中，数量居前三位的技术领域是计算机技术、数字通信和音像技术，分别占总量的15.5%、15.3%和6.9%。增速居前三位的技术领域是生物材料分析、生物技术和有机精细化学，分别同比增长49.2%、39%和35.5%。欧洲专利局发布的数据显示，2021年收到来自中国的发明专利申请达到1.7万件，再创历史新高，其中，华为居企业首位，OPPO、中兴、百度、小米和腾讯进入前50名，中国专利申请呈现极具活力的发展态势[2]。从省市来看，广东企业在PCT专利申请方面位居国内第一，2家企业入围年度全球PCT国际专利申请人前10名，为华为技术有限公司和广东欧柏移动通信有限公司（见表3-14）。

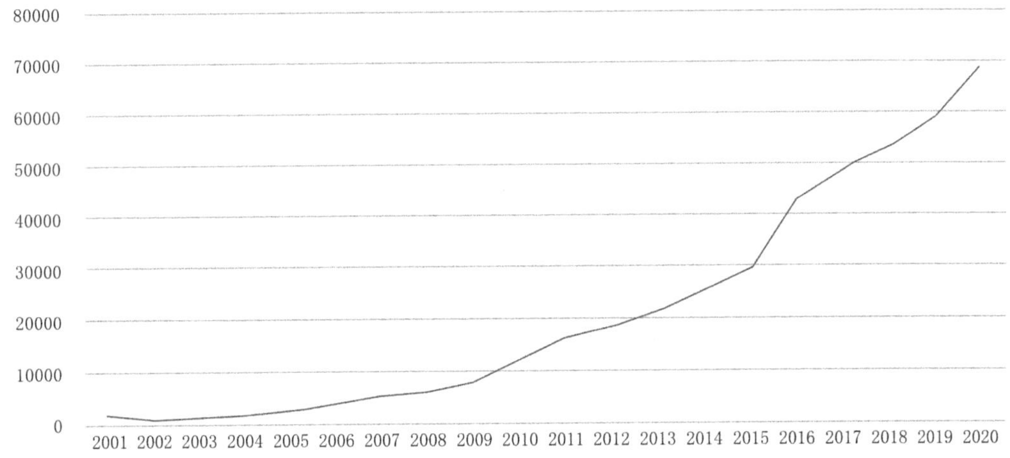

图3-18　2001—2020年中国PCT专利申请量按来源国统计的国际比较（单位：件）

数据来源：《中国科技统计年鉴2021》。

[1]　资料来源：《中国专利“含金量”越来越高》，《经济日报》2020年04月24日，https：//baijiahao.baidu.com/s?id=1664793980332354223&wfr=spider&for=pc。

[2]　《我国海外发明专利授权呈积极发展态势　实现“十四五”良好开局》，《光明网》2022年7月12日，https：//m.gmw.cn/baijia/2022-07/12/35878829.html。

表3-14　2021年广东PCT国际专利申请企业排名前十

排名	企业名称	PCT申请数量（件）
1	华为技术有限公司	4414
2	广东欧柏移动通信有限公司	1928
3	平安科技（深圳）有限公司	1691
4	中兴通讯股份有限公司	1086
5	深圳市大疆创新科技有限公司	847
6	微沃移动通信有限公司	603
7	腾讯科技（深圳）有限公司	485
8	深圳市华星光电半导体显示技术有限公司	470
9	惠科股份有限公司	467
10	美的集团股份有限公司	451

二、企业品牌及国际比较

2022年6月，Kantar BrandZ以品牌总财务价值、资本价值、贡献度为衡量指标，发布了《凯度BrandZ™最具价值全球品牌100强排行榜》。中国共有12个品牌进入100强，其中，腾讯、阿里巴巴进入前十（见表3-15）。

表3-15　进入凯度BrandZ™最具价值全球品牌100强的中国企业

排行	品牌名称	国家	品牌价值（亿美元）	品类
5	腾讯	中国	2140.23	媒体和娱乐
9	阿里巴巴	中国	1699.66	零售
14	茅台	中国	1033.8	酒类
51	美团	中国	450.51	生活方式平台
60	京东	中国	368.12	零售
62	中国工商银行	中国	353.15	银行
63	海尔	中国	351.52	物联网生态
67	华为	中国	326.72	消费科技
77	平安	中国	274.38	保险
82	快手	中国	265.35	媒体和娱乐
88	中国移动	中国	238.13	电信服务
97	小米	中国	216.53	消费科技

数据来源：Kantar BrandZ。

世界品牌实验室（World Brand Lab）是世界领先的独立品牌评估及行销策略咨询机构。2022年7月26日，世界品牌实验室发布的《中国500最具价值品牌》分析报告显示，中国品牌500强的总价值达到31万亿元，比2021年增加3.1万亿元，同比增长

11.03%，平均每个品牌价值为619.46亿元，比去年平均值增加61.55亿元，2022年入选品牌的最低价值已从2021年的30.68亿元人民币上升到了31.67亿元人民币。超过千亿元的品牌有69个。基于财务数据、品牌强度和消费者行为分析，国家电网、中国工商银行、海尔成为中国最具价值的前三大品牌。其中，海尔连续十九年登上这一榜单，蝉联中国品牌前三，品牌价值高达4739.65亿元。从表3-16可以看出，2022年《中国500最具价值品牌》前10中，央企占七成。

表3-16　2022年《中国500最具价值品牌》前10名

排名	品牌名称	品牌拥有机构	品牌价值（亿元）	主营行业
1	国家电网	国家电网有限公司	6015.2	能源
2	中国工商银行	中国工商银行股份有限公司	5369.3	金融
3	海尔	海尔集团公司	4739.6	物联网生态
4	腾讯	腾讯控股有限公司	4572.4	信息技术
5	中国人寿	中国人寿保险（集团）公司	4525.4	金融
6	中国石油	中国石油天然气集团有限公司	4516.8	石油化工
7	中化	中国中化控股有限责任公司	4129.8	化工
8	华润	华润（集团）有限公司	4086.3	多元化
9	中国一汽	中国第一汽车集团有限公司	4075.4	汽车
10	华为	华为技术有限公司	4055.2	通信电子

资料来源：世界品牌实验室《中国500最具价值品牌》。

三、标准和技术市场

除知识产权和品牌外，标准也是体现企业创新水平的重要方面。2021年，中国全年制定、修订国家标准2815项，其中，新制定1900项。从国际视野来看，欧美国家长期牢牢掌握着国际标准制定的绝对话语权，近年来，在中国企业的努力下，这一格局开始发生变化。据国际标准化组织（ISO）数据，从2015年到2020年，中国主持制订的国际标准数量超过了800项。比如，国际铁路联盟发布实施的《高速铁路设计基础设施》标准和《高速铁路设计供电》标准，均是中国企业制定的国际铁路标准。此外，在家电、大健康等领域，中国企业也贡献了不少国际标准。

技术市场的销售规模反映了企业创新产品的国内外竞争力。在高新技术产品出口方面，2020年，中国规上工业企业新产品出口额接近4.4万亿元，同一指标在2004年仅为5312.2亿元（见表3-17）。

表3-17　中国规上工业企业高新技术产品情况

年份	新产品开发项目数（个）	新产品开发经费支出（亿元）	新产品销售收入（亿元）	新产品出口（亿元）
2004	76176	965.7	22808.6	5312.2
2009	237754	4482.0	65838.2	11572.5
2012	323448	7998.5	110529.8	21894.2
2019	671799	16985.7	212060.3	39269.3
2020	788125	18623.8	238073.7	43853.3

数据来源：《中国统计年鉴2021》。

从国内技术市场交易额来看，2020年，全国技术市场交易额达到2.8万亿元，是2013年的3.8倍，主要集中于北京、广东、江苏、山东、陕西、湖北、上海、浙江、四川、天津等省市（见表3-18）。从技术市场合同构成来看，技术服务是主流，占比达到56.2%，其次为技术开发，占比为31.4%，技术转让为8.5%（见表3-19）。

表3-18　中国技术市场交易情况（单位：亿元）

地区	2013年	2014年	2015年	2016年	2017年	2018年	2019年	2020年
全国	7469	8577	9836	11407	13424	17697	22398	28252
北京	2852	3137	3454	3941	4487	4958	5695	6316
广东	529	413	663	758	937	1365	2223	3267
江苏	528	543	573	636	778	991	1472	2088
山东	179	249	308	396	512	820	1110	1904
陕西	533	640	722	803	921	1125	1467	1759
湖北	398	581	789	904	1033	1204	1430	1666
上海	532	592	664	781	811	1225	1422	1583
浙江	81	87	98	198	325	591	888	1403
四川	149	199	282	299	406	997	1212	1245
天津	276	389	503	553	551	686	909	1090

数据来源：《中国统计年鉴2021》。

表3-19　2014—2020年中国技术市场交易的技术合同构成（单位：%）

类型	2014年	2015年	2016年	2017年	2018年	2019年	2020年
1.技术开发	34.4	31.0	30.5	35.4	33.3	32.0	31.4
委托开发	30.9	27.8	27.5	29.8	27.9	26.8	26.0
合作开发	3.5	3.2	3.0	5.6	5.4	5.2	5.4
2.技术转让	13.3	14.9	14.1	10.4	9.1	9.8	8.5
#技术秘密转让	9.9	11.7	5.5	5.1	3.9	3.2	3.0
专利实施许可转让	2.0	1.2	3.4	2.2	2.6	1.7	2.9
专利权转让	0.7	0.9	0.7	1.0	1.0	3.7	1.6
专利申请权转让	0.1	0.0	0.1	0.1	0.1	0.1	0.1
计算机软件著作权转让	0.3	0.6	0.4	0.3	0.3	0.8	0.3
集成电路布图设计	0.0	0.0	0.2	0.1	0.0	0.0	0.0
专有权转让	0.0	0.0	0.0	0.0	0.0	0.0	0.0
植物新品种权转让	0.0	0.2	0.2	0.1	0.0	0.1	0.0
生物、医药新品种权转让	0.3	0.2	0.2	0.1	0.1	0.2	0.3
3.技术咨询	2.8	2.7	4.1	3.3	3.2	2.7	3.9
4.技术服务	49.5	51.4	51.3	50.8	54.4	55.4	56.2
一般性技术服务	49.3	50.8	50.9	49.7	54.1	54.9	56.0
技术中介	0.1	0.2	0.2	0.1	0.2	0.1	0.0
技术培训	0.1	0.4	0.2	1.0	0.2	0.5	0.2

数据来源：《中国统计年鉴2021》。

第四节 4

主体地位演进特征归纳

自改革开放以来，中国不断强化企业创新主体地位。从群体性、创新性和价值性角度来看，当前中国企业创新主体地位具备三大总体特征。

一是形成了一个较大规模的企业创新群体和成长梯队。改革开放至今，中国通过深化市场经济体制改革和营商环境改革，市场主体总量规模化扩张，突破1亿户、居全球首位；企业数量快速扩张，2020年，企业法人单位数量达到2505.5万个，占全部法人单位数的比重为85.2%；改变了国有企业占主导地位的经济格局，民营企业在数量上占据绝对优势，民营企业数量2021年占比达到92.1%，国有企业和民营企业协同发展；传统企业向创新型企业转变，新经济领域企业不断涌现，形成包括头部创新型企业、中小型科技企业、新创企业等在内的科技企业群体和“金字塔”式的梯队格局。2021年，规上工业企业数量达40.9万个，在中国经济和产业高质量发展中发挥“中流砥柱”作用，也是企业创新主体中的“主体”，2020年，全国高新技术企业达到33万家，比2012年增加了6倍多。500强企业、独角兽企业、“小巨人”企业数量不断提升，中国世界500强企业数量位列全球第一。涌现出一大批富有创新精神的企业家，推动中国工业创新模式从引进创新、集成创新向自主创新转变。中国能自主生产500种主要工业产品，成为世界上工业体系最为完整健全的国家。

二是在创新链环节中以市场应用为导向，效率优先，逐步向基础研究、应用研究层面发展。从研发投入强度来看，中国全社会研发投入不断增加，投入强度从1995年的 0.57%增加到2014年的2.02%，再到2020年的2.41%，增长近5倍，世界排名第12。企业R&D经费占比不断提升，2020年总支出1.9万亿元，占全社会研发投入的比重达到76.6%，试验发展支出是企业R&D经费支出的主要类型，如规上工业企业R&D经费支出结构中，试验发展支出占比高达97%。全国共有全时当量R&D人员523.4万人，其中，企业R&D人员406万人，且95.5%从事试验发展相关工作。从基础研究来看，2021年，中国基础研究经费占全社会研发投入比重6.50%，比上年提升0.49个百分点。其中，基础研究经费中企业执行占比6%。从具体企业研发投入来看，已有597家中国企业入选“2500 家全球研发投入最高公司”，其中，华为、阿里巴巴、腾讯、百度等13家企业研发投入占据全球前百位的领先位置，这些企业在某些领域已经进入世界科技前沿领域或“无人区”，在基础研究方面也投入大量研发经费。

三是价值链环节以渐进创新为主，逐步提升关键技术、品牌、标准等中高端环节的主导能力。知识产权规模世界第一，2020年，中国专利申请总量超过519.4万件，发明专利申请数量超过149.7万件，专利授权数量超过363.9万件，其中，企业专利申请数量约为158.9万件，约占全国专利申请总量的30.6%，发明专利申请数量约为63.7万件，约占全国发明专利申请总量的42.5%。2020年，中国PCT专利申请数量达到68746件，是世界PCT专利第一申请大国。品牌影响力不断提升，根据2022年的《凯度BrandZ™最具价值全球品牌100强榜》，中国共有12个品牌进入100强，其中，腾讯、阿里巴巴进入全球前十。参与国际标准制定、修订能力不断提升，从2015年到2020年，中国主持制定的国际标准数量超过了800项。产品国际影响力不断提升，中国规上工业企业新产品出口额接近4.4万亿元。技术市场发展水平不断提升，2020年，全国技术市场交易额接近2.8万亿元，是2013年的3.8倍，其中，技术开发比例达到31.4%，技术服务达到56.2%。

第四章
实践逻辑：适应发展阶段强化主体创新

高质量发展是中国经济社会发展的主题，其中的一个重要指标是从要素驱动转向创新驱动。近年来，在转向并推动高质量发展过程中，中国政府重视将企业创新纳入国家发展战略以及创新体系中，形成政府与市场、企业与其他创新主体、企业与外部环境的协同效应。本章重点梳理中国企业创新主体地位形成和发展的主要实践。首先，介绍中国强化企业创新主体地位的政策变迁过程，以及中国政府强化企业创新主体地位的四种做法及具体措施。其次，介绍北京、上海、江苏、浙江、安徽合肥等地方的特色实践。最后，从企业创新动能、领军企业培育、企业原始和关键技术创新能力、生态环境建设等角度指出存在的提升空间及前进方向。

第一节 1

政策变迁：从“提出”到“强化”

中华人民共和国成立70多年来，从最初几乎全部依赖国外技术支援到依靠归国科学家和自力更生建立起相对独立的工业创新体系，从改革开放初期的技术引进到本土企业通过技术引进、消化吸收，在市场应用过程中不断形成再创新能力、集成创新能力和正向设计能力，再到创新驱动发展战略下企业自主和原始创新能力的形成，中国走出了一条独特的后发国家技术赶超路径。在此过程中，随着经济增长方式、政府与市场关系、创新模式的转变，中国对企业创新主体的认识不断深入，强化企业创新主体地位的体制机制不断健全，关键政策举措的力度不断加大，推动建立并实现国家创新体系中主体结构变革、创新链变革以及价值链演变，走出了一条从提出、确立到强化企业创新主体地位的“递进曲”（见表4-1）。

表4-1　与中国企业创新主体地位相关的关键政策

阶段	国家战略	日期	文件名称	政策要点	定位
提出企业创新主体地位	科教兴国战略	1993年11月	《中共中央关于建立社会主义市场经济体制若干问题的决定》	鼓励科研机构、高等院校和企业合作进行技术开发，支持技术开发研究机构与大型企业或企业集团联合创办新产品、新工艺的研究开发机构，加快用高新技术改造传统产业的步伐。在企业内部建立起市场、科研、生产一体化的技术进步机制，使企业成为技术开发的主体	技术开发主体

续表

阶段	国家战略	日期	文件名称	政策要点	定位
提出企业创新主体地位	科教兴国战略	1996年5月	《中共中央、国务院关于加速科学技术进步的决定》	大力推进企业科技进步，促进企业逐步成为技术开发的主体。继续推动产、学、研三结合，鼓励科研院所、高等学校的科技力量以多种形式进入企业或企业集团，参与企业的技术改造和技术开发，以及合作建立中试基地、工程技术开发中心等，加快先进技术在企业中的推广应用	技术开发主体
		1999年8月	《中共中央、国务院关于加强技术创新，发展高科技，实现产业化的决定》	促进企业成为技术创新的主体，全面提高企业技术创新能力。推动应用型科研机构和设计单位实现企业化转制，大力促进科技型企业的发展	技术创新主体
确立企业创新主体地位	建设创新型国家人才强国战略	2005年12月	《国家中长期科学和技术发展规划纲要（2006—2020年）》	支持鼓励企业成为技术创新主体。进一步创造条件、优化环境、深化改革，切实增强企业技术创新的动力和活力	技术创新主体
		2006年1月	《中共中央、国务院关于实施科技规划纲要增强自主创新能力的决定》	增强自主创新能力，关键是强化企业在技术创新中的主体地位，建立以企业为主体、市场为导向、产学研相结合的技术创新体系。深化科研体制改革，形成开放、流动、竞争、协作的知识创新体系。深化国防科研体制改革，建设军民结合、寓军于民的国防科技创新体系	技术创新主体
强化企业创新主体地位	创新驱动发展战略	2013年2月	《关于强化企业技术创新主体地位全面提升企业创新能力的意见》	建立健全企业主导产业技术研发创新的体制机制，促进创新要素向企业集聚，增强企业创新能力，加快科技成果转化和产业化，为实施创新驱动发展战略、建设创新型国家提供有力支撑	技术创新主体
		2015年3月	《中共中央、国务院关于深化体制机制改革 加快实施创新驱动发展战略的若干意见》	发挥市场对技术研发方向、路线选择和各类创新资源配置的导向作用，调整创新决策和组织模式，强化普惠性政策支持，促进企业真正成为技术创新决策、研发投入、科研组织和成果转化的主体	技术创新主体
		2016年5月	《国家创新驱动发展战略纲要》	培育世界一流创新型企业。鼓励行业领军企业构建高水平研发机构，形成完善的研发组织体系，集聚高端创新人才。引导领军企业联合中小企业和科研单位系统布局创新链，提供产业技术创新整体解决方案。培育一批核心技术能力突出、集成创新能力强、引领重要产业发展的创新型企业，力争有一批企业进入全球百强创新型企业	技术创新主体

续表

阶段	国家战略	日期	文件名称	政策要点	定位
强化企业创新主体地位	创新驱动发展战略	2020年11月	《中共中央关于制定国民经济和社会发展第十四个五年规划和二〇三五年远景目标的建议》	强化企业创新主体地位，促进各类创新要素向企业集聚。推进产学研深度融合，支持企业牵头组建创新联合体，承担国家重大科技项目	创新主体
		2021年11月	《科技体制改革三年攻坚方案（2021—2023年）》	优化科技力量结构，发挥企业在科技创新中的主体作用，推动形成科技、产业、金融良性循环，加快推进科技成果转化为应用	科技创新主体
		2022年10月	中国共产党第二十次全国代表大会报告	强化企业科技创新主体地位，发挥科技型骨干企业引领支撑作用，营造有利于科技型中小微企业成长的良好环境，推动创新链产业链资金链人才链深度融合	科技创新主体

资料来源：笔者整理。

一、1949—1978年：政府主导的创新体系

计划经济时代，政府在资源配置中起决定性作用，企业性质以国有企业为主，政府采取统一领导、分级管理的模式。国家统计局数据显示，1956年，在全国工业总产值中，国有企业占比67.5%，公私合营企业占比32.5%，私营和个体经济几乎不存在。至1977年，国有经济发展达到顶峰，中国工业总产值中，国营工业占比83.2%，集体工业占比16.8%。在此阶段，中国国有企业更多的是没有研究开发活动的“生产车间”。

在计划经济阶段，中国的创新体系建立在转轨时期的混合经济体制之上，社会主义市场经济体制还不成熟，企业也难以成为市场经济和创新活动的主体。汪锦等（2012）指出，在计划经济体制下，政企不分，企业完全行政化；研发和生产力量相互分离，创新资源集中在大学和政府研究机构。企业作为政府所有和所属的生产单位，既没有创新资源投入的主动权和积极性，也没有实施创新的技术能力[1]。即便是国有企业，其相关创新活动方式主要为行政式、命令式，企业整体创新能力也较为薄弱，企业创新主体地位特征不明显。政府主导的国立研究机构和大学在创新活动中占有绝对主导地位[2]。20世纪60年代，中国初步形成科研体系“五路大军”，包括中国

[1] 汪锦、孙玉涛、刘凤朝：《中国企业技术创新的主体地位研究》，《中国软科学》2012年第9期。
[2] 汪锦、孙玉涛、刘凤朝：《中国企业技术创新的主体地位研究》，《中国软科学》2012年第9期。

科学院、高等院校、国务院各部门研究单位、各地方科研单位和国防科研单位，这“五路大军”事实上成为中国绝对创新主体。

在此阶段，中国工业结构是以钢铁、建材、农副食品、纺织等传统行业为主，创新资源有限，相关政策着力点在于提升产品生产制造能力。比如，1956年，国家科学规划委员会成立并制订了以提升国防尖端技术任务为首要任务的中华人民共和国第一个长期科技发展规划《1956—1967年科学技术发展远景规划》（以下简称《规划》）。这是一个产生了深远影响的规划，决定了较长一段时间内中国科技的发展方向，如“两弹一星”的谋划及实施推进就来源于此。《规划》提出了12年间自然条件及资源、矿冶、燃料和动力、机械制造、化学工业等13项国家重要科学技术任务、12项科学研究重点等。值得关注的是，该规划在“科学研究工作的体制”中明确提出，“中国统一的科学研究工作系统，是由中国科学院、产业部门的研究机构、高等学校及地方研究机构四个方面组成的。在这个系统中，科学院是学术领导核心，产业部门的研究机构和高等学校是两支主要力量，地方研究机构则是不可缺少的助手”“对于产业部门的研究机构，要求‘必须大力加强各产业部门的研究试验机构（包括厂矿中心实验室），使它们能够结合生产需要，解决较为专门的问题，使科学的新成果应用到生产中去，并根据生产中的新经验，进行科学的总结，来发展和丰富科学的理论’”。虽然该规划指出了产业部门研究机构也是主要力量之一，但总体而言，彼时的科技创新体制具有明显的“传统、举国体制”特征，表现为政府主导，动员全国力量，按照规划重点、任务导向模式进行科研力量集中攻关。该规划的实施使中国科技达到一个新的水平，正如薄一波（1997）在书中所言，“从科研成果看，规划任务的实现，解决了第二和第三个五年计划国家经济建设和国防建设中迫切需要解决的一批科技问题，填补了中国科学研究的一些重要空白，加强了某些重要的基础学科，发展了原子能、电子学、半导体、自动化、计算技术、喷气和火箭技术等新兴科学技术，并为以后科学技术和国家各项建设事业的继续发展打下了良好的基础”。[1]

《1963—1972年十年科学技术规划》是在《十二年科技规划》（即《1956—1967年科学技术发展远景规划》）主要任务基本完成的基础上，于1963年制订的中国第二个科学技术发展规划。该规划指出了产业技术力量的重要性，“十多年来，我们在工业现代化的道路上，已经迅速走过一大段路程。第一个五年计划期间，进口了大量成套设备，掌握了新建工厂的生产技术，改造了许多原有的工厂，建立了重工业的初步

[1] 薄一波：《若干重大决策与事件的回顾》，中共中央党校出版社，1997。

基础。第二个五年计划期间，进一步掌握了国外技术，学会了翻版设计和建设不少大规模工厂，后期又围绕着发展国防尖端技术的任务，研究、设计和试制了大量新型材料和设备，开始大踏步向尖端技术进军”。在“措施”中，要求“有计划、有重点地充实和加强一批地方研究机构和大型厂矿企业、农坊、设计机构附属的研究（所），以解决当地、当前生产建设中的科学技术问题”。该规划的实施取得了积极成效，比如，在满足经济建设需要方面，设计试制了一批高精尖设备，例如电子计算机、射电望远镜等，设计建造了攀枝花钢铁基地、成昆铁路、万吨远洋轮等工厂、铁路及其成套设备。

二、1978—2000年：提出企业技术创新主体地位

改革开放是中国企业创新主体的实践起点。1978年3月，全国科学大会在北京召开，邓小平同志在大会上作出了“科学技术是生产力”的重要论断。当时，在全国科学大会闭幕大会上，中国科学院院长郭沫若在题为“科学的春天”的发言中深情地讲道：“这是革命的春天，这是人民的春天，这是科学的春天！让我们张开双臂，热烈地拥抱这个春天吧！”1978年12月，党的十一届三中全会作出了把党和国家的工作重点转移到社会主义现代化建设上来和实行改革开放的战略决策，自此，中国经济管理思路、体制和经营管理方法开始发生根本性改变。1988年9月，邓小平同志进一步强调“科学技术是第一生产力”，将科学技术的地位提升到了一个空前的高度。1995年5月，党中央、国务院发布了《中共中央、国务院关于加速科学技术进步的决定》，首次提出在全国实施科教兴国战略[1]。同年，党的十四届五中全会在《中共中央关于制定国民经济和社会发展“九五”计划和2010年远景目标的建议》中把实施科教兴国战略列为今后15年直至整个21世纪加速中国社会主义现代化建设的重要方针之一。1996年，全国人大八届四次会议正式通过了《国民经济和社会发展“九五”计划和2010年远景目标纲要》，科教兴国成为基本国策。同年，江泽民同志在全国科技大会上指出：“科教兴国，是指全面落实科学技术是第一生产力的思想，坚持教育为本，把科技和教育摆在经济、社会发展的重要位置，增强国家的科技实力及向现实生产力转化的能力，提高全民族的科技文化素质。”

当时，科技与经济相脱节是中国政府首先要解决的问题。1978年后，随着计划

[1] 中共中央、国务院：《关于加速科学技术进步的决定》，1996年5月6日，https://www.most.gov.cn/ztzl/jqzzcx/zzcxcxzzo/zzcxcxzz/zzcxgncxzz/200512/t20051230_27321.html。

经济向社会主义市场经济体制转变，中国政府开始解决科研低效、科技经济两张皮问题，启动科技体制改革[1]。从1985年开始，中国先后出台《关于科学技术体制改革的决定》（1985年）、《关于进一步推进科技体制改革的若干规定》（1987 年）、《关于深化科技体制改革若干问题的决定》（1988年）、《关于加速科学技术进步的决定》（1995年）等系列重磅改革举措。其中，《关于科学技术体制改革的决定》确立了“经济建设必须依靠科学技术、科学技术工作必须面向经济建设”的战略方针，提出“允许集体和个人建立科学研究或技术服务机构”，并强调“大力加强企业的技术吸收与开发能力和技术成果转化为生产能力的中间环节，促进研究机构、设计机构、高等学校、企业之间的协作和联合，并使各方面的科学技术力量形成合理的纵深配置”。《关于深化科技体制改革若干问题的决定》提出，“企业特别是大中型企业和企业集团，应在改革中建立健全技术开发和技术管理体系，通过各种联合，加强技术开发和吸收能力”。1987年新年伊始，中国国务院制定“双放”政策，放活科研机构，进一步改革科技人员管理，放宽科技人员政策。部分省份嗅觉敏锐，及时抓住政策机遇，如广东鼓励并支持企业通过“三来一补”，建立“专业代工”模式，一方面引进生产环节所需的生产要素进行产品生产加工，另一方面采取引进技术、成果转让、合作发展、委托开发、借用人才等模式与发达国家进行“技术对话”[2]。

1992年，社会主义市场经济体制正式确立后，中国科技发展战略也进一步作出调整，强调要形成企业技术开发的主体地位。

一方面，强调发挥市场机制作用，解决民营科技企业的地位问题。1993年，国家科委、国家发改委发布《关于大力发展民营科技型企业若干问题的决定》，明确指出“民营科技型企业是发展中国科学技术事业和高新技术产业的有生力量，是社会主义经济的有机组成部分”“大力加强民营科技型企业科技成果转化的中间环节，努力提高其研究开发能力、成果转化能力和产业发展能力”等。据统计，1994—2000年，全国有25个省（自治区）、直辖市、计划单列市制定并实施了促进民营科技企业发展的政策与地方性法规。

另一方面，鼓励企业建立市场、科研、生产一体化的技术进步机制，推动企业成为技术开发的主体。1993年11月，党的十四届三中全会审议通过《关于建立社会主义市场经济体制若干问题的决定》，要求企业内部建立起市场、科研、生产一体化的技

[1] Sun Y，Liu F. “A Regional Perspective on the Structural Transformation of China’s National Innovation System since 1999”. *Technological Forecasting and Social Change*，2010，77（8）：1311-1321.

[2] 深圳市委政策研究室和市科委联合考察组：《加强深港科技合作，推动深圳产业升级——深港科技合作的赴港考察报告》，《特区实践与理论》1990年第2期。

术进步机制，使企业成为技术开发的主体。这是中国政府正式文件中首次出现“使企业成为技术开发的主体”。1996年5月出台的《关于加速科学技术进步的决定》进一步要求使企业成为技术开发的主体[1]。

1994年开始编制的《全国科技发展“九五”计划和到2010年长期规划纲要》提出“鼓励企业增加对科技的投入，力争使企业的R&D经费投入占全社会R&D经费投入的50%左右”。1999年8月，中共中央、国务院召开全国技术创新大会，发布《关于加强技术创新，发展高科技、实现产业化的决定》，明确提出“促进企业成为技术创新的主体”。从“技术开发主体”到“技术创新主体”，不仅反映了中国工业化发展对技术创新供给需求的深化，也体现了中国政府对发展企业创新能力的新要求。

2000年出台的《国民经济和社会发展第十个五年计划科技教育发展专项规划（科技发展规划）》明确提出，“到2005年，全社会研究与开发（R&D）经费占国内生产总值（GDP）的比例提高到1.5% 以上，企业R&D经费投入占全社会R&D投入的比例超过50%”的“促使企业成为技术创新主体”的政策目标。

从20世纪80年代专利制度的建立到90年代末部属研究院所的企业化改制，再到21世纪企业创新主体地位的逐步确立，科技体制改革基本都是围绕解决“科技经济两张皮”问题、发挥科技对经济发展支撑作用而展开的[2]。1978—2000年，通过10个国家局和各部委等所属大部分科研机构企业化改制、中国科学院知识创新工程实施、教育部高水平研究型大学建设等一系列改革，中国改变了自中华人民共和国成立以来以高校科研院所为主导的科研力量体系，初步形成了以研究型大学和中科院为基础研究主体、企业为技术开发主体、产学研相结合的创新体系[3]。从1980年开始，中科院的一批科技人员走出庭院大楼，兴办民营科技企业，推动了中国高新技术产业的成长。比如，北大方正公司成立之初，对采用信息压缩技术的指纹鉴别系统和汉字激光照排系统这两项技术，反复论证，选择了后者，从而引发了一场汉字印刷术的革命。

三、2000—2012年：确立企业创新主体地位

进入21世纪，特别是中国加入WTO后，国际市场需求爆发提供了中国工业化和产

[1] 中共中央、国务院：《关于加速科学技术进步的决定》，1996年5月6日，https：//www.most.gov.cn/ztzl/jqzzcx/zzcxcxzzo/zzcxcxzz/zzcxgncxzz/200512/t20051230_27321.html。

[2] 蔡跃洲：《数字经济的国家治理机制——数据驱动的科技创新视角》，《北京交通大学学报（社会科学版）》2021年第2期。

[3] 蔡跃洲：《数字经济的国家治理机制——数据驱动的科技创新视角》，《北京交通大学学报（社会科学版）》2021年第2期。

业升级的新动力，高新技术产业发展迈入快车道，成为中国经济新增长点，同时，激烈的国际竞争环境也对科技创新提出了新要求。比如，深圳著名的华强北商圈成为亚洲最大的电子交易市场，汇聚了全球知名品牌的绝大部分电子元器件，被誉为“中国电子第一街”。然而，“以市场换技术”“合资经营”策略只能使得后发国家企业永远被动地锁定在发达国家企业技术轨道中，难以掌握关键核心技术[1]。

为此，中国政府逐步以自主创新为导向，构建以企业为主体、市场需求为导向、官产学研相结合的开放型区域创新体系，推动企业创新从模仿创新走向集成创新、自主创新，进一步确立和提升了中国企业在创新体系中的主体地位。2006年1月，中国政府召开了全国科技大会，提出自主创新、建设“创新型国家”的战略方向和目标，发布了《关于实施科技规划纲要，增强自主创新能力的决定》，明确从依赖国外技术逐步向自主开发技术的技术获取方式转型。《光明日报》在《2006年全国科技大会提出自主创新、建设创新型国家战略》一文中提到：“随着全国科技大会的胜利落幕和我国新世纪第一个中长期科技发展规划的正式实施，标志着全党全社会对科技进步和创新重要性的认识达到了一个新的高度，这将对我国未来科学技术的发展产生持续而深远的影响。而《纲要》制定过程中所形成的一系列共识，也为突出自主创新、建设创新型国家的宏观战略决策奠定了坚实基础。”[2]

在此期间，与创新相关的人才强国战略确立并开始全面实施。2003年12月，中共中央首次召开中央人才工作会议，下发了《中共中央、国务院关于进一步加强人才工作的决定》，突出强调实施人才强国战略是党和国家一项重大而紧迫的任务，并进一步明确了新世纪新阶段中国人才工作的重要意义，全面部署了人才工作的根本任务，制定了一系列有关方针政策。2007年，人才强国战略作为发展中国特色社会主义的三大基本战略之一，被写进了中国共产党章程和党的十七大报告。

起源于1999年的科技体制改革取得显著成效，但科技与经济“两张皮”问题依然存在，大多数企业尚未成为技术创新主体，基础研究和自主创新能力不足的短板也开始暴露[3]。2002年，党的十六大明确指出，“在社会变革中的民营科技企业的创业人员和技术人员……都是中国特色社会主义事业的建设者”。2005年12月25日，中国国务院在印发的《国家中长期科学和技术发展规划纲要（2006—2020年）》中鼓励和支持企业成为技术创新和研究开发投入的主体，旨在建设以企业为主体、市场为导向、

[1] 路风：《走向自主创新：寻求中国力量的源泉》，中国人民大学出版社，2006。
[2] 《2006年全国科技大会提出自主创新、建设创新型国家战略》，《光明日报》2010年01月19日（002）。
[3] 方新：《中国科技体制改革的回顾与前瞻》，《科研管理》1999年第3期。

产学研结合的技术创新体系，并将其作为全面推进国家创新体系建设的突破口，计划到2020年，将全社会研究开发投入占国内生产总值的比重提高到2.5%以上，力争科技进步贡献率达60%以上。“使企业成为自主创新的主体”成为学术界和管理层使用频次最高的“策略性”用语之一。

2006年1月，中国政府提出企业技术创新“三因素主体论”[1]，认为增强国家自主创新能力的关键是强化企业在技术创新中的主体地位，建立以企业为主体、市场为导向、产学研相结合的技术创新体系[2]。后又提出企业技术创新“四因素主体论”：技术创新决策、研发投入、科研组织和成果转化发挥主体作用。2007年12月颁布的《中华人民共和国科学技术进步法》提出，“国家建立以企业为主体，以市场为导向，企业同科学技术研究开发机构、高等学校相结合的技术创新体系，引导和扶持企业技术创新活动，发挥企业在技术创新中的主体作用”。2011年召开的全国科技创新大会又提出，“着力强化企业技术创新主体地位”。2012年9月，中国政府提出突出企业创新主体地位，强化产学研用紧密结合，促进科技与经济紧密结合；同时，把确立企业技术创新主体地位、全社会研发经费占国内生产总值2.2%、大中型工业企业平均研发投入占主营业务收入比例提高到1.5%作为“十二五”时期的政策目标[3]。

从不同时期中国研发投入强度及结构（见表4-2）可以清晰看出，1995年，中国全社会研发投入来源于企业资金的比例仅为31.71%，到了2012年，这一比例达到了73.91%，这一变化充分体现了企业技术创新主体地位的提升。

表4-2　不同时期中国研发投入强度及结构

年份	研发强度（GERD/GDP）（%）	政府来源资金比例（%）	企业来源资金比例（%）	基础研究比例（%）	应用研究比例（%）	试验发展比例（%）
1995	0.57	25.84	31.71	5.2	26.4	68.4
2012	1.84	21.68	73.91	4.7	11.8	83.5
2020	2.41	19.8	77.5	6.0	11.3	82.7

数据来源：《中国科技统计年鉴2021》。

[1]　“三因素主体论”是指企业真正成为研究开发投入的主体、技术创新活动的主体和创新成果应用的主体。
[2]　中共中央、国务院：《关于实施科技规划纲要增强自主创新能力的决定》，2006年1月26日。
[3]　中共中央、国务院：《关于深化科技体制改革加快国家创新体系建设的意见》（中发〔2012〕6号），2012年9月23日。

四、2012年至今：强化企业创新主体地位

党的十八大以来，中国政府积极把握全球新一轮科技革命和产业变革带来的重大机遇，着力解决国家创新体系中原始创新能力薄弱的“瓶颈”问题，逐步完善包括“基础研究+技术攻关+成果产业化+科技金融+人才支撑”创新全过程的“热带雨林”综合创新生态系统，实现从比较优势向综合竞争优势跃升。坚持实施创新驱动发展战略，把科技自立自强作为国家发展的战略支撑，加快建设创新型国家和世界科技强国。2012年，党的十八大报告提出创新驱动发展战略，并进行了一系列战略部署，提出“科技创新是提高社会生产力和综合国力的战略支撑，必须摆在国家发展全局的核心位置……要坚持走中国特色自主创新道路……深化科技体制改革，推动科技和经济紧密结合，加快建设国家创新体系，着力构建以企业为主体、市场为导向、产学研相结合的技术创新体系”。2015年10月，习近平总书记在党的十八届五中全会上提出了创新、协调、绿色、开放、共享的新发展理念。2017年10月，党的十九大报告提出，要“贯彻新发展理念，建设现代化经济体系”，指出“创新是引领发展的第一动力，是建设现代化经济体系的战略支撑”“深化科技体制改革，建立以企业为主体、市场为导向、产学研深度融合的技术创新体系”。2020年10月，党的十九届五中全会进一步将科技自立自强作为国家发展的战略支撑。2021年9月，习近平总书记在中央人才工作会议上提出“深入实施新时代人才强国战略，加快建设世界重要人才中心和创新高地”。

随着人才强国战略以及创新驱动发展战略的深入实施，提升中国企业创新主体地位的政策重点从“确立”到“强化”。2013年2月，国务院办公厅出台《关于强化企业技术创新主体地位全面提升企业创新能力的意见》，要求建立健全企业主导产业技术研发创新的体制机制，促进创新要素向企业集聚，增强企业创新能力，加快科技成果转化和产业化，为实施创新驱动发展战略、建设创新型国家提供有力支撑。2015年3月，中共中央、国务院出台《关于深化体制机制改革加快实施创新驱动发展战略的若干意见》，要求发挥市场对技术研发方向、路线选择和各类创新资源配置的导向作用，调整创新决策和组织模式，强化普惠性政策支持，促进企业真正成为技术创新决策、研发投入、科研组织和成果转化的主体[1]。这一文件对深化科技体制改革进行了系统性部署，与以往不同，这次科技体制改革以健全市场导向机制、强化企业创新

[1] 中华人民共和国科学技术部：《关于新时期支持科技型中小企业加快创新发展的若干政策措施》（国科发区〔2019〕268号），2019年8月5日。

主体地位为重点，同时也强调了政府和市场要合理分工。比如，在科技成果转化、科技人才薪酬结构、创新企业融资、研发经费申请使用等影响科技创新的重要环节，实施一系列市场化、普惠制的改革措施；重大专项的承担主体以企业为主，直接面向市场、面向应用，并以产业化为最终目标；等等。

2020年11月，党的十九届五中全会首次将企业定位为创新主体，指出要“强化企业创新主体地位，促进各类创新要素向企业集聚。推进产学研深度融合，支持企业牵头组建创新联合体，承担国家重大科技项目”。2021年11月，《中共中央关于制定国民经济和社会发展第十四个五年规划和二〇三五年远景目标的建议》中提出，强化企业创新主体地位，促进各类创新要素向企业集聚。推进产学研深度融合，支持企业牵头组建创新联合体，承担国家重大科技项目。同期，《科技体制改革三年攻坚方案（2021—2023年）》进一步将企业定位为科技创新的主体，要求优化科技力量结构，发挥企业在科技创新中的主体作用，推动形成科技、产业、金融良性循环，加快推进科技成果转化应用。党的二十大报告提出企业科技创新主体地位，要求“强化企业科技创新主体地位，发挥科技型骨干企业引领支撑作用，营造有利于科技型中小微企业成长的良好环境，推动创新链产业链资金链人才链深度融合”。

从“技术开发主体”到“技术创新主体”，再到“创新主体”“科技创新主体”，反映了自改革开放以来中国产业体系、创新体系的深刻变化，也反映了40多年来翻天覆地的世界之变、时代之变和历史之变。

第二节 制度创新与关键举措

党的十八大以来，中国在强化企业创新主体地位方面取得了积极成效。党的十八大报告在提出实施创新驱动发展战略的同时，强调要深化科技体制改革，推动科技和经济紧密结合，加快建设国家创新体系，着力构建以企业为主体、市场为导向、产学研相结合的技术创新体系。十多年来，中国政府从主体培育、基础建设、资源配置、环境塑造等方面发力，持续强化企业创新主体地位，优化和提升国家创新体系效能，壮大创新型企业规模，积极构建创新生态体系，占据价值链中高端环节，取得了显著成效（见表4-3）。2012—2020年，中国市场主体总数呈爆发式增长，企业研发投入总额翻了一番，知识产权数量、质量都得到较大提升，国际影响力持续增强。

表4-3　中国强化企业创新主体地位的有关做法

维度	主要做法	关键举措	现实实践
主体培育	平台搭建	打造宏观战略平台	上海张江、安徽合肥、北京怀柔、粤港澳大湾区综合性国家科学中心等
		打造中观产业平台	国家高新区、省级高新区等
		打造微观企业平台	国家重点实验室、国家工程技术研究中心、国家级科技企业孵化器、国家备案众创空间、国家工程研究中心、国家企业技术中心、工业和信息化部重点实验室等
创新基础	基础设施建设	建设传统基础设施	交通、能源、水利、环保、物流等传统基础设施
		建设新型基础设施	信息基础设施、融合基础设施、创新基础设施等
创新资源	资源配置	财政资源直接投入	财税、补贴、奖励、采购、技术改造等政策
		引导社会资源投入	风险资本、社会资本等
创新环境	环境塑造	建设政府服务环境	简政放权、优化服务等
		建设创新协作环境	密切创新联动、弘扬创新精神等
		建设开放创新环境	打造国内一体化创新格局、高水平融入全球创新网络等

资料来源：笔者整理。

一、强化创新平台建设，培育创新主体

中国政府通过建设区域战略平台、产业创新平台以及企业创新平台，推动创新资源向平台集聚、向企业集聚，在宏观、中观和微观三个层面增强国家和地方培育企业创新主体的能力。

建设科学中心，汇聚世界一流科学家、研究团队，突破一批重大科学难题和前沿科技瓶颈，显著提高中国基础研究水平，增强原始创新能力和关键核心技术攻关能力，为企业突破关键核心技术奠定坚实基础。2021年3月，中国“十四五”规划提出，支持北京、上海、粤港澳大湾区形成国际科技创新中心，建设上海张江、安徽合肥、北京怀柔、大湾区综合性国家科学中心（见表4-4），支持有条件的地方建设区域科技创新中心。宏观国家级战略平台的设立，有利于有限的创新资源向所在地区、创新主体集聚，产生创新集群效益。

表4-4　中国综合性国家科学中心

中心	定位	主要措施
合肥综合性国家科学中心	依托合肥地区大科学装置集群，聚焦信息、能源、健康、环境四大领域，吸引、集聚、整合全国相关资源和优势力量，推进以科技创新为核心的全面创新，成为国家创新体系的基础平台、科学研究的制高点、经济发展的原动力、创新驱动发展的先行区	以国家实验室为基石，依托世界一流重大科技基础设施集群，布局一批前沿交叉创新平台和产业创新转化平台，建设若干“双一流”大学和学科，打造多类型、多层次的创新体系，成为代表国家水平、体现国家意志、承载国家使命的国家创新平台
张江综合性国家科学中心	成为上海建设有全球影响力的科创中心的强大引擎，到2030年，将发展成为全球规模最大、种类最全、综合能力最强的光子大科学设施集聚地	打造高度集聚的重大科技基础设施群，建设有国际影响力的创新型和研究型大学，汇聚培育全球顶尖科研机构和一流研究团队，组织开展多学科交叉前沿研究
北京怀柔综合性国家科学中心	世界级原始创新承载区，建设战略性前瞻性基础研究新高地、综合性国家科学中心集中承载地、生态宜居创新示范区	聚焦于系统推进重点科学领域跨越发展，推进国家重大科技基础设施集群发展，科学布局前沿交叉研究平台等方面
粤港澳大湾区综合性国家科学中心	加强粤港澳产学研协同发展，完善广深港、广珠澳科技创新走廊和深港河套、粤澳横琴科技创新极点“两廊两点”架构体系	建设大湾区综合性国家科学中心先行启动区；建设重大创新载体；加强基础研究和应用基础研究，实施关键核心技术攻坚行动，夯实产业安全基础；实施离岸创新体制机制；等等

资料来源：笔者整理。

国家高新区成为培育高新技术企业的重要平台。1988年5月，国务院批准建立第一个国家高新区——中关村科技园区。2020年，156家国家高新区集聚的高新技术企业占总量的38%以上，营业总收入达到42.8万亿元，位居前三的是中关村、上海张江、南京高新区（见表4-5）。同时，国家和省市联动，上下对标，各省也相应建设省级高新区。

表4-5　2020年国家级高新区企业主要经济指标

开发区	企业数（个）	从业人员（人）	营业收入（万元）	出口总额（万元）
合计	165357	23835165	4279980585	447266487
中关村国家自主创新示范区	27487	2900099	722763687	26678497
上海张江高新技术产业开发区	11645	1661721	349601568	31027019
南京高新技术产业开发区	8004	678084	104328229	11307068
天津滨海高新技术产业开发区	4240	284107	47643995	3169777
苏州工业园区	3492	307193	60580666	21151133
杭州高新技术产业开发区	2589	399252	78510842	5765635
大连高新技术产业园区	2233	200118	23765168	3608366
石家庄高新技术产业开发区	1911	174057	23051313	886915
常州高新技术产业开发区	1712	224600	31073773	4451660
苏州国家高新技术产业开发区	1706	229271	40075800	17265318
宁波国家高新技术产业开发区	1690	304681	55003979	8894928
太原高新技术产业开发区	1649	153120	33848506	251207
无锡国家高新技术产业开发区	1412	285293	48002664	14879136
萧山临江高新技术产业开发区	1195	201104	35078212	4106244
昆山高新技术产业开发区	1088	189972	20720325	6010860
沈阳高新技术产业开发区	1080	108605	14034195	540409
长春高新技术产业开发区	916	143483	55884442	317584
哈尔滨高新技术产业开发区	832	106481	19210414	966733
温州高新技术产业开发区	714	146329	12095722	1452776
保定国家高新技术产业开发区	692	108513	20814952	936651
常熟高新技术产业开发区	635	82187	12773131	2803809
武进国家高新技术产业开发区	614	157777	22385132	2273940
包头稀土高新技术产业开发区	564	99278	21997952	1118634
泰州医药高新技术产业开发区	544	85268	11845559	663047
江阴高新技术产业开发区	525	96603	20075091	2993913
南通高新技术产业开发区	510	103093	25993783	3582775
吉林高新技术产业开发区	453	60052	7499914	76045
鞍山高新技术产业开发区	419	42002	8593709	385640

续表

开发区	企业数（个）	从业人员（人）	营业收入（万元）	出口总额（万元）
盐城高新技术产业开发区	419	64659	7180115	925246
长春净月高新技术产业开发区	412	34309	3518435	94907
大庆高新技术产业开发区	394	68955	15025850	339926
镇江高新技术产业开发区	392	45295	5556987	560486
唐山高新技术产业开发区	349	17812	1265470	52146
扬州高新技术产业开发区	315	38018	4225772	573621
上海紫竹高新技术产业开发区	309	40977	9197660	573071
徐州高新技术产业开发区	273	66409	13947585	663956
燕郊高新技术产业开发区	260	29446	5646774	61501
宿迁高新技术产业开发区	210	35679	3841522	439142
连云港高新技术产业开发区	204	49371	7650780	383329
淮安高新技术产业开发区	174	18888	1741562	72873
长治高新技术产业开发区	157	46464	4501665	37686
延吉高新技术产业开发区	144	8969	1751153	17177
锦州高新技术产业开发区	140	22849	2515792	205614
营口高新技术产业开发区	139	22631	5488251	542391
阜新高新技术产业开发区	129	21690	2126214	154915
齐齐哈尔高新技术产业开发区	129	24736	3760910	214216
承德高新技术产业开发区	103	15644	1943382	11184
本溪高新技术产业开发区	90	9082	680405	46582
通化国家医药高新技术产业开发区	88	11539	1317626	23414
呼和浩特金山高新技术产业开发区	70	76851	14193417	39944
鄂尔多斯高新技术产业开发区	59	9067	1438390	118365
辽阳高新技术产业开发区	52	31060	7646506	28636

资料来源：《中国统计年鉴2021》。

大力建设多层次创新载体，提升规上工业企业、高新技术企业内部创新能力。从表4-6可以看出，中国规上工业企业创办研发机构数量大幅增加，2020年的数量是2011年的3倍多。

表4-6　2011—2020年中国规上工业企业创办研发机构数量

年份	规上工业企业创办研发机构数量（个）
2011	31320
2012	45937

续表

年份	规上工业企业创办研发机构数量（个）
2013	51625
2014	57199
2015	62954
2016	73963
2017	82667
2018	83115
2019	95459
2020	105094

数据来源：《中国统计年鉴2021》。

不同国家部委制订了相应的研发机构认定及支持计划。国家科学技术部支持国家重点实验室、国家工程技术研究中心、国家工程研究中心、国家级科技企业孵化器、国家备案众创空间等载体；国家发改委支持国家工程研究中心、国家企业技术中心等载体；国家工业和信息化部支持工业和信息化部重点实验室等载体。近年来，国家工业和信息化部认定了103家工业和信息化部重点实验室，为部属高校、直属单位与企业开展协同创新搭建了良好平台。截至2021年末，正在运行的国家重点实验室533个，纳入新序列管理的国家工程研究中心191个，国家工程技术研究中心346个，国家企业技术中心1636家，国家级科技企业孵化器1287家，国家备案众创空间2551家（见表4-7）。

表4-7　企业创新平台

创新平台	功能定位	数量
国家重点实验室	国家重点实验室面向前沿科学、基础科学、工程科学等开展基础研究、应用基础研究等，推动学科发展，促进技术进步，发挥原始创新能力的引领、带动作用	533个
国家工程技术研究中心	国家工程技术研究中心是国家科技发展计划的重要组成部分，由国家科学技术部统筹规划建设。国家工程技术研究中心建设是在“创新、产业化”方针指引下，探索科技与经济结合的新途径，加强科技成果向生产力转化的中间环节，促进科技产业化；面向企业规模生产的需要，推动集成、配套的工程化成果向相关行业辐射、转移与扩散，促进新兴产业的崛起和传统产业的升级改造；促进科技体制改革，培养一流的工程技术人才，建设一流的工程化实验条件，形成中国科研开发、技术创新和产业化基地	346个
国家级科技企业孵化器	国家级科技企业孵化器是指符合《科技企业孵化器管理办法》规定的，以促进科技成果转化、培育科技企业和企业家精神为宗旨，提供物理空间、共享设施和专业化服务的科技创业服务机构，且经过科学技术部批准确定的科技企业孵化器	1287家

续表

创新平台	功能定位	数量
国家备案众创空间	《科技部关于印发2020年度国家备案众创空间的通知》（国科发火〔2020〕104号）确定的众创空间，是指符合《发展众创空间工作指引》规定的新型创新创业服务平台，且按照《国家众创空间备案暂行规定》经国家科学技术部审核备案的众创空间	2551家
国家工程研究中心	国家工程研究中心是国家创新体系的重要组成部分，是由国家发展和改革委员会根据建设创新型国家和产业结构优化升级的重大战略需求，以提高自主创新能力、增强产业核心竞争能力和发展后劲为目标，组织具有较强研究开发和综合实力的高校、科研机构和企业等建设的研究开发实体	191个
国家企业技术中心	国家企业技术中心是指企业根据市场竞争需要设立的技术研发与创新机构，负责制订企业技术创新规划、开展产业技术研发、创造运用知识产权、建立技术标准体系、凝聚培养创新人才、构建协同创新网络、推进技术创新全过程实施	1636家
工业和信息化部重点实验室	工业和信息化部重点实验室是工业和信息化领域技术创新体系的重要组成部分，是开展高水平研发活动、聚集和培养优秀科技人才、进行高层次学术交流和促进科技成果转化的重要基地，也是制造业创新体系的重要支撑	103家

资料来源：笔者整理。

二、强化基础设施建设，增进创新动能

除交通、邮电、供水供电、环境保护等传统基础设施外，2020年以来，中国政府将新型基础设施建设作为现代化基础设施体系建设的重要组成部分，发挥新型基础设施建设在推动全社会数字化转型、智能升级、融合创新，以及实施创新驱动发展战略、推动经济社会高质量发展等方面的重要支撑作用，引领新的经济转型升级。

国家发改委在2020年对新型基础设施的范围进行了界定，提出新型基础设施主要包括三类：一是信息基础设施，主要是指基于新一代信息技术演化生成的基础设施，比如，以5G、物联网、工业互联网、卫星互联网为代表的通信网络基础设施，以人工智能、云计算、区块链等为代表的新技术基础设施，以数据中心、智能计算中心为代表的算力基础设施，等等；二是融合基础设施，主要是指深度应用互联网、大数据、人工智能等技术，支撑传统基础设施转型升级，进而形成的融合基础设施，比如智能交通基础设施、智慧能源基础设施等；三是创新基础设施，主要是指支撑科学研究、技术开发、产品研制的具有公益属性的基础设施，比如重大科技基础设施、科教基础设施、产业技术创新基础设施等[1]。随着科技革命和产业变革的发展，新型基础设施的内涵、外延也在不断发生变化。

[1] 《国家发改委召开新闻发布会表示经济运行正有序恢复》，《人民网》2020年4月21日。

国家和省区市上下联动，加大中长期贷款、地方政府专项债、政策性开发性金融工具等对新型基础设施建设的支持力度。以新型基础设施建设促进创新链与产业链融合发展，推动企业数字化转型升级，加快创新进程，提高创新效率。从政策发展脉络来看，国家的重视程度不断提高。2018年，中央经济工作会议提出加强人工智能、工业互联网、物联网等新型基础设施建设。随后，2020年，中央经济工作会议要求“加大新型基础设施投资力度”，2021年，中央经济工作会议提出“适度超前开展基础设施投资”，新型基础设施建设也被纳入国务院政府工作报告（见表4-8）。在地方，一些工业大省、制造大市显得更加积极主动。比如，广东省佛山市在2020年出台了《佛山市推进新型基础设施建设行动方案（2020—2022年）》，要求抢抓国家新型基础设施建设发展机遇，统筹推进信息基础设施、创新基础设施和融合基础设施加快发展，引领实体经济转型升级，激活发展新动能，推动经济高质量发展。近年来，佛山市加大“数字新基建”投资力度，带动创新链与产业链融合发展[1]。至2022年6月，佛山市在全国率先启用工业互联网标识解析区域二级节点，标识注册数量超过20亿个；大力引进和培育工业互联网平台，美云智数美擎工业互联网平台成为本土首个跨行业、跨领域的工业互联网平台，另有8个“双跨”平台落户；加快数据中心布局，全市在用、在建和拟建数据中心共26个，计划总投资超400亿元；全市城市家庭千兆光纤网络覆盖率位居全省第一，累计建成5G基站1.64万座，公布免费开放支持5G基站建设的公共资源9270处，位居全省第一；在半导体、氢能、新材料、智能机器人等新兴产业领域建立了一批重大科创平台，加快关键共性技术研究和成果转移转化，加快传统产业企业转型升级。

表4-8　国家对新型基础设施建设的有关支持政策

时间	类型	有关内容
2022.02	国家发改委、中央网信办等印发《启动建设全国一体化算力网络国家枢纽节点的复函》	实施“东数西算”工程：在京津冀、长三角、粤港澳大湾区、成渝、内蒙古、贵州、甘肃、宁夏8地启动建设国家算力枢纽节点，并规划了10个国家数据中心集群，完成全国一体化数据中心体系的总体布局设计
2022.01	国务院印发《“十四五”数字经济发展规划》	到2025年，数字经济迈向全面扩展期，数字经济核心产业增加值占GDP比重达到10%，数字化创新引领发展能力大幅提升，智能化水平明显提高，数字技术与实体经济融合取得显著成效，数字经济治理体系更加完善，我国数字经济竞争力和影响力稳步提升
2021.12	中央经济工作会议	适度超前开展基础设施投资
2021.07	国家发改委、国家能源局	到2025年，实现新型储能从商业化初期到规模化发展转变

[1] 引自调研资料。

续表

时间	类型	有关内容
2021.03	国务院政府工作报告	推进产业基础高级化、产业链现代化，改造提升传统产业，发展壮大战略性新兴产业。统筹推进传统基础设施和新型基础设施建设
2020.12	中央经济工作会议	大力发展数字经济，加大新型基础设施投资力度。扩大制造业设备更新和技术改造投资
2020.05	国务院政府工作报告	“新基建”首次写入政府工作报告。加强新型基础设施建设，发展新一代信息网络，拓展5G应用，建设充电桩，推广新能源汽车，激发新消费需求，助力产业升级
2020.03	中央政治局常务委员会	加快5G网络、数据中心等新型基础设施建设进度
2020.02	中央全面深化改革委员会第十二次会议	基础设施是经济社会发展的重要支撑，要以整体优化、协同融合为导向，统筹存量和增量、传统和新型基础设施发展，打造集约高效、经济适用、智能绿色、安全可靠的现代化基础设施体系
2020.01	国务院常务会议	大力发展先进制造业，出台信息网络等新型基础设施投资支持政策，推进智能、绿色制造
2019.03	国务院政府工作报告	再开工一批重大水利工程，加快川藏铁路规划建设，加大城际交通、物流、市政、灾害防治、民用和通用航空等基础设施投资力度，加强新一代信息基础设施建设
2018.12	中央经济工作会议	要发挥投资关键作用，加大制造业技术改造和设备更新，加快5G商用步伐，加强人工智能、工业互联网、物联网等新型基础设施建设，加大城际交通、物流、市政基础设施等投资力度，补齐农村基础设施和公共服务设施建设短板

资料来源：笔者整理。

基础设施建设及其体系化为企业创新发展增添了新动力，提供了新条件，提高了创新效率。

（一）信息基础设施加快升级，集聚创新产业

从网络设施来看，过去十年，中国已建成光纤长度增长了约2.7倍，移动通信从“4G并跑”到“5G引领”，实现“县县通5G、村村通宽带”，下一代互联网技术加快应用，网络规模和应用水平全球领先。从算力设施来看，人工智能基础设施加快布局，数据中心规模达到590万标准机架，全国一体化大数据中心体系加快构建，8个国家算力枢纽节点启动建设（见表4-9）。从空间设施来看，已初步建成由卫星遥感、卫星通信广播、北斗导航定位三大系统构成的国家民用空间基础设施体系，具备连续稳定的业务服务能力。

（二）融合基础设施加快布局，培育新兴业态

智慧设施正在进入千行百业。立体智能交通体系加速构建，无人码头、自动驾驶等交通运输新形态不断涌现，90%以上的机场实现“无纸化”便捷出行；智慧能源调度系统、智能巡检系统等大幅提高了能源供应效率和安全保障水平；全国工业互联网网络、平台、安全和标识解析体系基本建成；电子商务、远程医疗、线上教育等民生设施加速构建，为经济社会发展和民生改善注入了新的动力和活力。

（三）创新基础设施加快优化，催生未来产业

一方面，中国已经建成体系较为完备的国家重大科技基础设施，布局建设的77个国家重大科技基础设施中，32个已建成运行，部分设施迈入全球第一方阵。中国政府加大考核力度，推动重大科技基础设施建成后向全社会开放共享。《国务院关于国家重大科研基础设施和大型科研仪器向社会开放的意见》（国发〔2014〕70号）要求加快推进科研设施与仪器向高校、科研院所、企业、社会研发组织等社会用户开放，实现资源共享。《科技部办公厅　财政部办公厅关于开展2022年中央级高等学校和科研院所等单位重大科研基础设施和大型科研仪器开放共享评价考核工作的通知》，决定对中央级高等院校和科研院所等单位拥有的重大科研基础设施和原价值50万元以上的大型科研仪器2021年度的开放共享情况进行评价考核，考核内容包括围绕重大科技创新和中小微企业需求，对法人单位以外的单位提供共享服务的情况等。另一方面，中国不断加快创新能力建设，巩固企业创新主体地位，在重点领域布局建设了近200个国家工程研究中心、1600多家国家级企业技术中心和一批国家产业创新中心，技术开发设施体系不断完善[1]。

表4-9　中国“东数西算”工程建设计划

8大国家算力枢纽节点	10个国家数据中心集群
京津冀枢纽	张家口集群
长三角枢纽	长三角生态绿色一体化发展示范区集群 芜湖集群
粤港澳枢纽	韶关集群

[1]　《国家发展改革委举行新闻发布会　介绍重大基础设施建设有关情况》，《中国产经》2022年第18期。

续表

8大国家算力枢纽节点	10个国家数据中心集群
成渝枢纽	天府集群 重庆集群
贵州枢纽	贵安集群
内蒙古枢纽	和林格尔集群
甘肃枢纽	庆阳集群
宁夏枢纽	中卫集群

资料来源：笔者整理。

三、强化创新资源配置，激励企业创新

2012年以来，国家先后出台了一系列支持企业创新发展的激励政策，优化财税、补贴、奖励、采购等方面的政策，优化政府资源配置，激发企业创新活力，提升企业创新能力。部分政策举措如表4-10所示。

表4-10　国家出台的激励企业创新发展的有关政策

时间	文件名	有关内容
2022年8月	《企业技术创新能力提升行动方案（2022—2023年）》（国科发区〔2022〕220号）	推动惠企创新政策扎实落地；对企业投入基础研究实行税收优惠政策；在“十四五”国家重点研发计划应用类重点专项及部分科技创新2030——重大项目中设立科技型中小企业项目等
2022年9月	《财政部　税务总局　科技部关于进一步提高科技型中小企业研发费用税前加计扣除比例的公告》（2022年第16号）	进一步加大税收政策支持力度，将科技型中小企业研发费用加计扣除比例由75%提高到100%
2021年1月	《关于支持“专精特新”中小企业高质量发展的通知》（财建〔2021〕2号）	2021年至2025年，中央财政中小企业发展专项资金将安排100亿元以上奖补资金，分三批（每批不超过三年）支持1000余家国家级专精特新“小巨人”企业加大创新投入
2018年11月	《财政部　税务总局　科技部　教育部关于科技企业孵化器、大学科技园和众创空间税收政策的通知》（财税〔2018〕120号）	对国家级、省级科技企业孵化器和国家备案众创空间向在孵对象提供孵化服务取得的收入，免征增值税
2018年4月	《关于促进首台（套）重大技术装备示范应用的意见》（发改产业〔2018〕558号）	加大政府采购对技术创新企业的支持力度，健全优先使用创新产品的政府采购政策
2017年6月	《国家税务总局关于实施高新技术企业所得税优惠政策有关问题的公告》	企业获得高新技术企业资格后，自高新技术企业证书注明的发证时间所在年度起申报享受税收优惠
2017年5月	《财政部　税务总局　科技部关于提高科技型中小企业研究开发费用税前加计扣除比例的通知》（财税〔2017〕34号）	将科技型中小企业享受研发费用加计扣除比例由50%提高到75%

续表

时间	文件名	有关内容
2016年3月	《制造业单项冠军企业培育提升专项行动实施方案》（工信部产业〔2016〕105号）	连续每年公布制造业单项冠军示范企业、培育企业和单项冠军产品评选名单
2016年1月	《高新技术企业认定管理办法（修订）》（国科发火〔2016〕32号）	在认定条件、认定程序、重点支持的高新技术领域等方面进行了修订，扩大支持范围，比如新办法由现行“科技人员占企业当年职工总数的30%以上”调整为“科技人员占企业当年职工总数的比例不低于10%”，在保持大中型企业3%和4%研发费用占比要求不变的情况下，将小企业的研发费用比例要求由6%降至5%，等等
2015年10月	《财政部　国家税务总局关于将国家自主创新示范区有关税收试点政策推广到全国范围实施的通知》（财税〔2015〕116号）	全国范围内的居民企业转让5年以上非独占许可使用权取得的技术转让所得，纳入享受企业所得税优惠的技术转让所得范围
2015年1月	《科技部关于进一步推动科技型中小企业创新发展的若干意见》（国科发高〔2015〕3号）	充分发挥中央财政资金的引导作用，逐步加大中小企业发展专项资金和国家科技成果转化引导基金支持科技创新的力度，凝聚带动社会资源支持科技型中小企业发展。加大各类科技计划对科技型中小企业技术创新活动的支持力度。鼓励地方财政加大对科技型中小企业技术创新的支持，对于研发投入占企业总收入达到一定比例的科技型中小企业给予补贴

资料来源：笔者整理。

推出和深入实施研发费用加计扣除、高新技术企业税收优惠、科技创业孵化载体税收优惠、技术交易税收优惠等普惠性政策。比如，加大对科技中小企业的扶持力度，大力推行企业费用加计扣除政策，将企业研发费用加计扣除比例从2012年的50%、2018年的75%，提升到2022年科技型中小企业和制造企业的100%。统计数据显示，2020年，全国规上工业企业研发费用加计扣除减免税达2421.9亿元，是2016年的4倍；高新技术企业减免税2161.6亿元，是2016年的2.1倍。

扩大高新技术企业认定范围，推动高新技术企业所得税优惠政策更多向中小企业倾斜，鼓励各地区制定高新技术企业奖补政策，推动高新技术企业数量和质量双提高。

加大对重点领域重点企业的创新扶持力度。已基本形成专精特新中小企业—专精特新“小巨人”企业—制造业单项冠军的梯次培育体系，比如2021年至2025年，中央财政中小企业发展专项资金安排100亿元以上奖补资金，分三批（每批不超过三年）支持1000余家国家级专精特新“小巨人”企业加大创新投入。制定国家鼓励企业研发的重点领域指导目录，引导企业围绕国家需求开展技术创新。

四、强化环境建设，塑造良好创新生态

根据《全球营商环境报告2020》，中国营商环境排名跃升至第31位，连续两年入列全球优化营商环境改善幅度最大的十大经济体，实现“二级跳”。其中，保护中小投资者排名第28，办理破产排名第51，跨境贸易排名第56，纳税排名第105，获得电力排名第12，执行合同排名第5，开办企业排名第27。按照2021年“万家民营企业评营商环境”计算总得分，营商环境得分前十的省和直辖市依次是浙江、广东、上海、江苏、山东、北京、四川、湖南、河南、福建。各类市场主体数量从2012年的5500万户增加到2021年的1.5亿户，企业活跃度保持在70%左右。

一是建设高效便捷的政府服务环境，通过机构改革、简政放权、提升服务效能等增强对企业创新的政务服务能力。在2015年的政府工作报告中，中国将“加大简政放权、放管结合改革力度”作为2015年各项改革工作的首要任务。据统计，2015—2019年5年间，国务院取消或下放618项行政审批事项，彻底消除非行政许可审批，取消国务院部门职业资格许可和认定事项共434项[1]。比如，在商事登记制度改革领域，从“先照后证”到电子营业执照，从“三证合一”到“五证合一”，再到“两证整合”，简政放权改革不断向纵深发展。又如，在高新技术企业认定程序方面，2017年1月，中国国务院常务会议决定，高新技术企业在资格有效期内跨管理区域整体迁移的，其资格继续有效；采取随机抽查与重点检查双结合等方式，优化对高新技术企业的管理；等等。

二是建设多元主体联动的创新协作环境，通过密切创新联动、弘扬企业家创新精神等形成良好创新生态，提升企业获取外部技术和创新协同的能力，营造全社会创新氛围。比如，2002年12月，我国科学技术部印发《关于大力发展科技中介机构的意见》中提到：“面向社会开展技术扩散、成果转化、科技评估、创新资源配置、创新决策与管理咨询等专业化服务的科技中介机构，是国家创新体系的重要组成部分。”近年来，中国政府出台了《关于技术市场发展的若干意见》《促进科技成果转移转化行动方案》《关于科技企业孵化器税收政策的通知》等一系列支撑科技中介发展的政策。从2008年至2022年6月，中国认定了400多个国家技术转移示范机构，为创新型企业提供了大量的社会化、专业化服务，有效推动了科技成果转化。

[1] 《简政放权 点燃中国创新引擎》，《人民日报》2017年2月28日，http://www.gov.cn/xinwen/2017-02/28/content_5171562.htm。

三是建设双向融通的开放创新环境，通过打造国内一体化创新格局以及高水平融入全球创新网络等建设高水平开放创新高地，赢得全球竞争优势。其中，国内一体化创新格局重在打造区域创新共同体，比如，2020年12月29日，国家科学技术部公布《长三角科技创新共同体建设发展规划》，从协同提升自主创新能力、构建开放融合的创新生态环境、聚力打造高质量发展先行区、共同推进开放创新等方面提出打造长三角地区科技创新共同体的具体措施。2022年7月，国家科技部、上海市人民政府、江苏省人民政府、浙江省人民政府、安徽省人民政府印发《长三角科技创新共同体联合攻关合作机制》，就加快推进实施国家科技部印发的《长三角科技创新共同体建设发展规划》制定了工作思路、主要目标、合作机制以及运行保障。从全球视角来看，国际科技交流合作重在参与构建具有全球竞争力的开放创新生态，实现双向互动交流合作。2019年5月，中央全面深化改革委员会审议通过的《关于加强创新能力开放合作的若干意见》对新时期国际科技创新合作提出了新要求。2022年6月，中共中央宣传部在“中国这十年”科技创新发展新闻发布会上介绍了中国全方位、多层次、广领域的国际科技合作新格局。2012—2022年，中国与161个国家和地区的科技合作关系持续发展，建立了大学之间、企业之间、科研单位之间、地方之间的多层次国际科技合作体系。党的二十大报告提出，“扩大国际科技交流合作，加强国际化科研环境建设，形成具有全球竞争力的开放创新生态”。

第三节 部分地区的创新实践及其特征

根据《2021年全国科技经费投入统计公报》，分地区来看，研究与试验发展（R&D）经费投入超过千亿元的省（市）有11个，分别为广东（4002.2亿元）、江苏（3438.6亿元）、北京（2629.3亿元）、浙江（2157.7亿元）、山东（1944.7亿元）、上海（1819.8亿元）、四川（1214.5亿元）、湖北（1160.2亿元）、湖南（1028.9亿元）、河南（1018.8亿元）和安徽（1006.1亿元）。研究与试验发展（R&D）经费投入强度超过全国平均水平的省（市）有6个，分别为北京、上海、天津、广东、江苏和浙江（见表4-11）。在强化科技经费投入的同时，部分省市按照国家部署，结合自身创新优势和发展条件，落实国家创新驱动发展战略，把强化企业创新主体地位、增强企业创新能力作为有效举措，取得了很好的效果，部分实践也代表着强化企业创新主体地位的方向。下面介绍北京、上海、江苏、浙江、安徽合肥等地区强化企业创新主体地位过程中某些方面、部分领域的特色实践。

表4-11　2021年全国及部分地区研究与试验发展（R&D）经费情况

地区	R&D经费（亿元）	R&D经费投入强度（%）
全国	27956.3	2.44
广东	4002.2	3.22
江苏	3438.6	2.95
北京	2629.3	6.53
浙江	2157.7	2.94
山东	1944.7	2.34
上海	1819.8	4.21
四川	1214.5	2.26
湖北	1160.2	2.32

续表

地区	R&D经费（亿元）	R&D经费投入强度（%）
湖南	1028.9	2.23
河南	1018.8	1.73
安徽	1006.1	2.34
福建	968.7	1.98
河北	745.5	1.85
陕西	700.6	2.35
重庆	603.8	2.16
辽宁	600.4	2.18
天津	574.3	3.66
江西	502.2	1.7
云南	281.9	1.04
山西	251.9	1.12
广西	199.5	0.81
黑龙江	194.6	1.31
内蒙古	190.1	0.93
吉林	183.7	1.3
贵州	180.4	0.92
甘肃	129.5	1.26
新疆	78.3	0.49
宁夏	70.4	1.56
海南	47	0.73
青海	26.8	0.8
西藏	6	0.29

数据来源：《2021年全国科技经费投入统计公报》。

一、北京实践：风险资本驱动构建高新技术企业梯队

北京将培育高新技术企业，建立形成大企业强、独角兽企业多、中小企业活的创新梯队作为强化企业创新主体地位的“牛鼻子”。一方面，实施“筑基扩容”工程，每年培育一批具有科技创新能力和发展潜力的企业成为高新技术企业。支持措施包括建立高新技术企业培育服务体系，引导市场机构加强高新技术企业孵化培育，深入开展高新技术企业认定“报备即批准”试点，等等。实施“规升强”工程，支持形成一批综合实力强、经济贡献大的高新技术企业，支持措施包括做好对“规升强”企业的跟踪服务，支持“规升强”企业进一步提升核心竞争力。另一方面，实施“小升规”工程，每年支持一批中小型高新技术企业成长壮大，支持措施包括建立“小升规”重点企业支持服务体系，加大资金和创新支持力度，等等。2012年，北京国家级高新技术企业仅有0.33万家，到2021年，增加到2.76万家，占全国比重近1/10，居全国各城市首位。

积极发展风险资本市场，推动民营企业特别是民营高科技企业发展，培育独角兽企业和专精特新企业，并最终成长为高新技术企业，是北京强化企业创新主体地位的重要举措。《中共北京市委关于制定北京市国民经济和社会发展第十四个五年规划和二〇三五年远景目标的建议》中提出，“强化企业创新主体地位，促进各类创新要素向企业集聚”“发挥大企业引领支撑作用，支持创新型中小微企业成长为创新重要发源地”以及“积极培育硬科技独角兽企业、隐形冠军企业。优化创新创业生态，完善创新创业服务体系，推动科技企业孵化器、大学科技园、众创空间等专业化、品牌化、国际化发展”。

近年来，北京充分发挥创业投资、股权投资在促进技术、资本、人才等要素整合方面的作用，不断优化“募投管退”全链条服务环境，在全国率先开展股权投资、创业投资的份额转让试点，深入实施中关村公司型创业投资企业所得税优惠政策试点，打造创业投资集聚地，深入开展QFLP（合格境外有限合伙人）和QDLP（合格境内有限合伙人）试点，探索私募股权投资，开展跨境投资新路径[1]。2018年，北京成立了300亿元规模的科技创新母基金，投资了不少于100支国内外优秀基金，更多支持原始科技创新而非模式创新企业。其中，北京市人民政府投资引导基金出资120亿元，通过对母基金和子基金层面的放大，实现基金总规模达到1000亿元。北京市人民政府出资发挥了更大的引导作用，按照“风险共担、利益让渡”的原则，建立市场化激励约束机制，对投资原始创新阶段项目，政府出资部分设计了利益让渡政策，原则上以“本金+利息”的方式退出，以鼓励社会资本参与早期原始创新投资，吸引优秀的基金管理团队。2021年，北京地区私募股权基金管理人数量保持全国第一，新设私募股权管理人94家，远超第二名的58家[2]。2021年，北京地区发生的股权投资案例超过2400起，金额超过2900亿元，案例数量和投资额继续保持全国第一。根据潘、赵和沃伊切赫（2016）的研究，中国风险投资公司集中于北京、长三角和珠三角。北京、上海、深圳3个城市的风投公司占全国的61%，其中北京107家、上海94家，深圳63家[3]。北京拥有最多的风投公司和风投支持的上市公司（见图4–1）。

根据CB Insights数据，2021年，北京独角兽企业达到63家，约占全球的5.4%，占中国独角兽企业总数的36.0%。每日新设立科技企业数量为270家，是2015年的2.6倍。

[1] 《充分激活创业投资股权投资市场　不断完善“募投管退”全链条服务环境》，《北京商报》2022年9月4日，https：//baijiahao.baidu.com/s?id=1743033726504165307&wfr=spider&for=pc。

[2] 《充分激活创业投资股权投资市场　不断完善“募投管退”全链条服务环境》，《北京商报》2022年9月4日，https：//baijiahao.baidu.com/s?id=1743033726504165307&wfr=spider&for=pc。

[3] Pan F, Zhao S X B, Wójcik D.2016. “The Rise of Venture Capital Centres in China：A Spatial and Network Analysis”. *Geoforum*，2016，（75）10：148-158.

截至2022年6月底，全市已培育认定市级专精特新中小企业3370家，近六成集中在新一代信息技术、人工智能、生物医药、智能制造等高精尖产业领域，超七成属于制造强国和网络强国领域。世界知识产权组织（WIPO）发布的《2022年全球创新指数（GII）报告》显示，北京在全球百强科技集群榜单中排名第三。

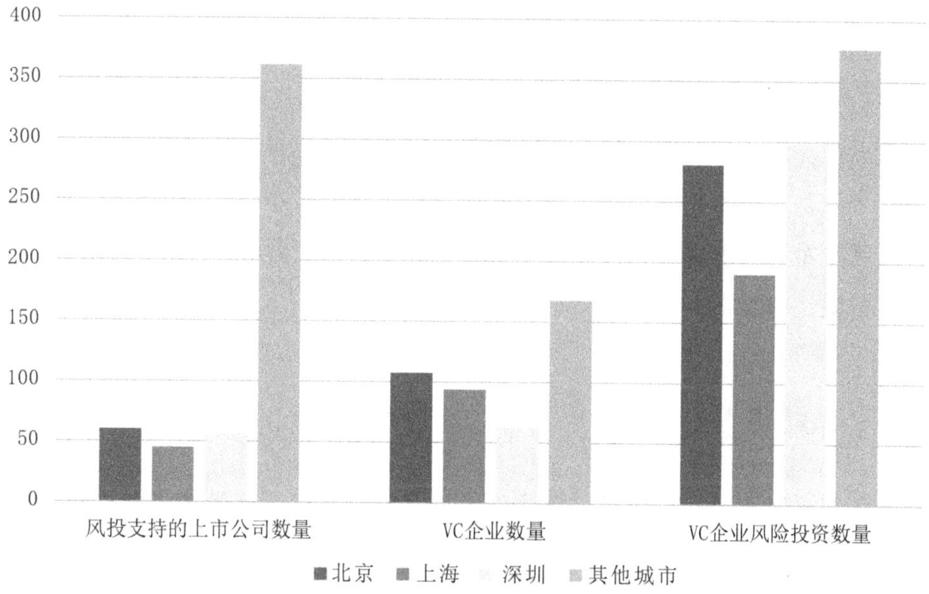

图4-1　中国风险投资企业活动情况（单位：家）

资料来源：Pan F, Zhao S X B, Wójcik D. “The Rise of Venture Capital Centres in China：A Spatial and Network Analysis”. *Geoforum*，2016，75（10）：148-158.

二、上海实践：打造以企业为中心和纽带的创新联合体

创新联合体一般以企业发展需求和产学研各方共同利益为基础，以协同创新为基本形式，以突破关键核心技术、促进研发成果产业化为主要目标，对整合产业技术创新资源、提高产业技术创新能力具有重要作用[1]。《中共中央关于制定国民经济和社会发展第十四个五年规划和二〇三五年远景目标的建议》中提出，要“推进产学研深度融合，支持企业牵头组建创新联合体，承担国家重大科技项目”。近年来，上海以产业链和创新链深度融合为导向，充分发挥头雁企业、龙头企业、链主企业、骨干企业作用，组建产业联盟、产学研创新联盟，探索创新联合体实践创新，推动关键核心技术攻坚，突破“卡脖子”技术瓶颈，确保产业链供应链安全稳定。2022年，上海

[1]　张仁开：《上海支持企业牵头组建创新联合体的思路及建议》，《科技中国》2022年第5期。

已有12家企业进入世界500强行列，其中，宝武钢铁、上汽集团、上海医药、德龙钢铁等为制造业企业。《中共上海市委关于制定上海市国民经济和社会发展第十四个五年规划和二〇三五年远景目标的建议》注重“产业链和创新链融合”，提出“加快构建顺畅高效的技术创新和转移转化体系，鼓励企业与高校、科研院所共建创新平台，支持企业牵头组建创新联合体……推动产业链上中下游、大中小企业融通创新，加速科技成果向现实生产力转化，提高创新链整体效能”。《长三角科技创新共同体联合攻关合作机制》（国科发规〔2022〕201号）进一步在跨区域合作方面提出“聚焦制约国家重点产业发展的关键领域，共同梳理长三角区域‘链主’企业或骨干单位，凝练2—3年可取得突破，且需要跨区域解决的需求，联合发布需求‘榜单’。加快提升区域科技领军企业的创新引领能力，以市场化方式联动产业链上下游、科研机构等力量，跨区域组建创新联合体”。

（一）承接国家重大专项，推动产学研合作

2008年以来，上海积极承接并推进“大型飞机”“极大规模集成电路制造装备及成套工艺”“重大新药创制”等国家重大专项的科研攻关，并发挥上药集团、上海电气、上汽集团等行业龙头企业作用，设立科研专项，以项目为纽带，共同支持相关领域的核心技术研发。通过实施科研重大专项，上海探索形成以企业为主体、产学研用协同的大兵团作战创新模式，培育了中芯国际等行业龙头大企业，以及以大企业为核心的“卡脖子”技术产学研创新联盟。目前，在集成电路领域，超过700家重点企业落户上海，形成了集设计、制造、封测、材料、装备及其他配套、服务于一体的完整产业链[1]。

（二）整合产学研优势力量，打造产业技术创新战略联盟

2010年以来，上海市科委积极落实国家科学技术部《国家技术创新工程总体实施方案》，突出强调创新集群的建设和发展，将“推动产业技术创新战略联盟构建和发展”列为国家技术创新工程的一个重要任务。2020年，在智能电网、抗体药物等领域组建了22个联盟。2011年，组建了车联网与车载信息服务、智能传感芯片、饮用水

[1] 张仁开：《上海支持企业牵头组建创新联合体的思路及建议》，《科技中国》2022年第5期。

安全保障等30家联盟。产业技术创新联盟的成立，解决了产学研合作项目短平快、组织形式松散等瓶颈问题，有利于打造从科研、设计、工程、生产到市场的完整产业创新链。比如，由上海诺诚电气有限公司牵头，联合包括复旦大学附属华山医院、上海市儿童医院在内的著名医学院及附属医院等著名医疗机构，携手包括上海交通大学、上海理工大学等在内的科研单位设立的上海电生理与康复技术创新联盟，发展成为以电生理和康复技术龙头企业为主体的产学研用相结合的创新平台，整合了企业所需的产学研资源，提升了企业研发水平和品牌影响力。在人工智能领域的基础研究、技术开发、场景应用等层面形成了头部企业、平台型机构、核心企业、泛人工智能企业集群，产值达千亿元。

（三）发展特色产业园区，打造产业发展新高地

2020年以来，上海瞄准科技前沿和产业高端，聚焦集成电路、人工智能、生物医药、航空航天、新材料、智能制造六大关键领域核心环节，建设面积为3—5平方千米的“小而美”特色产业园，形成龙头企业带动中小微企业协同发展的良好格局。在集成电路领域，上海拥有涵盖集成电路设备和材料、芯片设计与制造、半导体封装、测试，乃至EDA等细分领域的国内最完整的集成电路产业集群，集聚了中芯国际、上海微电子装备集团、紫光展锐、格科微电子、英伟达、上海微技术工业研究院等芯片企业和科研机构。在数控机床领域，上海集聚了上海电气、上海机电、上海拓璞等国内数控机床骨干企业。2018年，上机数控、亚威机床、华明装备三家企业在全国数控机床市场的占有率排名分别为第六、第七和第九，市场占有率总计约20%。在机器人领域，上海吸引了ABB、发那科、安川、库卡、新松、小i等一批国内外领军企业，在工业机器人、服务机器人和核心零部件等细分领域均处于领先水平，建成中国最大的机器人产业集聚区。上海机器人市场约占全国42%的市场份额，约占全球市场份额的16%[1]。

三、江苏实践：大力优化企业创新创业发展环境

近年来，江苏省提出“企业是主体、产业是方向、人才是支撑、环境是保障”的工作理念，坚持“四个面向”，加强基础研究、技术攻关、成果转化和产业化等创新

[1] 崔园园、张云伟：《上海智能制造向系统化高端化升级的路径与对策》，《科学发展》2021年第7期。

活动的全链条部署，大力优化企业创新创业发展环境，集中力量打好关键核心技术攻坚战。《中共江苏省委关于制定江苏省国民经济和社会发展第十四个五年规划和二〇三五年远景目标的建议》提出："强化企业创新主体地位，推动各类创新要素向企业集聚，支持龙头企业牵头组建新型创新联合体，以实体平台和具体项目为纽带促进产学研合作，壮大以高新技术企业为主体的创新型企业集群。健全关键核心技术协同攻关机制，在前沿引领技术基础研究、前瞻性产业技术创新上取得一批实质性成果。坚持开放创新，深化拓展全球产业创新合作伙伴关系，积极参与国际大科学计划和大科学工程，融入全球创新网络。实施企业研发机构高质量提升计划，推动新型研发机构健康有序发展。"

（一）探索重大科技任务组织实施机制创新，着力下放科研自主权

2021年，根据不同任务类型，针对不同创新主体，探索"任务定榜""前沿引榜""企业出榜""需求张榜"等方式，取得了明显成效[1]。其中，任务定榜、挂帅揭榜模式聚焦半导体、生物医药、新材料等重点产业领域，张榜公布大尺寸氮化镓材料、T1100碳纤维、高端DSP芯片、基于新机制的小分子创新药物等8个重大任务专题，面向全社会组织"揭榜攻关"，最终由江苏第三代半导体研究院、中简科技、无锡华虹等7家创新领军企业"揭榜"成功，省级财政安排经费超过1亿元。前沿引榜、团队揭榜模式重点围绕光子芯片核心材料、天地融合卫星移动通信、新型光电成像、高可信智能软件、多源信息感知、极致性能信息显示等重大科学前沿或重大产业前瞻问题，支持领衔科学家及团队实施一批长周期、高风险的重大研究项目。企业出榜、全球揭榜模式以企业需求"榜单"集聚全球创新资源，由企业提出重大关键核心技术难题、由企业出资开出"技术需求榜单"，在全球范围寻找"揭榜英雄"，开展联合攻关。已累计在先进材料、能源环保、电子信息、装备制造、生物医药等领域建设企业联合创新中心113家，面向全球张榜技术需求600余项，企业意向出资金额达19.13亿元，其中已成功揭榜技术166项，合同金额7.71亿元。需求张榜、在线揭榜模式发挥江苏省技术产权交易市场链接需求和供给两端的桥梁纽带作用，建立"一张网"线上企业技术需求张榜、揭榜平台，集成推动科技成果转化和产业化，已张榜发布各类企业需求榜单400余个，悬赏金额累计超3.8亿元，单个技术需求悬赏金额超1000万元的有4个，超500万元的有12个，超100万元的有57个。

[1] 参考：新华日报《科技周刊》，https://baijiahao.baidu.com/s?id=1704537675779457397&wfr=spider&for=pc。

（二）加大政策激励和体制机制改革力度，促进创新创业

深入落实科技创新税收减免政策，全省企业科技税收减免额超过1000亿元。深化科研经费制度改革，充分发挥企业科研活动组织的主体作用，允许其根据科研活动实际需要自主调整直接费用全部科目的经费支出，不受比例限制。加大对创新创业平台的支持力度，出台了《省政府印发关于加快推进产业科技创新中心和创新型省份建设若干政策措施的通知》《省政府关于进一步做好新形势下就业创业工作的实施意见》《江苏省科技企业孵化器管理办法》等政策文件和管理办法，省区市联动叠加支持，比如，江苏省企业新认定为国家级、省级科技企业孵化器的，分别一次性奖励100万元、50万元；南京市出台政策，对在国家级、省级、市级绩效评价中获得优秀和良好的科技企业孵化器、大学科技园、众创空间给予不超过100万元的资金奖励。目前，江苏的国家级孵化器数量、面积及在孵企业数持续保持全国第一，科技型中小企业数量超过7.2万家，成为全国首个科技型中小企业突破7万家的地区。深入落实《关于实施科技企业家支持计划的意见》，鼓励发展一支“专精特新”“隐形冠军”和行业独角兽等科技企业家队伍，弘扬优越的企业家创新精神，全省有90家企业进入全国民营企业500强。

四、浙江实践：强化民营企业创新主体地位

《中共浙江省委关于制定浙江省国民经济和社会发展第十四个五年规划和二〇三五年远景目标的建议》中提出：“完善以企业为主体的技术创新体系。促进创新要素向企业集聚，发挥大企业引领支撑作用，大力培育高新技术企业和科技型中小企业，加快培育更多‘专精特新’企业，促进初创型成长性科创企业发展。加快构建技术创新中心体系，加强共性技术平台建设，支持企业牵头组建创新联合体和知识产权联盟，承担国家重大科技项目。构建辐射全国、链接全球的技术交易平台体系，大幅提升科技成果转移转化效率，建设全球技术转移枢纽。”2022年，浙江7部门联合出台实施《关于推动创新链产业链融合发展的若干意见》，明确浙江将从强化企业重大科技项目攻关主体作用、激励企业加大研发投入、支持企业引育高层次科技人才、提升战略科技力量服务企业水平、整合集聚创新资源为企业服务、增强科技金融服务

企业能力、落实首台（套）产品推广应用政策、强化科技招商与高新技术产业培育、加强知识产权保护和运用九个方面增强企业创新动力，加快推进高水平创新型省份和科技强省建设。比如，改革“尖兵”“领雁”等重大科技计划项目立项和组织管理方式，突出企业创新主体地位。“尖兵”计划项目申报不限项，揭榜不论资历、不设门槛。链主企业和政府共同出资，聚焦突破产业共性关键技术，面向全球挂榜，省市县联动支持，其中，省财政按规定给予单个项目最高不超过1000万元的支持，链主企业出资不低于财政资金总出资额的两倍；由链主企业出题、选帅、评价和应用推广。支持龙头企业牵头组建创新联合体。联合体承担主要投入责任，联合体相关技术攻关如果纳入省级重点研发攻关计划项目，省财政按规定给予单个项目最高不超过1000万元的支持。

（一）大力培育和发展民营企业创新主体

民营经济是浙江经济的最大特色和最大优势，是浙江发展的“金名片”。2021年，民营企业占全省内资企业比重接近80%，民营经济创造增加值49200亿元，占GDP的67%左右，共有107家企业入选中国民营企业500强，连续23年位居全国第一，包括阿里巴巴、荣盛控股、吉利控股等知名企业。在发展民营经济过程中，民营企业也逐渐成为浙江科技创新的主力军。2020年，全省规模以上民营企业中，有2.3万家开展了R&D活动，占调查企业的42.4%，民营企业R&D经费支出1232.9亿元，是2016年的1.6倍，占全社会R&D经费支出的66.3%，R&D人员投入44万人，占全社会R&D人员投入的75.5%，较2016年提高4.1个百分点。

（二）推动传统制造业数字化改造赋能转型升级，壮大科技企业群体

2017—2022年，浙江持续将发展数字经济列入“一号工程”，以数字化为方向率先启动传统制造业改造提升工作，推进“数字产业化、产业数字化、治理数字化、数据价值化”协同发展，推进工业互联网建设，建设全国首个“两化”深度融合国家级示范区。2021年，浙江省数字经济增加值占全省GDP比重达48.6%，较2017年提高超10个百分点，位居全国各省区第一。截至2021年底，浙江全省数字经济领域高新技术企业达1.1万家，科技型中小企业达1.8万家，均为2017年的3.4倍。至2021年底，省级

数字化车间、智能工厂已达263家，累计上云企业超40.5万家，重点制造行业典型企业装备数控化率达60.7%，工业设备联网率达42.3%，产业数字化指数位居全国第一。涌现出数字安防、网络通信等6个千亿级数字产业集群，培育了杭州海康威视数字技术股份有限公司、浙江大华技术股份有限公司、宇视科技、虹软（杭州）科技股份有限公司等一大批具有较强引领带动作用的龙头企业和高成长性企业。到2025年，浙江将力争实现百亿级以上产业集群工业互联网平台全覆盖、规上工业企业数字化改造全覆盖、细分行业中小企业数字化改造全覆盖。

（三）以数字化技术持续完善数字治理体系

2017年以来，浙江省以政府数字化转型为切口，在省域层面不断放大治理数字化场景，持续完善数字治理体系，高水平推进省域治理体系和治理能力现代化。2021年，浙江已谋划建设“浙江e行在线”“民生关键小事智能速办”等数字化改革重大应用127个，建设浙江“掌上办公之省”“掌上办事之省”“掌上治理之省”，“互联网+监管”系统建设与应用综合评价位居全国第一，全省依申请政务服务事项“一网通办”率达到85%。“浙里办”App中已有108项高频事项接入了“五大银行”的5700余台自助终端，涵盖公安、人社、医保等11个领域；浙江省域空间治理数字化平台首次在省级部门实现审批等项目，有效解决了国内普遍存在的用地项目土地要素保障难、企业找地难、审批加速难、监管难等问题。

五、安徽合肥实践：建设新基建，激发企业创新动能

近年来，安徽以建设具有全球影响力的合肥综合性国家科学中心为导向，持续强化企业创新主体地位，支持科技企业做大做强做优。《安徽省国民经济和社会发展第十四个五年规划和二〇三五年远景目标纲要》中提出：“完善技术创新市场导向机制，促进各类创新要素向企业集聚，鼓励和引导企业加大研发投入，建立企业为主体、市场为导向、产学研相结合技术创新体系。”“强化企业创新主体地位。大力弘扬企业家精神，更好发挥企业家作用，依法保护企业家权益，将培养企业家队伍与实施重大创新战略同步谋划、同步推进，建立健全企业家参与涉企创新规划、标准和政策制定机制。支持龙头企业牵头联合行业上下游、产学研力量，组建任务型创新联合

体、创新联盟、研发机构，承担国家和省重大科技项目。大力推进产业共性技术创新平台和研发公共服务平台建设，进一步提升规上工业企业创新平台覆盖率。落实企业投入基础研究、应用技术开发的税收优惠政策。支持央企持续扩大在皖投资，布局建设各类创新平台，加强与省市科技计划衔接，实施关键核心技术攻坚和重大科技成果转化项目。支持基础较好的市实施高新技术企业倍增计划。”

合肥市是安徽创新发展的主阵地。十年来，合肥财政科技投入占一般公共预算支出的比重由4%增至14.2%，全社会研发投入占GDP的比重由2.78%增长到3.52%，国家高新技术企业数量增长6.4倍，技术合同交易额增长8.8倍；每万人发明专利拥有量由4.4件增长至45.4件，比全国平均水平高出25.8件。平均每天诞生国家高新技术企业4户，每周新增专精特新“小巨人”企业1.5户，每月新增上市企业1户，每年净增市场主体20余万户。涌现出科大讯飞、科大国盾、四创电子、华米科技、阳光电源等一大批领头羊创新型企业。2020年，安徽合肥出台了《合肥市推进新型基础设施建设实施方案（2020—2022年）》，明确“加快以大科学装置为引领的技术和产业创新平台等创新基础设施布局，加速推进新型基础设施与基础研究、应用研究和新兴产业融合发展，培育新动能、新经济”，以及“以信息基础设施集聚战新产业，以融合基础设施培育新兴业态，以创新基础设施催生未来产业”的基本思路。

（一）举全省之力建成以国家实验室、合肥综合性国家科学中心为引领的国家和地方战略科技力量体系，增强企业创新的原动力

深空探测实验室揭牌成立，量子信息与量子科技创新研究院取得显著成就，国家实验室建设取得决定性进展，成功研发“九章”“祖冲之号”系列量子计算原型机。根据安徽“十四五规划纲要”，合肥综合性国家科学中心布局建设的重大工程包括大科学装置集群、能源研究院、人工智能研究院、大健康研究院、环境研究院、前沿交叉研究平台等。截至2022年9月，安徽已规划建设19.2平方公里的世界级大科学装置集中区，形成包括全超导托卡马克、同步辐射光源、稳态强磁场实验装置、聚变堆主机关键系统综合研究设施、未来网络试验设施、高精度地基授时系统等已建、在建、拟建的“3+4+N”大科学装置集群化发展格局，数量位居全国前列。量子空地一体精密测量等大科学装置列入国家规划，新一代“合肥量子城域网”、合肥量子计算产业园启动建设，合肥综合性国家科学中心能源、人工智能、大健康研究院组建运行，智

能语音、玻璃新材料2个国家制造业创新中心获批建设，江淮大数据中心建设运行，长三角国家技术创新中心获批建设，国家未来网络试验设施合肥分中心正式开通试运行，合肥国家新一代人工智能创新发展试验区稳步推进。建成认知智能实验室等“国字号”创新平台216家，省实验室、技术创新中心34家，在全国率先组建4家创新联合体。以集成电路产业、新型显示产业、生物医药产业、新能源和智能网联汽车产业、量子信息产业等为重点，建成合肥微电子研究院、合肥集成电路设计公共服务平台、京东方OLED打印平台工艺测试中心、视涯集成电路OLED技术创新中心、中国声谷智能语义开放平台、国家智能可穿戴新一代人工智能开放创新平台、安徽省智能网联电动汽车创新中心、安徽省新能源汽车公共数据采集与监管中心、量子信息产品生产制造平台、量子信息公共服务平台等产业服务平台。

（二）体系化建设信息基础设施网络和融合基础设施，激发新动能、新业态、新模式的形成

体系化建设包括通信网络基础设施、新技术基础设施、算力基础设施等信息基础设施以及新型市政基础设施、新型城市管理基础设施、新型工业互联网平台设施、农业物联网基础设施、新型交通基础设施、智慧物流基础设施、新型能源基础设施、新型公共服务基础设施、智慧园区基础设施等融合基础设施，带动培育了一大批行业相关企业，增强了企业创新动能。比如，2022年8月26日，国内规模最大、用户最多、应用最全的量子城域网——合肥量子城域网正式开通，将充分发挥产业引导作用，助力合肥打造创新驱动、全球领先的“量子中心”。合肥先进计算中心自2021年6月份建成运行以来，截至2022年7月，在科技创新、产业发展、民生政务等领域，累计服务1800多个用户，支持了1500多个科研项目，保障计算任务超过70万次。合肥集聚了新华三、中新网安、四创电子、科大国创、和信科技、捷兴信息等行业龙头企业，国盾量子、本源量子等具有前沿创新技术的领军企业，高维数据、达朴汇联等创新型中小企业。

第四节 存在的提升空间及前进方向

迈入新征程，中国对创新发展提出了更高要求，党的二十大报告指出："没有坚实的物质技术基础，就不可能全面建成社会主义现代化强国。"要实现加快建设科技强国，以及到2035年进入世界创新型国家前列的发展目标，仍需进一步强化中国企业科技创新主体地位，着力提升企业科技创新积极性和活力，大力增强企业科技创新能力。

一、企业创新动能亟待增强

规上工业企业创新动能仍需增强。从规上工业企业研发投入占销售额比重来看，中国规上工业企业R&D经费支出与营业收入之比虽从0.56%增长到1.41%，但总体研发投入强度还不足，仅有40%的规上工业企业开展了技术创新活动，仅有26%的企业设立了研发机构（见表4-12），大部分企业仍缺乏长期发展愿景和比较清晰的科技创新战略、路线图。

表4-12　2016—2020年中国代表性企业研发投入占销售收入比重

指标	2016年	2017年	2018年	2019年	2020年
规上工业企业总数（个）	378599	372729	374964	377185	399375
有R&D活动的企业数（个）	90770	107262	110153	142078	162394
占比（%）	24.0	28.8	29.4	37.7	40.7
有研发机构的企业数（个）	64075	73805	76167	93903	104003
占比（%）	16.9	19.8	20.3	24.9	26.0

数据来源：历年《中国科技统计年鉴》《中国统计年鉴》。

政府对企业创新活动的扶持力度仍需加大，从企业研发投入来自财政经费的数据来看，2020年，企业R&D经费内部支出共1.87万亿元，其中，政府资金仅有525.3亿元，占比仅为2.8%（见表4-13）。企业技术创新能力不平衡。根据欧洲专利局数据，华为一家企业的专利申请数量就占到了中国申请总量的三成。中国社科院通过对7000多家企业研发项目平均投入的调查发现，像华为这样投入500万元以上的企业仅占4.1%，67%的企业投入在100万元以下，研发周期在三年以内，企业创新活力还有待全面激活和提升。对新经济、新赛道、新领域企业的培育力度有待加大，从全球独角兽企业数量来看，中国虽保持增长态势，但占全球独角兽企业数量比重自2018年以来呈下降趋势（见图4-2）。

表4-13　按执行部门和来源构成研究与试验发展（R&D）经费内部支出（单位：亿元）

类型	R&D经费总支出	政府资金	企业资金	国外资金	其他资金
全国	24393.1	4825.6	18895.0	90.1	582.5
企业	18673.8	525.3	18040.2	79.7	28.5
#规上工业企业	15271.3	419.0	14791.4	39.3	21.6
研究与开发机构	3408.8	2847.4	135.1	3.7	422.6
高等学校	1882.5	1128.0	666.0	6.5	81.9
其他	428.1	324.8	53.7	0.1	49.5

数据来源：《中国科技统计年鉴2021》。

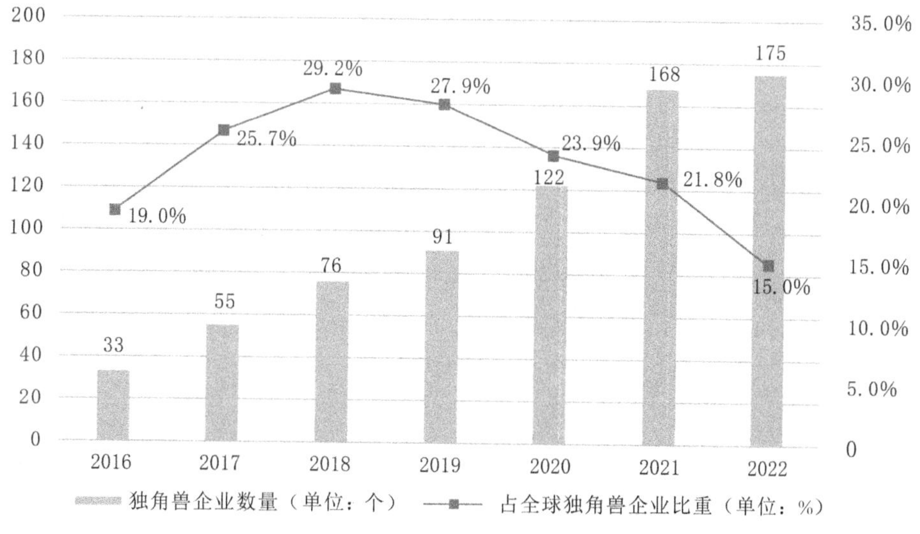

图4-2　中国独角兽企业数量占全球比重

数据来源：CB Insights。

二、高科技产业领军企业培育力度不足

我国企业的创新引领力和国际竞争力与美国相比还存在一定差距。从世界500强企业来看，中国位列世界500强的企业数量居全球首位，但中国企业主要依赖工业化进程深化需求以及人口优势的规模扩张，更多集中于电力、石化、建筑、银行保险、钢铁、粮食、房地产、交通等传统产业，以国有企业为主导，比如，中国共有10家银行入榜，其总利润占据了中国国内全部上榜企业总利润的41.7%，其中仅工商银行一家盈利就高达540亿美元。中国只有华为、中国电子集团、小米、中国航天科技等32家高科技类企业，占比仅为23.5%，营业收入总额为2.2亿美元，占比为20%，生命健康、生物制药、现代信息、精密制造等高科技产业的领军企业较少（见表4–14）。

表4–14 高科技领域中国世界500强企业

高科技世界500强企业数量（家）及在本国占比（%）	营收总额（万亿美元）及占比（%）	利润总额（万亿美元）及占比（%）	高科技企业名称
32；23.5	2.2；20	0.13；22.8	京东集团股份有限公司、阿里巴巴集团控股有限公司、中国移动通信集团有限公司、上海汽车集团股份有限公司、正威国际集团有限公司、中国第一汽车集团有限公司、中国医药集团有限公司、华为投资控股有限公司、腾讯控股有限公司、东风汽车集团有限公司、中国电信集团有限公司、中国航空工业集团有限公司、北京汽车集团有限公司、联想集团有限公司、广州汽车工业集团有限公司、浙江吉利控股集团有限公司、中国电子科技集团有限公司、美的集团股份有限公司、小米集团、中国联合网络通信股份有限公司、中国航天科技集团有限公司、中国电子信息产业集团有限公司、中国航天科工集团有限公司、中国核工业集团有限公司、中国中车集团有限公司、海尔智家股份有限公司、中国大唐集团有限公司、上海医药集团股份有限公司、比亚迪股份有限公司、潍柴动力股份有限公司、广州医药集团有限公司、珠海格力电器股份有限公司等

数据来源：《财富》世界500强企业排行榜。注：高科技领域包括高新技术产业、先进制造业、高技术制造业等。

三、关键核心技术攻关能力仍需加强

我国专利产出规模位居全球第一，但以渐进性创新为主，突破性技术创新成果较少。许多领域缺乏具有自主知识产权的核心技术，关键核心技术“卡脖子”问题突出。在数字经济领域，产业“卡脖子”问题突出，数字建模、交互引擎、后期特效系统等开发工具、基础软件对外依赖程度高，神经技术、AI芯片、大规模仿真等领域的颠覆性技术仍掌握在国外企业和研究机构中，研发设计、资源管理类软件基本上被国外产品占据市场。

2020年，中国研发经费投入达2.4万亿元，其中，基础研究经费投入1467亿元，占总体投入的6%（见图4-3）。在1467亿元基础研究经费中，主要是靠政府的财政经费投入，企业投入较少，仅占6.5%。2020年，企业R&D经费内部支出为1.87万亿元，基础研究、应用研究、试验发展的比重分别为0.5%、3.0%、96.5%，基础研究和应用研究总支出仅有550.8亿元。从R&D人员投入来看，1992年以来，R&D人员投入基础研究和应用研究的比重为20%左右，整体呈下降趋势。

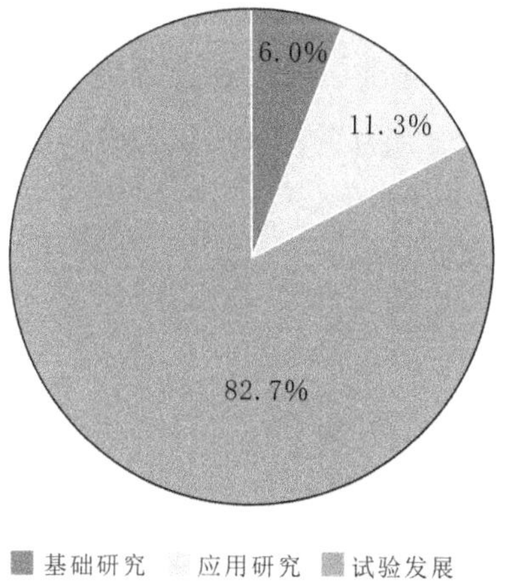

图4-3 中国R&D经费投入结构

数据来源：《中国科技统计年鉴2021》。

四、创新生态环境仍需进一步优化

一直以来，中国科技创新模式是科学推动型，科学研究力量包括中国科学院、中央部委所辖院所、国防军工、高等院校等，其研发活动更多地考虑论文、奖励、学生培养等，对研究成果的实用性、投入与产出、市场前景等“先天”考虑不足，企业也难以参与到科学项目设置、研究决策和研究过程中，导致高校的科研成果较难真正实现产业化，对工程化的支撑力度不够，打通“科学技术化、技术产品化、产品产业化、产业资本化”的路径依然任重道远。

从科技资源配置端来看，资源配置主导权更多地由大学和科研院所掌握，科研体系和产品研发体系、生产体系相分离，促使市场在资源配置中起决定性作用的机制仍需优化。2022年2月，中国科学技术部指出，要支持企业参与科技重大顶层设计、重大决策，进一步发挥企业作为科技创新出题人、答题人和阅卷人的作用。这无疑是强化企业创新主体地位的重要举措，必将显著提升企业在科技项目形成、组织和资金配置等方面的参与度和话语权，更好地发挥企业创新主体作用。但总体而言，让企业深度参与国家科技体系，仍有较大的提升空间。从市场端来看，市场竞争环境仍需优化，劣币驱逐良币的现象时有发生，知识产权守信激励和联合惩戒制度仍有待健全。

以企业为主体的产学研协同长效机制仍不健全。产业链上下游企业全方位和深层次的协同发展存在不足，中小企业“链式反应”“网络协同”优势不明显，大中小企业协同产品创新体系、协同技术创新体系、协同市场创新体系、协同管理创新体系亟待健全完善，以龙头企业、链主企业、骨干企业为核心的创新联合体建设机制仍需探索。产学研合作以“短平快”项目为主，战略层面合作较少，组织形式以任务式、订单式合约为主，合作方式较为松散。

第五章

广东探索：开放创新与链式生态

改革开放40多年来，广东立足制造业高质量发展，构建以企业为主体、市场化运作、产学研深度融合的技术创新体系，发展“基础研究+应用研究+科技成果产业化+科技金融+人才支撑”的全过程创新生态链，以企业创新主体支撑的区域创新能力等多项指标位列全国第一，迈入全球创新型地区行列。本章对广东强化企业创新主体地位的成就、举措、经验及问题进行了分析。首先，分析广东创新发展的总体情况。其次，探讨广东强化企业创新主体地位的做法和经验。最后，指出广东强化企业创新主体地位需解决的若干关键问题。

第一节 从技术引进到全过程创新生态链

改革开放以来，广东充分利用产业国际分工机遇，发挥毗邻香港的优势，与美国、日本等发达经济体以及东盟等发展中经济体进行深度分工合作，通过融入全球产业分工体系推动制造业实现从加工组装、原始设备制造到自主品牌制造的产业链价值链升级转化[1]，形成了制造业门类齐全、市场空间广阔、应用场景丰富、生产能力强大的优势。特别是党的十八大以来，广东借助毗邻港澳的优势，紧紧围绕国家实施的“双区”建设，前海、横琴和南沙三个重大合作平台等重大战略布局，深入实施创新驱动发展战略，主动探索、积极作为，扎实推进粤港澳大湾区国际科技创新中心和更高水平科技创新强省建设，区域创新综合能力持续提升，在研发投入强度、PCT国际专利数量、万人有效发明专利拥有量等方面达到世界创新型国家和地区发展水平，在全国创新驱动发展中的地位、优势及支撑作用进一步突显。

一、区域创新综合能力位居全国第一

2021年，广东GDP超过12万亿元，同比增长8%，约占全国比重10.5%，连续33年位列国内第一；固定资产总额突破4.2万亿元，进出口总额达到8.3万亿元，有效发明专利数量、PCT国际专利申请数量持续保持居全国首位。广东经济总量按平均汇率计算达到1.93万亿美元，达到全球第十大经济体水平（见表5–1）。

[1] 陈志明：《中国企业融入全球创新网络的路径——知识获取与产品内分工整合的视角》，《科技管理研究》2022年第14期。

表5-1　2020、2021年广东GDP及其增速

地区	2020年GDP（万亿美元）	2021年GDP（万亿美元）	增速（%）
广东	1.6	1.93	8.0

数据来源：世界银行数据库等。

创新在广东经济发展中发挥着关键动力作用。广东区域创新综合能力连续五年名列全国第一。根据中国科学院大学中国创新创业管理研究中心发布的中国区域创新能力评价结果，2012—2016年，广东省区域创新能力保持名列全国第二。从2017年开始，广东区域创新能力开始超过江苏，位列全国第一，并且5年蝉联全国第一名（见表5-2）。在《2021中国区域创新能力评价报告》中，广东省在企业创新、创新绩效2个指标上排名全国第一，知识创造、知识获取指标排名全国第二，创新环境指标排名全国第二（见表5-3）。

表5-2　2012—2021年部分省区市域创新能力排名

区域	2012年	2013年	2014年	2015年	2016年	2017年	2018年	2019年	2020年	2021年
广东	2	2	2	2	2	1	1	1	1	1
北京	3	3	3	3	3	3	2	2	2	2
江苏	1	1	1	1	1	2	3	3	3	3
上海	4	4	4	4	4	4	4	4	4	4
浙江	5	5	5	5	5	5	5	5	5	5
山东	6	6	6	6	6	6	6	6	6	6
湖北	11	12	10	12	12	9	9	8	7	7
安徽	9	9	9	9	9	10	10	10	8	8
陕西	14	14	15	14	10	13	13	12	9	10
重庆	13	8	8	8	8	8	8	7	10	12
天津	7	7	7	7	7	7	7	9	15	15

数据来源：2012—2021年《中国区域创新能力评价报告》。

表5-3　2020年中国部分省区市域创新能力排名情况

地区	综合值排名	知识创造排名	知识获取排名	企业创新排名	创新环境排名	创新绩效排名
广东	1	2	2	1	2	1
北京	2	1	3	4	1	3
江苏	3	3	4	2	3	2
上海	4	4	1	7	6	4

续表

地区	综合值排名	知识创造排名	知识获取排名	企业创新排名	创新环境排名	创新绩效排名
浙江	5	5	7	3	4	5
山东	6	15	9	6	5	17

资料来源：《中国区域创新能力评价报告2021》。

从全国范围来看，广东创新发展多项指标都居全国首位（见表5-4）。比如，截至2021年底，国家级高新技术企业总数达6万家，总数、总收入、净利润等均居全国首位；有效发明专利数量位居全国第一；等等。

表5-4　广东多项创新指标处于领先地位

类别	代表指标	数据	说明
创新能力	区域创新能力	2021年，位居全国第一	2017—2021年保持位居全国第一
	全球创新指数	在世界前100科技集群排名中，深圳—香港—广州科技集群位居全球第二	2022年，中国创新能力位居世界第11
创新投入	研发投入强度	2021年，占GDP比重为3.22%	总量位居全国第一，强度位居全国省市第四，位于北京、上海、天津之后
	研发人员投入	2020年，全省R&D人员为117.5万人，其中工业企业R&D人员为91.1万人	
创新绩效及竞争力	科技进步贡献率	2020年，达到60%	
	先进制造业占规上工业企业比重	2021年，达到54.2%	
	高技术制造业占规上工业企业比重	2021年，达到29.9%	远超全国平均值（15%）
	新经济增加值及占比	2020年，达到2.7万亿元，占GDP比重达到25%	
	高新技术企业数量	截至2021年底，共有6万家	位居全国第一
	有效发明专利数量	截至2021年底，有效发明专利数量为43.96万件	连续11年位居全国第一
	万人高价值发明专利拥有量	2020年底，为13.5件	是全国平均水平（7.5件）的近2倍，珠三角地区是全国平均水平的3.35倍
	PCT国际专利申请数量	2021年，全年申请数量为2.61万件	连续19年居全国首位

资料来源：笔者整理。

从国际地位来看，以PCT国际专利申请数量和科学出版物为衡量科技创新的指标，2020—2022年，“深圳—香港—广州创新集群”连续三年位居全球科技集群第2（见

表5-5）。

表5-5　2022年全球顶尖科技集群前10名的基本情况

排名	集群名称	经济体	PCT申请量（件）	科学出版物（件）	在PCT申请总量中的份额（%）	在出版物总量中的份额（%）
1	东京—横滨	日本	122526	112890	10.7	1.6
2	深圳—香港—广州	中国	94340	133327	8.2	1.9
3	北京	中国	32016	260937	2.8	3.7
4	首尔	韩国	46273	124530	4.0	1.8
5	圣何塞—旧金山	美国	42884	58087	3.7	0.8
6	上海—苏州	中国	22869	148203	2.0	2.1
7	大阪—神户—东京	日本	34738	50605	3.0	0.7
8	波士顿—剑桥	美国	16172	73457	1.4	1.0
9	纽约	美国	13020	73623	1.1	1.0
10	巴黎	法国	14147	62793	1.2	0.9

数据来源：《2022年全球创新指数》。

二、建立形成创新型企业梯队

以规上工业企业、科技型中小企业为基础，通过政策引导、梯度培育、资金扶持、公共服务等手段，形成专精特新中小企业、专精特新“小巨人”企业、独角兽企业、制造业单项冠军企业到“链主”企业、高新技术企业、世界/中国500强企业的优质企业成长梯度体系。

（一）规上工业企业规模化发展

2020年，广东实有各类市场主体1384.85万户，超过全国的10%。2020年，广东规模以上工业企业超过5.56万家，其中制造业企业数量超过5万家，占全国规上制造业企业数量（37.3万家）的13.4%，均位居全国第一，比2015年末增加1.5万家，增长37.1%，年平均增长6.5%，占全国规上工业企业数量的比重也呈上升趋势（见图5-1）。广东规上工业企业主要集中于计算机、通信和其他电子设备制造业、电气机械和器材制造业、金属制品等制造业，年营业收入超百亿元、千亿元制造业企业数量分别达106家、9家。从利润总额来看，2020年广东全省规上制造业企业利润总额达8334.85亿元，占全国的14.9%；规模以上制造业企业全员劳动生产率从2015年的18.9万元/人提高到23.9万元/人，年均增长5.7%。

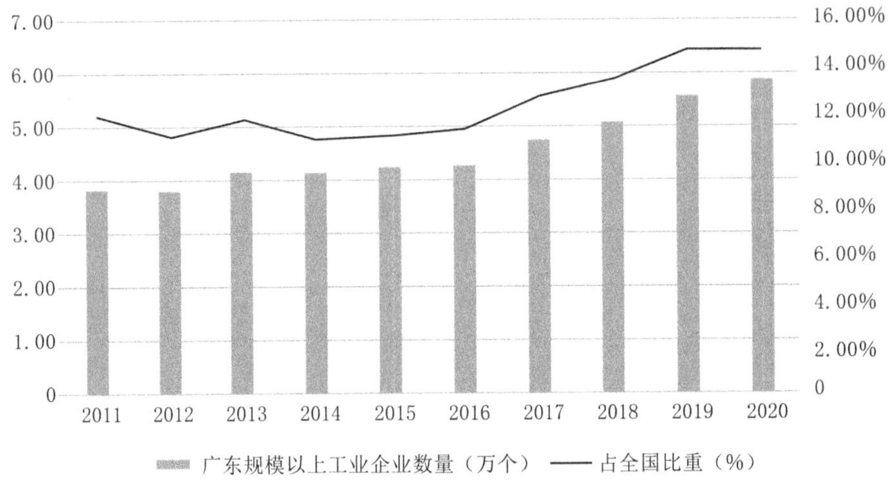

图5-1 广东规上工业企业数量及其占比变化情况

数据来源：中国统计年鉴和广东统计年鉴。

2015年6月，广东发布《广东省省级企业研究开发财政补助资金管理办法》相关申报通知，对于企业投入的研发费用（按可加计扣除口径）500万元以下的，按10%给予补助；超过500万元的，按5%给予补助；最高补助限额为500万元。该政策较好地激发了企业研发投入的积极性。2020年，全省高技术制造业R&D经费为1388.19亿元，投入强度（与营业收入之比）为2.77%，比上年提高0.19个百分点，同时，制造业企业创新发展综合能力也不断提升（见表5-6）。2021年，广东全省规上工业企业研究与试验发展经费达2500亿元，规上工业企业数量、规上工业企业营业收入、汽车产量、工业机器人产量、4K电视产量、国家制造业创新中心数量、5G基站数等多项指标居全国第一。

表5-6 2018—2020年广东省规模以上工业企业创新发展的基本情况

指标	2018年	2019年	2020年
企业基本情况			
有R&D活动的企业数（个）	16570	20922	23081
有R&D活动的企业所占比重（%）	32.77	37.78	39.50
R&D活动情况			
R&D人员全时当量（万人年）	62.20	64.25	70.00
R&D经费支出（亿元）	2107.20	2314.86	2499.95
R&D经费支出与主营业务收入之比（%）	1.50	1.58	1.67
R&D项目数（项）	76985	106340	132120
R&D项目经费支出（亿元）	2098.17	2375.75	2566.01

续表

指标	2018年	2019年	2020年
企业办R&D机构情况			
机构数（个）	21740	25891	28262
机构人员数（万人）	92.68	103.63	108.99
机构经费支出（亿元）	3194.53	3913.48	4274.02
新产品开发及生产情况			
新产品开发项目数（个）	121523	146954	166140
新产品开发经费支出（亿元）	3336.70	3864.98	4127.13
新产品销售收入（亿元）	39376.06	42970.06	44313.05
#新产品出口（亿元）	10289.14	11846.14	13132.99
专利情况			
专利申请数（件）	241700	272616	305665
#发明专利（件）	103499.00	121320.00	127497.00
有效发明专利数（件）	328467	375515	435509

数据来源：《广东统计年鉴2021》。

（二）科技企业数量快速增长

2021年，广东省科技型中小企业数量达56555家，比上年增长53%，成为打造新发展格局的重要力量。以企业为主体的区域创新体系有利于推动小微科技企业向高新技术企业加速蝶变。广东近年来在A股上市的企业中，八成以上是高新技术企业，在6万家高新技术企业中，在国内A股上市的企业超过600家；入国家库的科技型中小企业超3.7万家，占全国的18.69%。广东实施科技型企业家职称评审直通车制度，共有83家企业175名企业家获评高级职称，推动企业家成为科技创新发展的引领者、探索者和组织者。近年来，广东涌现出华为、腾讯、中兴、比亚迪、大疆等创新型知名企业，集中于电子信息、生物与新医药、航空航天、新材料、新能源与节能、资源与环境、先进制造与自动化等制造行业。

（三）高水平创新型企业不断涌现

截至2022年1月，广东累计培育了2704家省级专精特新企业[1]和429家国家级专精特新“小巨人”企业[2]。截至2021年11月，全国已累计遴选六批次单项冠军，共有超

[1] 广东专精特新企业高度集中在制造业，占比超过90%，涉及高端装备、医药生物、化工材料、新能源、新一代电子信息等领域。

[2] 《广东累计培育429家国家级专精特新“小巨人”企业》，《南方网》2022年6月28日，https：//news.southcn.com/node_35b24e100d/2c3c483bc9.shtml。

800家制造业单项冠军企业，其中广东有37家（见表5-7）。

表5-7 部分省份制造业单项冠军数量

地区	单项冠军数量（家）	单项冠军产品数量（项）
浙江	91	58
山东	109	36
江苏	57	65
广东	37	48
北京	17	21
福建	18	16
河南	19	12
上海	9	18
湖南	4	22
湖北	11	14
辽宁	13	11
安徽	16	6

数据来源：中国工业和信息化部。

2021年，广东高新技术企业和科技型企业快速增长，其中高新技术企业数量达6.0万家，同比增长12.20%（见图5-2）。全省新增上市高新技术企业数量及IPO募资额度大幅增长。新增上市高新技术企业84家，同比增长50%。全省新增上市高新技术企业IPO募资金额达571.02亿元，同比增长23.67%。

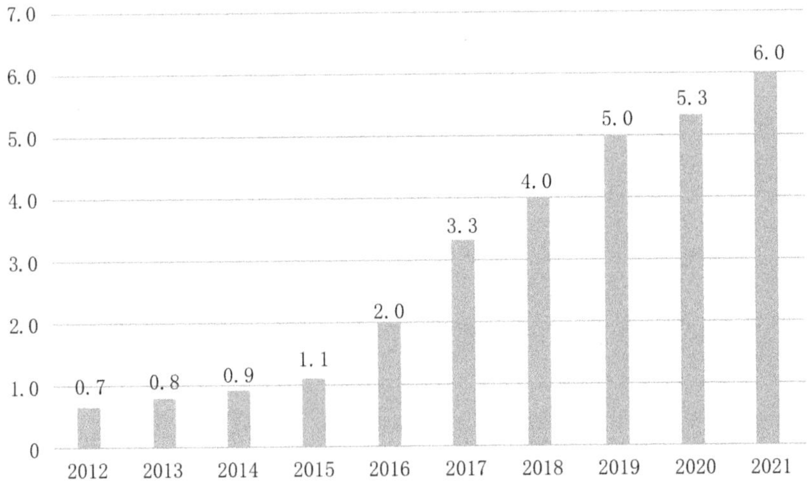

图5-2 2012—2021年广东省高新技术企业数量（单位：万家）

数据来源：历年广东省国民经济和社会发展统计公报。

2021年，广东进入世界500强的企业有17家，包括平安保险、正威国际、华为投资、腾讯控股、招商银行、万科企业、中国电子、深圳投控、比亚迪、顺丰控股、南方电网、广汽工业、广州建筑、广州医药、碧桂园、美的集团、格力电器。其中制造业企业有华为投资、中国电子、正威国际、广汽工业、美的集团、广州医药、格力电器、比亚迪8家。在A股、中概股、港股、科创板、新三板、新四板等资本市场上市制造企业数量达到1192家，高于江苏省（678家）、山东省（455家）、浙江省（971家）和福建省（163家）。

（四）“三足鼎立”企业创新发展格局

麦肯锡全球研究院发布的《中国创新的全球效应》报告，将中国创新型企业划分为四类，分别是客户中心型、效率驱动型、工程技术型、科学研究型[1]。总体而言，广东企业创新多为市场推动型创新，效率驱动型创新更多地表现为集成创新。可将广东创新型企业进一步划分为市场创新拉动型（客户中心）、集成创新推动型（包括工程技术、效率驱动）和研发创新驱动型（科学研究驱动）[2]（见图5-3）。其中，市

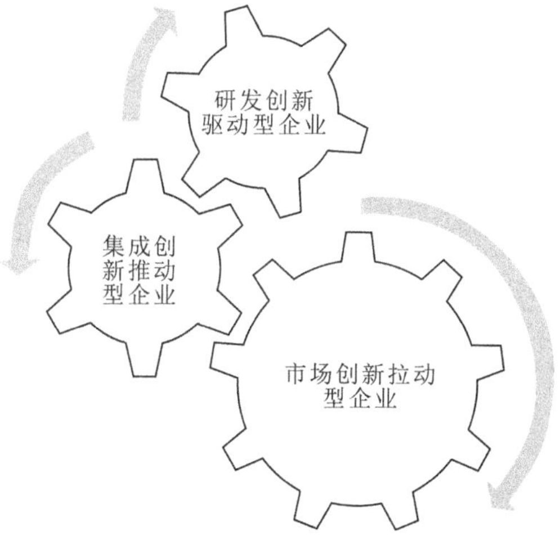

图5-3 “三足鼎立”的企业创新发展格局

资料来源：蒋斌、王珺：《广东2035：发展趋势与战略研究》，北京：社会科学文献出版社，2018年。

[1] 麦肯锡全球研究院：《中国创新的全球效应》，2015年7月。在《中国创新的全球效应》中，麦肯锡将中国各个行业的创新划分为四大原型：科学研究型、工程技术型、客户中心型以及效率驱动型。其中，科学研究型创新是指通过基础性研究成果的商业化来开发新产品，工程技术型创新是指通过整合供应商与合作伙伴的技术来设计开发新产品，客户中心型创新是指通过产品和业务创新来解决客户问题，效率驱动型创新是指通过生产环节的优化来降低成本、缩短生产时间、提升质量。

[2] 蒋斌、王珺：《广东2035：发展趋势与战略研究》，社会科学文献出版社，2018。

场创新拉动型企业占主体，集成创新推动型企业成为新兴的创新力量，研发创新驱动型企业开始涌现。不同类型的创新型企业聚焦于不同的创新领域，在研发、生产、商业、孵化四个方面不断创新，涌现出许多新模式、新业态、新企业，利益各方多赢的生态圈逐步建立，努力实现从“汲取创新”到“引领创新”转变。

1.市场创新拉动型企业：更好满足客户和消费者需求。围绕客户和消费者需求，通过产品、业务和流程创新创造新产品、新流程，与上下游及同行合作适应乃至满足客户和消费者需求，提高用户体验，掌控品牌、标准等价值链高端环节，进而形成市场竞争优势。一是以市场需求为导向开展创新活动。比如，大疆创新科技有限公司利用来自深圳产业生态系统的设计和制造能力，专注于能够形成差异化竞争力的核心技术，如可以改善操控性的操作系统等，其他环节则与产业链上下游企业实现价值共创，如免费推出软件开发套件，让开发员和程序员能在其平台上加入3D地图、实时视频传输等新应用。广州成至智能公司从做大疆的代理商起步，以无人机为平台，抓住公安、消防等领域无人机载荷产品需求，逐步通过技术投入自主研发了数字语音广播系统、矩阵照明灯、云台探照灯、排爆机械臂等无人机任务载荷产品。目前，该公司研发人员占比超过50%，拥有数十项国家发明及实用新型等知识产权，在全球40个国家发展了100多个代理商，创建了细分领域世界领导品牌。二是建立成本与质量双重优势。比如，深圳传音控股股份有限公司已发展成为全球新兴市场具有品牌影响力且受消费者喜爱的智能终端产品和移动增值服务提供商。传音公司坚持多元化市场战略以及本地化创新、差异化产品策略，与竞争对手、当地政府、经销商、消费者紧密合作，通过建立创新联盟、股权投资等方式研发了HiOS、itelOS和XOS等智能终端操作系统，创立ile数码配件品牌Oraimo、家用电器品牌Syinix以及售后服务品牌Carlcare等，打造覆盖70多个国家的全球手机产品体系，实现市场规模快速增长。2020年，传音公司营业收入高达378亿元，比2019年增长49.1%[1]。传音公司在全球布局研发中心，根据非洲等地区中高端、年轻用户需求，推出了TECNO和itel等备受非洲市场欢迎的品牌[2]。TECNO手机价格仅几十美元，是诺基亚/三星售价的50%左右。三是以客户和消费者需求为导向实现产业链上下游价值共创。美的集团在数字化转型方面走在了家电行业的前列。2015年，美的集团提出“智能制造+工业机器人”的“双智”战略，与日本安川电机合资研发服务机器人和工业机器人；2017年，美的

[1] 陈志明：《中国企业融入全球创新网络的路径——知识获取与产品内分工整合的视角》，《科技管理研究》2022年第14期。

[2] 《“手机出口王”的非洲传奇》，《南方日报》2016年7月22日，http://finance.china.com.cn/roll/20160722/3823539.shtml。

集团把握机遇，以292亿元的价格收购德国工业机器人巨头库卡公司94.55%的股份，进而掌握了控制、驱动和仿真领域的开发能力；同年，美的集团收购以色列高创公司（Servotronix），实现向运动控制和伺服电机等“根技术”深钻；2016年以来，美的公司主导建设了广州南沙工业园，将智能制造专业化优势向产业链上下游企业辐射，构筑创新价值生态圈[1]。

2. 集成创新推动型企业：依托制造业生态系统的优势聚焦工艺和效率提升。积极应用新一代信息技术、数字技术及平台推动转型升级，对各个创新要素和创新内容进行选择、优化和系统集成，以此更多地占有市场份额，创造更大的经济效益[2]。一是数字赋能提升生产效率。比如，广东格兰仕微波炉电器制造有限公司投资1.37亿元开展工业4.0微波炉智能制造技术改造项目，实现单线6.7秒生产出1个微波炉腔体，具备年产1100万台微波炉的能力。广东美的暖通设备有限公司通过智能生产设备、大数据平台等核心硬件与软件平台的深度集成，形成从用户下单到产品出货的连贯数据流，打造出基于工业大数据分析的数字化智能化工厂，产能提升38%，营收增长38%，运营成本降低60%，能耗降低6%。广东科达液压技术有限公司构建全流程管控的数字化体系，全线贯通生产经营过程中的信息流、资金流、物资流，提升了产品产能，保证了生产质量，提升了产品竞争力，科达液压班日产量提升20%以上，成品一次装试合格率达98.55%。二是构建信息系统，实现研发、设计、生产、市场高效集成。以家具行业为例，成立于2004年的尚品宅配，是广州尚品宅配家居用品有限公司的旗下品牌，它是一家强调依托高科技创新迅速发展的家具企业。在家具定制时代，作为中国定制家具的第一品牌，尚品宅配“全屋家具、顾客化定制、数码（云）设计、大规模生产、店网一体化”五行合一的新商业模式引发行业定制革命（见图5-4）。其中，在生产模式上，尚品宅配利用信息技术改造生产设备、提高设计能力、优化生产过程、改进管理模式，建立企业“大规模定制生产系统”，最大限度地满足顾客的个性化需求，从而实现“客户需要什么，我们就设计什么、生产什么”。

[1] 陈志明：《中国企业融入全球创新网络的路径——知识获取与产品内分工整合的视角》，《科技管理研究》2022年第14期。

[2] 王国红、邢蕊、林影：《基于社会网络嵌入性视角的产业集成创新风险研究》，《科技进步与对策》2011年第2期。

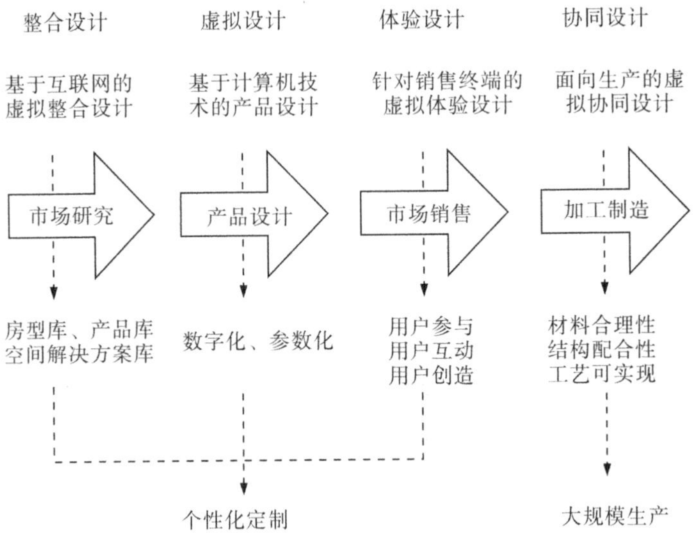

图5-4 尚品宅配的个性化定制及大规模生产模式

资料来源：尚品宅配公司。

3.研发创新驱动型企业：依托规模和开放优势推动科技成果转化。利用互联网、大数据等智能化手段，通过产学研深度融合等方式，结合中国市场优势与产业化优势，将科研成果转化为现实生产力，企业亦有可能在部分领域成为领跑者。一是以新型研发机构为平台孵化研发型企业。比如，深圳清华大学研究院集应用研发、人才培养、投资孵化、产业合作等功能板块于一体，促进大量科研成果不断走向市场。创建20年来，深圳清华大学研究院已累计孵化高研发投入企业2500多家，培育上市科技公司22家。清研环境科技股份有限公司是深圳清华大学研究院孵化的国家高新技术企业和国家级专精特新“小巨人”企业之一，聚焦市政污水、村镇污水及工业有机废水治理等领域，已成为污水处理创新技术装备化变革的引领者[1]。二是融入全球创新网络，掌握产业链核心技术。比如，中山明阳风电公司通过离岸创新方式与Aerodyn旗下子公司合作，获得1.5兆瓦风力发电机组核心技术相关知识产权；以此为基础，明阳风电公司与瑞士ABB、德国西门子、清华大学等知名企业和高校，以及ECN（荷兰的国家级能源实验室）、DNVGL（德国劳埃德船级社）、Fraunhofer（德国弗劳恩霍夫应用研究促进协会）、Romax（世界顶级传动链设计商）等国际知名机构开展科研合作，掌握气动弹性力学研究、齿轮箱设计、传动链系统设计、复杂地形风资源测算、

[1] 《打造产学研深度融合典范，这家“清华系”公司7年多完成上市》，《深圳特区报》2022年6月14日，https：//www.dutenews.com/shen/p/6830522.html。

先进控制策略开发等风电领域前沿技术，推动企业从传统生产低端环节向全球兆瓦级通用风机设计、高端制造及服务等产业链核心环节转型升级[1]。

三、企业创新支撑高质量发展

2012年，广东省研发经费投入1250亿元，占GDP比重为2.17%。2019年，广东省研发经费投入首次突破3000亿元，占GDP比重达2.88%。2021年，广东全社会研发（R&D）经费投入4002.2亿元，同比增长15.0%，约占全国的14.3%，位列全国第一，超过第二位江苏省563.6亿元，研发经费投入强度（R&D/GDP）从2015年的2.43%提高到3.22%（见表5-8）。各类企业R&D经费支出3470.6亿元，占全社会研发投入比重为86.7%。

表5-8 2015—2021年广东全社会研发投入总体情况

指标	2015年	2016年	2017年	2018年	2019年	2020年	2021年
全社会研发投入（亿元）	1798.2	2035.1	2343.6	2704.7	3098.5	3479.9	4002.2
研发投入增长（%）	—	13.2	15.2	15.4	14.6	12.3	15
研发经费投入强度（%）	2.43	2.52	2.61	2.78	2.87	3.14	3.22
全社会基础研究经费投入（亿元）	54.0	86.0	109.4	115.2	142.0	204.1	274.2
全社会基础研究经费投入占研发经费比重（%）	3.0	4.23	4.67	4.3	4.6	5.9	6.9

资料来源：2018—2021年数据根据广东科技统计公报和中国科技统计公报整理，2015—2017年数据根据广东统计年鉴整理。两个数据统计口径略有差异。

如表5-8、图5-5所示，从投入结构来看，广东基础研究投入经费迈入百亿水平，全省全社会基础研究经费投入从2015年的54亿元增长至2021年的274.2亿元，占全社会研发经费比重从3%增长至6.9%，同比提升1个百分点，为提升基础研究与应用基础研究能力奠定了基础。广东构建起国家联合基金、省重大项目、省内联合基金、省杰青与面上项目四大板块基础与应用基础研究资助体系，形成了从10万元到上亿元的基础研究“金字塔”支持格局。广东引导、鼓励企业支持并参与基础研究，试点设立每年捐赠1000万元的广东省—温氏集团联合基金项目，探索形成企业捐资支持基础与应用基础研究的“广东模式”。

[1] 陈志明：《中国企业融入全球创新网络的路径——知识获取与产品内分工整合的视角》，《科技管理研究》2022年第14期。

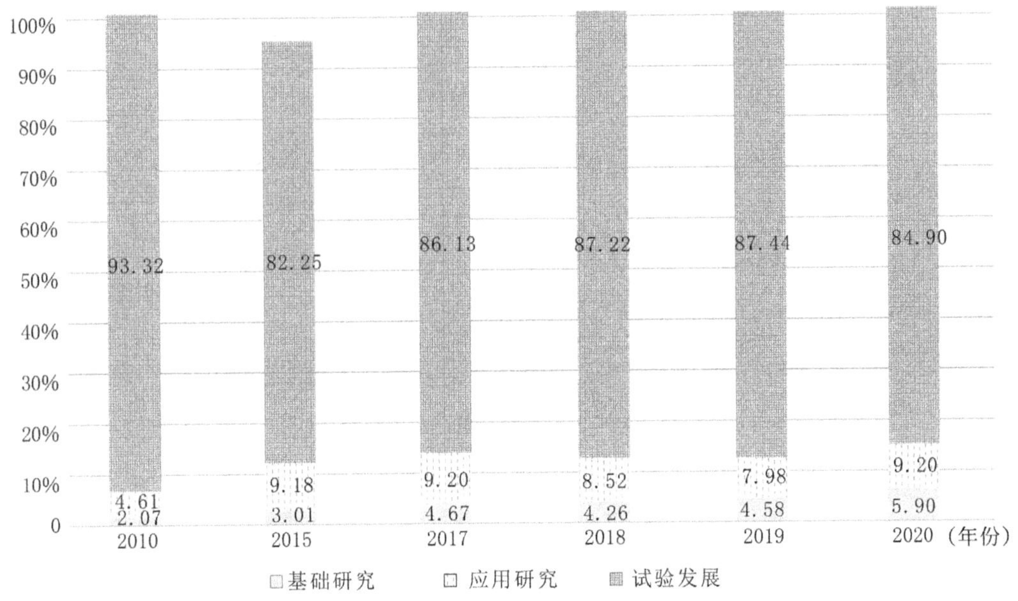

图5-5　2010—2020年广东全社会研发投入结构变动情况

数据来源：《广东统计年鉴2020》。

技术改造与技术研发是广东工业企业研发投资的重点。2018—2020年，广东规上工业企业技术获取和技术改造方面研发投入占比不断提升（见表5-9）。2020年，高技术制造业R&D经费达1388.19亿元，投入强度（与营业收入之比）为2.77%，比上年提高0.19个百分点，与此同时，制造企业创新发展综合能力也不断提升。根据《2021年欧洲产业研发投资记分牌》报告，2021年，华为研发投入达到1427多亿元，位居全球第二，近10年累计研发资金超过8450亿元，拥有700多个数学家、800多个物理学家、120多个化学家，6万多名产品研发人员，另有15000人从事基础研究[1]；腾讯、中兴通讯也进入全球研发2500强（见表5-10）。

[1]　《华为去年研发投入1427亿元全球第二》，《深圳特区报》2022年03月29日，https：//sztqb.sznews.com/MB/content/202203/29/content_1180112.html.

表5-9　2018—2020年广东规上工业企业技术获取和技术改造情况

指标	2018年	2019年	2020年
技术获取和技术改造总支出（亿元）	775.68	969.08	1116.92
技术获取和技术改造总支出占规上企业R&D经费支出比重（%）	37	42	45
引进国外技术经费支出（亿元）	157.39	142.55	211.15
引进技术消化吸收经费支出（亿元）	2.13	2.16	2.99
购买国内技术经费支出（亿元）	163.28	259.74	233.89
技术改造经费支出（亿元）	452.88	564.63	668.89

数据来源：《广东统计年鉴2021》。

表5-10　《2021年欧洲产业研发投资记分牌》榜单前100名中的广东企业

全球排名	公司	产业	2020年研发支出（亿欧元）	研发投入比上年增速（%）	研发投入强度（%）
3	华为	技术硬件和设备	174.6	6.7	15.7
46	腾讯	软件和计算机服务	48.6	28.3	8.1
95	中兴通讯	技术硬件和设备	18.6	14.7	14.7

2021年，全省先进制造业、高技术制造业增加值占规模以上工业企业增加值比重分别达54.2%和29.2%（见图5-6）。2020年，以新一代信息技术等为代表的新经济增加值达到2.7万亿元，占GDP比重高达25%，高新技术产品产值达7.1万亿元，珠三角核心区产业集聚发展明显，初步形成珠江东岸电子信息产业、珠江西岸装备制造业、广佛汽车产业等多个特色鲜明、市场竞争力较强的产业集聚区。5G相关企业1600多家，拥有华为、中兴、海格通信等5G行业龙头企业，初步形成了全球最大的5G产业集聚区。2021年，新一代电子信息等十大战略性支柱产业集群实现增加值同比增长16.9%，智能机器人等十大战略性新兴产业集群合计企业数超9.3万家，营收超万亿元，增加值达2608亿元，增加值同比增长22.3%，形成电子信息、绿色石化、智能家电、先进材料等7个万亿级产业集群，已成为全球重要制造业基地。

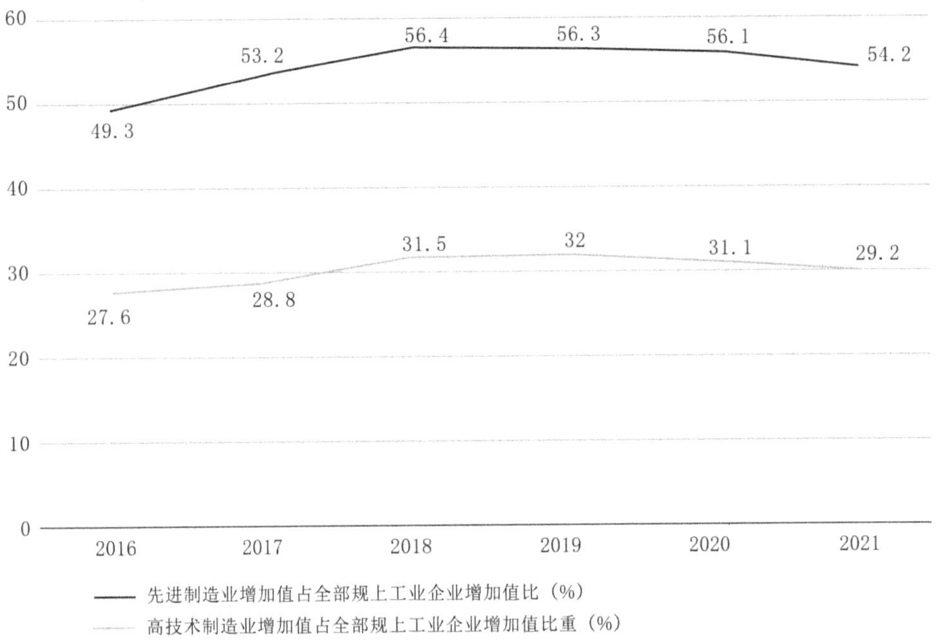

图5-6 广东先进制造业、高技术制造业增加值占比变化

数据来源：《2016—2021年广东国民经济和社会发展统计公报》。

四、贸易全球化与创新国际化

高度国际化是广东企业发展的独特特征。近年来，广东企业不惧竞争，积极参与全球价值链的分工合作，改变传统以商品贸易为主的单一国际化形式，部分企业主动在全球范围内寻找新的创新点，积极实践全球创新开发、全球创新生产、全球技术合作等各类创新价值链深度合作模式，在产品技术与质量标准、技术人才培育与评价、技术解决方案等领域积极掌控国际话语权、提高国际影响力。

一是全省制造业“引进来”的吸引力和“走出去”的竞争力不断提高，促进国内国际双循环发展。2021年，广东高新技术产品进出口总额占全国比重为30%，进口额、出口额均位居全国首位，高新技术产品出口额占全省外贸出口额的比重在34%以上（见表5-11）；制造业实际使用外商直接投资额占全省实际使用外商直接投资额的比重在20%以上，制造业对外投资额占全省对外投资额的比重达到12%；引进了湛江巴斯夫、惠州埃克森美孚等一批投资百亿美元的外资高端制造业。从贸易结构来看，广东加工贸易占比逐年下降，一般贸易占比不断提升，2020年达52.64%，体现了广东制造业在全球产业中地位不断上升，形成深度嵌入全球产品内分工的产业特征（见

图5-7）。

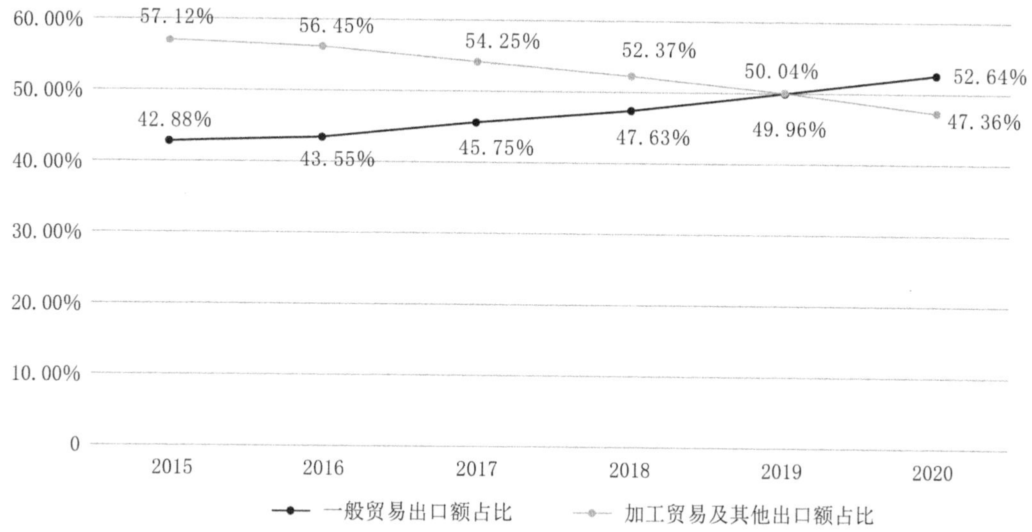

图5-7　2015—2020年广东按贸易类型分工的出口结构

数据来源：《广东统计年鉴2021》。

表5-11　全国及部分省市高新技术产品进出口总额（单位：亿元）

地区	2016年		2017年		2018年		2019年		2020年		2021年	
	出口	进口	出口	进口	出口	进口	出口	进口	出口	进口	出口	进口
全国	39876	34618	45150	39501	49374	44340	50427	43978	53692	47160	63266	54088
广东	14095	12520	14605	13699	15452	15905	15131	15300	15038	15312	17150	17764
江苏	7718	5200	9338	6426	10126	7288	9947	6594	10223	7263	11286	7960
浙江	1112	528	1260	691	1408	—	1605	—	2028	—	2720	—
上海	5220	5134	5697	5715	5742	5821	5647	6315	5782	6936	6052	7434

数据来源：笔者根据全国及各省市年度统计公报数据整理。

二是国际市场需求压力对企业创新形成倒逼机制，促使与国际市场联系紧密的本地企业的产品质量、技术以及资源整合能力等不断提高。广东制造企业在日益激烈的国际竞争中，不断积累相关经验，培育创新能力，逐步从简单模仿向自主创新研发转变，采取并实施了包括跨国并购、加强跨国研发合作、设立海外研发机构等全球创新方式。

在跨国并购方面，从2008年开始，美的集团开启系列并购，连环入股东芝、Clivet、库卡等国际企业；2012年，广东原点机床科技有限公司与瑞士NUM集团在瑞士共建研发中心；2020年，格兰仕也继在英国、法国设立销售支点后，在德国设立全资子公司，主攻产品研发；2017年，星徽精密完成对意大利CMI集团的并购等。

在跨国研发合作方面，积极融入全球创新网络。比如，佛山隆深机器人有限公司是一家专业从事工业机器人系统集成、非标自动化设备及整线设计制造、机器人本体销售、控制器研发、工业数据采集及提供整厂智能制造服务的技术型高新企业，具有智能核心零部件、软件、机器人本体、集成系统的自主研发设计生产能力。隆深机器人有限公司采取全球开放合作的创新理念，与全球五大机器人品牌之一的日本川崎机器人公司合作成立合资公司，在顺德建设“川崎（佛山）隆深机器人产业园年产6000套机器人及智能化集成基地项目”，合作研发及生产SCARA机器人、冲压专用机器人。与川崎的合作大大提升了隆深机器人有限公司的技术水平。该公司通过在智能数据采集、MES软件服务、机器人系统集成、整厂自动化等领域的技术积累，其产品和解决方案已广泛应用于家电、教育、汽车、3C、食品饮料、锂电池、家具陶瓷、锻铸等领域。

在设立海外研发机构方面，华为技术有限公司从2011年开始在巴西、波兰、德国等11个国家设立正式的、公司主导的分支研发中心，与全球范围内的高校、研究机构及企业开展创新合作。截至2019年6月，华为已与全球300多所高校、900多家研究机构和公司合作，实施了7840个项目，投资18亿美元，签署对外付费的研发合作合同1000多份[1]。

五、企业创新产出建立规模优势

从20世纪80年代的“珠江水、广东粮、岭南衣、粤家电”[2]发展到现在的汽车、智能手机、无人机、机器人等，广东工业产品结构不断升级，产品层次不断提高，知识产权化、技术标准化、品牌化以及科技成果转化水平不断提升。

关键核心技术突破情况：在集成电路、工业软件、高端设备等领域，部分制造企业取得重要突破性创新成果，推动关键核心技术以及国产化替代，如广州粤芯实

[1] 陈志明：《中国企业融入全球创新网络的路径——知识获取与产品内分工整合的视角》，《科技管理研究》2022年第14期。

[2] 20世纪80年代顺德的家电产业在全国率先引入香港的同类产品设计理念，使其在产品功能、产品款式上远远领先于当时内地企业的同类产品，造就了持续10多年的“粤货北伐”风潮；佛山在20世纪及90年代有几百家生产音箱、功放的视听电子企业，向上溯源，其主要管理和技术团队基本上都能追溯到佛山地区最早的三家国有无线电厂。“珠江水、广东粮、岭南衣、粤家电”形象概括了广东在饮料、食品、服装和家电这四大产业领域的竞争优势。

现量产，基于国产8K技术标准的媒体终端芯片实现全球行业领先、人工智能领域研发出首款双核深度计算SOC芯片等。2021年，全省36个通用项目获2020年度国家科学技术奖，其中22项广东企业参与的项目获奖，含一等奖2项、二等奖20项，占比高达61.1%。专精特新突破“卡脖子”技术难题，细分领域实现创新突围，比如，全世界最轻的无人机总重20克，全电动注塑机节省七成用电，五轴联动高端数控机床研制成功，比亚迪半导体股份有限公司在用功率器件等领域实现顶尖技术国产化等。

知识产权情况：2021年，广东专利授权量为87.2万件，其中发明专利授权量为10.3万件，包括实用新型48.4万件，外观设计28.5万件，来自企业的为65.1万件，占比达到74.6%（见表5-12）。从2012年起，广东专利来自企业的占比超过50%，达到55.6%，至2021年，占比达到74.6%，在创新成果产出中的主体地位进一步突出。2021年，广东规模以上工业企业年度专利授权量达到20.22万件，同比增长35.14%，高新技术企业年度专利授权量达到24.35万件，同比增长35.77%。中国年度发明专利授权量排名前10的国内企业中，有6家来自广东，包括华为技术有限公司、OPPO广东移动通信有限公司、珠海格力电器股份有限公司、维沃移动通信有限公司、中兴通讯股份有限公司等。

表5-12 广东历年专利授权情况

年份	小计	专利类型构成						专利权人构成									
		发明		实用新型		外观设计		企业		大专院校		科研单位		机关团体		个人	
		件	%	件	%	件	%	件	%	件	%	件	%	件	%	件	%
1985—2011	702829	63420	9.0	246448	35.1	392961	55.9	303646	43.2	10413	1.5	4855	0.7	6161	0.9	377754	53.7
2012	153598	22153	14.4	65946	42.9	65499	42.6	85375	55.6	3084	2.0	1555	1.0	2357	1.5	61227	39.9
2013	170430	20084	11.8	77503	45.5	72843	42.7	92717	54.4	4241	2.5	1644	1.0	774	0.5	71054	41.7
2014	179953	22276	12.4	83202	46.2	74475	41.4	104193	57.9	4300	2.4	1786	1.0	766	0.4	68908	38.3
2015	241176	33477	13.9	105254	43.6	102445	42.5	141112	58.5	6539	2.7	2678	1.1	1434	0.6	89413	37.1
2016	259032	38626	14.9	118157	45.6	102249	39.5	163744	63.2	7409	2.9	2452	0.9	1787	0.7	83640	32.3
2017	332648	45740	13.8	169017	50.8	117891	35.4	240974	72.4	9010	2.7	3079	0.9	1542	0.5	78043	23.5
2018	478082	53259	11.1	268508	56.2	156315	32.7	372649	77.9	13827	2.9	3641	0.8	1579	0.3	86386	18.1
2019	527389	59742	11.3	282740	53.6	184907	35.1	410969	77.9	14983	2.8	3802	0.7	3558	0.7	94077	17.8
2020	709725	70695	10.0	380882	53.7	258148	36.4	525742	74.1	19919	2.8	4916	0.7	4069	0.6	155079	21.9
2021	872209	102850	11.8	484320	55.5	285039	32.7	650660	74.6	24291	2.8	5992	0.7	5201	0.6	186065	21.3
合计	4627071	532322	11.5	2281977	49.3	1812772	39.2	3091781	66.8	118016	2.6	36400	0.8	29228	0.6	1351646	29.2

数据来源：广东省统计局。

5G产业发展全球领先，2021年，省内通信龙头企业的5G标准必要专利数量占全球比重超过25%，广东PCT专利占全国比重接近38.2%（见表5-13）。

表5-13 广东PCT专利申请占全国比重

年份	全国		广东		广东占全国比例（%）
	数量（件）	增长率（%）	数量（件）	增长率（%）	
2002—2011	57312	—	29477	—	51.43
2012	18145	12.78	9211	3.02	50.76
2013	20897	15.17	11525	25.12	55.15
2014	24007	14.88	13332	15.68	55.53
2015	28399	18.29	15190	13.94	53.49
2016	42173	48.50	23574	55.19	55.90
2017	47492	12.61	26830	13.81	56.49
2018	51893	9.27	25256	-5.87	48.67
2019	56796	9.45	24725	-2.10	43.53
2020	66948	17.87	28098	13.64	41.97
2021	68338	2.08	26079	-7.19	38.16
合计	482400	—	233297	—	48.36

数据来源：广东省统计局。

技术标准、品牌和成果转化。标准化战略资金的引导作用，鼓励广大行业协会、商会制定实施高质量团体标准，并支持大型民营企业、创新型企业参与国家标准、行业标准研制。截至2020年底，广东拥有国家“质量标杆”企业总数达到36个，数量居全国第一；截至2022年11月，全省企事业单位主导或参与修订国际、国家、企业和行业标准分别达到3037项、1.01万项、6389项、2972项。广东省在全国团体标准信息平台上共注册社会团体610个，制定团体标准2599项。广东企业在国际标准制定方面也取得了不俗的成绩。比如，家电领域，2022年，对由珠海格力电器公司牵头提出的两项压缩机国际标准——《容积式制冷压缩机性能评价》（ISO 18501）、《离心式制冷压缩机性能评价》（ISO 18483），国际标准化组织（ISO）制冷压缩机分委会（ISO/TC 86/SC4）高票通过立项。这两个项目成功立项，实现了中国制冷行业在国际标准化工作上零的突破，彰显了中国在制冷压缩机领域的技术实力，更为中国制造登上世界舞台增添了话语权。格力电器目前已拥有三缸双级变容积比压缩机、磁悬浮离心压缩机等35项国际领先技术。在标准引领下，广东制造业产品质量合格率基本保持在93%以上，2家制造业企业获得中国质量奖，10家企业获得中国质量奖提名奖。

根据2021年凯度BrandZ™最具价值全球品牌100强排行榜，广东有腾讯、华为和平安3家公司上榜。根据2022年世界品牌实验室发布的《中国500最具价值品牌》分析报告，广东有80个品牌入选中国品牌500强（见表5-14）。从产学研成果转化来看，广东积极打通科技成果转化“高速路”。2021年，全省全年共认定登记技术合同42961项，合同成交额约4290亿元，增幅继续超20%，其中技术交易额约3240亿元，增长52.5%，继续保持全国第二。

表5-14 《中国500最具价值品牌》中的广东品牌

序号	排名	品牌名称	序号	排名	品牌名称	序号	排名	品牌名称
1	4	腾讯	28	196	华侨城	55	341	索菲亚
2	10	华为	29	202	新中源陶瓷	56	347	欧派
3	13	中国平安	30	210	南方周末	57	358	万力轮胎
4	26	中国南方电网	31	217	广汽传祺	58	365	合生元
5	32	美的	32	221	博德BODE	59	366	真我realme
6	33	格力	33	222	潮宏基	60	371	慕思
7	39	招商银行	34	236	海天	61	372	汤臣倍健
8	56	海王	35	239	白云山	62	374	皇朝家居
9	89	豪销	36	251	OPPO	63	380	厨邦
10	106	马可波罗瓷砖	37	268	欧普照明	64	383	格莱斯瓷砖
11	120	南方日报	38	274	嘉宝莉	65	386	洁柔
12	129	广州日报	39	278	vivo	66	388	大将军瓷砖
13	131	TCL	40	279	巴德士	67	389	亿合
14	134	万科	41	284	箭牌	68	390	21世纪经济报道
15	138	金龙鱼	42	287	荣耀	69	394	喜之郎
16	139	顺丰速运	43	290	万家乐	70	408	飞亚达
17	145	冠珠瓷砖	44	296	万和	71	409	广州酒家
18	150	创维	45	304	易方达基金	72	415	珠江
19	154	南方都市报	46	306	维达	73	421	惠万家瓷砖
20	156	碧桂园	47	309	唯美L&D瓷砖	74	423	天王
21	158	羊城晚报	48	310	萨米特瓷砖	75	433	健将
22	173	大疆	49	315	FSL佛山照明	76	435	齐心集团
23	174	蒙娜丽莎瓷砖	50	318	周六福	77	449	亿纬锂能
24	176	雷士照明	51	331	穗宝	78	452	蓝月亮
25	182	广发银行	52	334	迈瑞	79	466	长安瓷砖/岩板
26	183	保利地产	53	338	华帝	80	468	金六福吉祥
27	184	温氏	54	339	巴德富			

资料来源：2022年世界品牌实验室发布的《中国500最具价值品牌》。

综上所述，经过40多年的发展，广东已成为经济大省、制造大省、外经贸大省，产业发展深度嵌入全球产业链分工体系，企业创新主体地位与工业，特别是制造业的发展特征相匹配，在群体性、创新性、价值性等维度独具特色。通过深入实施创新驱动发展战略，以创新为主要引领和支撑的经济体系与发展模式深入发展，广东企业创新主体地位不断提升，自主创新力不断增强，实现了从代理、代工到自主产品、自有技术和自有品牌的转变。

第二节 产业链创新链有机融合及其做法

改革开放以来，广东在全球经济发展和科技革命浪潮中发挥毗邻港澳和市场化程度高优势，在工业化不断深化过程中，坚持改革开放，坚持科技创新和制度创新双轮驱动，加快推动经济产业发展从成本优势、规模优势向创新优势转型，构建“基础研究—应用研究—科技成果产业化—科技金融—人才支撑”的全过程创新生态链，通过开放合作、平台和基础设施建设、资源配置、数字化技术赋能、体制机制改革等措施持续强化企业创新主体地位，促进创新链和产业链有机融合和全面贯通，为建设具有全球影响力的科技和产业创新高地奠定了坚实基础。

一、深化开放合作创新，拓展企业成长空间

作为中国改革开放的排头兵和先行地，广东在创新发展过程中充分整合和利用国际国内两个市场、两种资源，推动技术、人才、金融资本、知识等各类创新要素向企业集聚，特别是向民营企业集聚，形成并不断拓宽企业创新和成长空间。“开放”因而成为广东强化企业创新主体地位的突出特征之一。

一是开放整合利用国际产业和创新资源，以产业体系建设为切入口，建立区域创新体系。改革开放初期，广东积极承接国际产业梯度转移，积极应用“三来一补”和“专业代工”模式，通过“以市场换技术”的策略[1]，一方面引进生产环节所需的生产要素进行产品生产加工，另一方面采取引进技术、成果转让、合作发展、委托开

[1] 何佳声：《深圳经济特区高新技术产业发展的理论思考》，《特区经济》1999年第9期。

发、借用人才等模式与发达国家进行“技术”对话[1]。

外资的大量进入，不仅奠定起广东本地的产业基础，同时也形成链接国际市场资源的关系网络，为企业与外资企业开展技术交流、学习和合作提供了条件[2]。方生（1986）指出，截至1986年，深圳通过利用外资引进各种设备三万多台（套），其中约40%是比较先进的，有的技术设备具有20世纪80年代先进水平，有的填补了中国的空白，有的属于国内攻关项目[3]。全球生产网络和全球价值链理论指出，跨国公司通过R&D联盟、独立供应商、独立分包商、分销渠道、合作协议（标准联盟等）、合资企业、子公司和附属机构等非正式和正式机制将隐性和显性知识转移给本地供应商，使本地供应商形成创新能力[4]。进入21世纪，广东进一步加强区域间和国际创新合作，通过合作创新打通从科学创新到产业化的各个环节，从承接港澳台产业转移逐渐向建立粤港澳创新生态圈转变，不断深化国际创新合作空间，与日本、韩国、“一带一路”沿线国家、欧盟等国家和地区建立了深度科技创新合作关系，拓宽了企业创新价值空间。表5-15显示，广东实际利用外资额逐年提升，其中近十年来自香港的比重保持在60%以上。

表5-15　1979—2021年广东实际利用外资额

时间	实际利用外资额（亿美元）	来自香港（亿美元）	占比（%）
1979—2000	1252.48	853.81	68.2
2001	157.55	70.87	45.0
2002	165.89	69.79	42.1
2003	189.41	101.78	53.7
2004	128.99	66.26	51.4
2005	151.74	58.24	38.4
2006	178.08	68.09	38.2
2007	196.18	83.03	42.3
2008	212.67	105.44	49.6
2009	202.87	118.77	58.5

[1] 深圳市委政策研究室和市科委联合考察组：《加强深港科技合作　推动深圳产业升级——深港科技合作的赴港考察报告》，《特区实践与理论》1990年第2期。

[2] 广东充分运用中央赋予的“特殊政策、灵活措施”的政策优势，以接受香港、澳门转移进来的劳动密集型轻纺加工业和家电制造业为契机，依托以低成本要素和精细分工为支撑的规模化生产能力以及以人际关系和市场网络为支撑的营销能力，充分发挥香港、台湾的国际化贸易、信息通道获得制造业发展所需的大量技术和人才资源，迅速建立产业优势，推动社会资源在产业之间充分流动，开启了珠三角地区工业起飞的进程。

[3] 方生：《深圳经济特区的现状和前景》，《经济研究》1986年第6期。

[4] Ernst D. Kim L. “Global Production Networks，Knowledge Diffusion，and Local Capability Formation”，*Research Policy*，2002，31（8）：1417-1429.

续表

时间	实际利用外资额（亿美元）	来自香港（亿美元）	占比（%）
2010	210.26	129.17	61.4
2011	223.28	140.30	62.8
2012	241.06	147.85	61.3
2013	253.27	161.99	64.0
2014	272.78	171.40	62.8
2015	270.25	204.79	75.8
2016	234.07	174.19	74.4
2017	229.48	169.27	73.8
2018	219.25	144.26	65.8
2019	220.63	152.37	69.1
2020	234.91	172.40	73.4
2021	285.20	207.50	72.8

资料来源：《广东统计年鉴》（2001—2022年）。

近年来，广东加强从制度创新层面“破题”，大力推进大湾区科技创新规则衔接机制对接，打破粤港澳三地人流、物流、资金流等创新要素障碍，“钱过境、人往来、税平衡”等改革举措不断深化，推动三地科技合作步实走深。2019年，广东制定《关于香港特别行政区、澳门特别行政区高等院校和科研机构参与广东省财政科技计划（专项、基金等）组织实施的若干规定（试行）》，多方式鼓励和支持港澳高等学校和科研机构承担广东省科技计划项目。2019年，广东下发《关于贯彻落实粤港澳大湾区个人所得税优惠政策的通知》，规定对在珠三角九市工作的境外（含港澳台）高端人才和紧缺人才，实施个人所得税税负差额补贴并免征补贴个人所得税。当前，广东以建设粤港澳大湾区国际科技创新中心为引擎，形成了深圳光明科学城、东莞松山湖、广州南沙3个国家综合性科学中心先行启动区，初步构建以广深港、广珠澳科技创新走廊为主轴，以港深莞、广佛、澳珠为极点，打造广州科学城、光明科学城、松山湖科学城、西丽湖国际科教城、南沙粤港澳全面合作示范区、南沙科学城、珠海西部生态新区、中山翠亨新区等重点创新平台，其他城市协同支撑的“两廊三极多节点”创新格局。其中，广州、深圳等中心城市集聚了广东省65%的R&D投入、58%的高新技术企业、55%的本科院校，成为构建“一核一带一区” 区域发展新格局的核心支柱和动力源。2021年，粤港澳大湾区国家技术创新中心在广州挂牌设立，成为继京津冀之后、国家重点布局建设的第二个综合类国家技术创新中心，新型显示、第三代半导体等领域的国家技术创新中心正在推进获批建设。

二是夯实民营企业主体地位，营造产业开放创新生态。广东经济和产业体系以民营企业为根基，创新领域同样具有市场化程度高的特点。2021年，广东民营产业单位数占全部产业单位数的比重达到75.9%。截至2021年底，全省90%的研发机构设在企业，90%的研发人员属于企业，90%以上的研发经费来源于企业，90%以上发明专利产生于企业，"四个90%"已成为广东省创新驱动发展的最大特色和突出优势。

近十多年来，以归国人才、民营科技企业为纽带，广东积极推动产业链上下游协作以及产业国际国内间水平分工，建立"官产学研资介"深度互动的产业开放创新生态系统。比如，深圳光启高等理工研究院在2010年通过公助民办模式创立，成立仅3年，就从仅有5名海归人才的小团队发展成为有来自30个国家、超过300人的科研团队，申请发明专利达到1818件[1]。珠海云洲智能公司成立于2010年，其创始人是香港科技大学精密工程系博士，成立十多年来，逐步发展成为一家面向人工智能+海洋装备的科技创新型军民融合企业，是世界领先的无人艇研发及供应商，也是全球产品系列最全的无人艇企业[2]。该公司注重产学研合作，包括与香港科技大学成立了新材料合资公司、与武汉理工大学成立了无人船安全与控制联合实验室、与中山大学共同承担了"海洋智能无人装备"方向的团队建设和研究任务等。通过与香港等高校、科研机构的合作，该公司建立了自主控制、新型材料、远程通信、系统集成和多艇协同的技术图谱，已掌握国际领先的无人艇关键核心技术，其中自主航行、智能避障、协同控制等多项技术多次被鉴定为国际领先水平。

深圳打造以民营企业为主体的开放创新生态

深圳企业创新主体地位体现为"六个90%"，即90%以上的创新型企业是本土企业、90%以上的研发机构设立在企业、90%以上的研发人员集中在企业、90%以上的研发资金来源于企业、90%以上的职务发明专利出自企业、90%以上的重大科技项目发明专利来源于龙头企业。企业创新主体地位的形成主要源于发达的民营经济，深圳市96%以上的企业是民营企业，民营经济对GDP贡献比重超70%。其中，以华为、腾讯、平安为首的20强企业，贡献了近三成的GDP；其次为外资企业，贡献比重约20%；国企贡献不到10%。2022年度世界500强企业名单中，中国企业占136席，其中深圳10家。若以代表经济活力的民营企业为标准，深圳以5家上榜企业的数量超越北京、上海。截至2021年底，深圳辖区境内上市公司数量已突破372家，居全国各辖区第六位；上市公司总市值91634.93亿元人民币，居全国各辖区第二位，其中民营上市企业325家。截至2022年7月底，深圳累计商事主体（企业及个体户）共383.5万户，占全省的25.5%，占全国的2.5%，位居全国大中城市首位。主要经验包括：一是创新政策优化营商环境。基本构建完成了"人大立法—政府出台政策—部门出台细则和办法"的"一个条例＋N个措施＋N个细则和办法"的促进民营企业科技创新政策体系。根据民营企业的发展特点和需求，深圳市相继出台《关于加快民营经济发展的意见》《关于进一步加快民营

[1] 王苏生、陈搏等：《深圳科技创新之路》，中国社会科学出版社，2018。

[2] 无人船是集现代智能机器人技术、造船技术、材料技术、通信技术、导航定位技术、武器系统等为一体的高科技技术综合体。云洲智能公司高度重视研发投入，潜心提升核心技术竞争力，2018—2020年及2021年1—6月的研发投入分别为3069.66万元、5352.95万元、7220.05万元、3509.50万元，占营业收入比例分别为113.70%、84.12%、28.58%、29.86%。公司产品已在全球20多个国家和地区及我国各省实现销售和应用，国内无人艇市场占有率超过80%。2018—2020年及2021年1—6月，云洲智能实现营业收入分别为2699.78万元、6363.40万元、2.53亿元、1.18亿元，三年间收入规模扩大了近10倍。

经济发展的若干措施》《深圳市关于促进专精特新企业高质量发展的若干措施》等重要文件，大力扶持民营经济发展。其中，2016年3月23日出台的《关于促进科技创新的若干措施》（深发〔2016〕7号）、《关于支持企业提升竞争力的若干措施》（深发〔2016〕8号）、《关于促进人才优先发展的若干措施》（深发〔2016〕9号），统称为“创新、竞争力、人才”三大政策。三大政策以其政策措施的系统性、扶持力度的大手笔在国内引起了大反响，其中不少政策内容开国内的先河。二是千方百计支持民营企业发展。对自主创业人员在小额担保贷款贴息、场租、首次创业、创业带动就业、社会保险、企业吸纳高校毕业生就业等方面均给予一定补贴。据统计，2016年市级财政惠及民营企业的专项资金预算安排达160多亿元。同时，深圳创新手段，建立健全促进民营企业发展的融资支持体系，大力推动企业上市融资。深圳在全国率先启动民营及中小企业上市培育工程，逐步形成了完善的上市培育工作机制，帮助一批民营企业迅速成长并成功登陆资本市场解决融资问题。深圳健全融资担保体系，发展小额贷款机构，设立重点民营企业互保金池，丰富金融服务，促进银企对接，多方面解决民营中小微企业融资难问题[1]。2020年，深圳市人民政府投资发起设立战略性、政策性基金——深圳市天使投资引导基金，由深圳市投资控股有限公司与深圳市创新投资集团有限公司联合创立，首期规模50亿元，是国内规模最大的一支市场化运营天使母基金。2020年，加上深圳市引导基金的增资，该基金规模已由50亿元增加至100亿元。母基金最高会承担一个子基金投资的具体项目的40%的风险，就是劣后能够承担40%，并最高承担天使投资40%的损失。三是创新驱动引领民营企业转型。深圳不断优化创新生态体系、推动创新载体跨越发展、推进知识产权保护与应用、加快产业创新发展。比如，制定实施“互联网＋”和“中国制造2025”深圳行动计划，支持产业升级项目数千个，强化梯次型现代产业体系，包括继续壮大战略性新兴产业，加快培育未来产业，大力发展现代服务业，提升优势传统产业等。与梯次型产业相适应，深圳不断加大民营企业培育力度，按照“分类指导，突出重点，梯度扶持”的思路，着力培育了四支重点企业队伍，包括民营领军骨干企业、上市及拟上市企业、高新技术企业和“专精特新”创新型民营中小微企业[2]。此外，深圳创新服务，为民营企业提升竞争力提供公共资源支撑；创新标准，打造引领民营企业发展的“深圳质量”。

资料来源：笔者根据调研资料整理。

二、强化平台和基础设施建设，增强企业创新能力

党的十八大以来，广东进一步认识到创新平台和基础设施体系的重要性，构建“国家队+地方队+企业队”多层次有机结合的创新体系，打造包括战略科技力量体系、产业创新发展平台、企业创新能力平台等在内的多层次开放创新平台体系。其中，战略科技力量体系主要包括实验室体系和重大科技基础设施；产业创新平台是各类产业孵化育成体系和相关平台；企业创新能力平台主要包括国家级创新中心、省级技术创新中心、产业创新中心、工程研究中心、企业技术中心等。这些创新平台通过集聚高端人才、项目、资本等要素，支撑产业创新与前沿领域技术突破。

一是瞄准新一轮科技革命和产业变革前沿领域，搭建原始创新导向的战略科技力量体系。党的十八大以来，广东瞄准创新链中原始创新能力薄弱的短板，推进重大科技基础设施以及国家实验室、国家和省级重点实验室、省实验室、创新研究院、粤港

[1] 《民营经济成深圳创新发展重要支撑》，《深圳特区报》2017年10月17日，https：//www.sohu.com/a/198476488_115239。

[2] 同上。

澳联合实验室等实验室体系建设，建立原始创新导向的战略科技力量体系，为企业开展科技创新活动提供原动力。

（一）重大科技基础设施

广东省以大湾区为主阵地，扎实推进国际科技创新中心和综合性国家科学中心建设。围绕创建综合性国家科学中心，积极建设世界一流重大科技基础设施集群，成为仅次于北京的全国大科学装置布局最多的省份（见表5-16）。《广东省推进新型基础设施建设三年实施方案（2020—2022年）》提出，到2022年，广东新型基础设施发展水平领先全国，初步形成以新发展理念为引领，以科技创新为驱动，以信息网络为基础，支撑数字转型、智能升级、融合创新的新型基础设施体系。

表5-16　广东重大科技基础设施建设情况

地市	建成、在建或规划建设的重大科技基础设施
广州	“天河二号”超算中心，新型地球物理综合性科学考察船，天然气水合物钻采船，人类细胞谱系、冷泉系统实验装置，极端海洋动态过程多尺度自主观测科考系统等
深圳	深圳超算中心、大亚湾中微子实验站、未来网络试验设施、国家基因库二期等
东莞	中国散裂中子源一期、中国散裂中子源二期、南方先进光源、先进阿秒激光设施等
惠州	强流重离子加速器和加速器驱动嬗变研究装置等
江门	江门中微子实验站等

资料来源：笔者整理。

（二）实验室体系

2020年，广东新建36家省重点实验室，国家重点实验室数量达到30家。吸引国家纳米科学中心、中科院空天信息研究院、中科院微电子所、北京协同创新研究院等17家国家级大院大所在广东省落地建设高水平创新研究院；中国科学院深圳理工大学建设启动，中国科学院大学广州学院落户南沙。围绕人工智能、新一代信息技术、新材料、先进制造、生物医药、海洋科技、现代农业、环境科技和智慧城市等重点领域，新增10家粤港澳联合实验室，累计建成20家粤港澳联合实验室。

2019年以来，广东省委、省政府依照“战略急需、国内一流、交叉融合、特色明显、支撑工业”的整体要求，以提升基础研究能力、补强原始创新短板、攻克核心关键技术为目标，对标国内外最好、最高、最优标准，先后建设三批共10家广东省实验室，打造国家实验室的“预备队”。广东制定出台《广东省实验室建设省级财政投入资金管理办法》，明确省级财政资金的投入范围、投入比例及下达程序，进一步加强省级共建力度，对珠三角地区省实验室建立基于考核的奖补支持机制，对粤东西北地区省实验室建设按照省市2：1比例给予同步投入支持。至今已在网络空间与技术、先进制造、人工智能等领域启动建设三批共10家省实验室，其中广州实验室、深圳鹏城实验室被列入首批国家实验室建设序列。

二是大力发展产业孵化育成体系和平台，不断健全“众创空间—孵化器—新型研发机构”孵化育成体系。2021年，全省科技企业孵化器达到1111家，国家级孵化器达205家，同比增长19.19%；全省省级孵化器达153家，同比增长19.53%。

2021年，全省众创空间数量达到1076家，国家备案众创空间数量达306家，同比增长10.07%，其中珠三角地区277家，粤东西北地区29家。全省省级众创空间数量达185家，同比增长22.52%。众创空间发挥了促进创新创业的关键作用。比如，为解决中小微制造企业发展困境以及制造业技术工人不足的难题，深圳市五鑫科技有限公司Mould Lao众创空间（以下简称“Mould Lao众创空间”），由一个单纯的模具制造企业转型发展为由Mould Lao众创空间与深圳市寻匠网络科技有限公司、深圳市湖工大一科技有限公司、共匠制造（深圳）有限公司、深圳市人为企业服务有限公司等集成“信息化服务+产学研融合+工业智能制造”的创新型“共享联合制造”模具行业服务型制造平台，实现制造能力共享[1]、创新能力共享[2]、服务能力共享[3]。Mould Lao 众创空间通过抱团取暖、协同制造的方式实现资本（包括厂房、设备、资金）、品牌、人才、商业服务、信息化管理等资源共享，为平台上的小微企业和创客团队赋能，引进了日本大庭英誉等国外资深技术专家出任公司高级管理者，以赋能方式帮助高技术工人成

[1] 聚焦加工制造能力的共享创新，重点发展汇聚生产设备、专用工具、生产线等制造资源的共享平台，发展多工厂协同的共享制造服务，发展集聚中小企业共性制造需求的共享工厂，发展以租代售、按需使用的设备共享服务。如海尔的“海创汇”平台汇聚了1300多家风投，吸引了4000多家生态资源公司，孵化和孕育着2300多家小微创客公司。沈阳机床厂搭建了智能机床共享平台，集成了1万多台智能机床，提供设备租赁服务。引自：http://gxj.liaoyang.gov.cn/govxxgk/LYJXW/2021-03-25/161664031541695.html.

[2] 围绕中小企业、创业企业灵活多样且低成本的创新需求，发展汇聚社会多元化智力资源的产品设计与开发能力共享，扩展科研仪器设备与实验能力共享。如航天科工旗下的“航天云网”平台注册企业达275万户，接入高价值设备92万套，成交金额超3000亿元，企业客户分布于全球202个国家和地区。引自：http://gxj.liaoyang.gov.cn/govxxgk/LYJXW/2021-03-25/161664031541695.html.

[3] 围绕物流仓储、产品检测、设备维护、验货验厂、供应链管理、数据存储与分析等企业普遍存在的共性服务需求，整合海量社会服务资源，探索发展集约化、智能化、个性化的服务能力共享。比如，深圳“硬蛋科技”平台以智能硬件为重点，到2019年底连接了15000多家供应链厂商，聚集了20000多个硬件创新项目，已经把服务推广到多个国家和地区。引自：http://gxj.liaoyang.gov.cn/govxxgk/LYJXW/2021-03-25/161664031541695.html.

为独自经营的个体工匠，帮助产业工人实现从被动的二次分配变成自主定价的一次分配，并通过集合人才联产协作的方式产生人才聚集效应（见图5-8）。

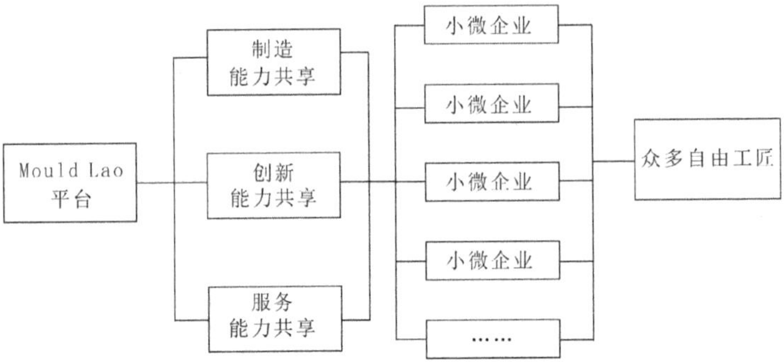

图5-8　Mould Lao众创空间的共享制造模式

资料来源：笔者根据调研资料整理。

2020年，广东全省省级新型研发机构数量稳步提升，总数达251家，集中于广州、深圳、佛山、东莞等市（见图5-9）。如清华大学深圳研究院创建20年来累计孵化企业2500多家，培育上市公司22家。东莞材料基因高等理工研究院是从事从材料设计、加工到设备制造工艺、服役性能评价全寿期系统研究的先进制造服务平台和新型研发机构。该研究院利用中国散裂中子源资源，建设散裂中子工程材料衍射谱仪和完整配套的材料性能研究高端仪器设施，为材料与装备制造提供优化材料性能、改良生

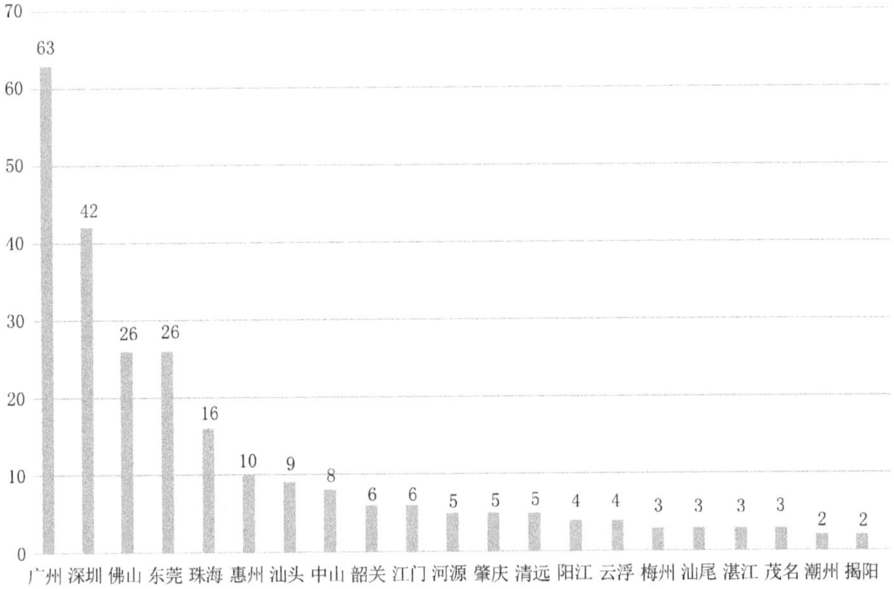

图5-9　广东全省新型研发机构的地市分布

数据来源：广东省科技厅网站。

产工艺、技术解决方案和专业资源服务。东莞材料基因高等理工研究院不仅为韶钢等制造企业提供专业服务，同时也为联合利华等服务业企业提供相关服务，其成立及发展有利于重点解决国家材料与加工工艺“卡脖子”问题。

三是大力发展企业创新平台，增强企业产业创新能力。高新区在培育广东高新技术企业中发挥了“顶梁柱”作用。2020年，全省40家高新区以占全省1%的土地面积，实现生产总值2.06万亿元，占全省GDP的1/5；全省高新区内高新技术企业存量近40000家，约占全省的2/3。高新区内集聚了全省一批大院大所、全省10家省实验室以及超过一半的新型研发机构。2019年，广东出台的《广东省人民政府关于促进高新技术产业开发区高质量发展的意见》，提出到2022年实现国家级高新区地市全覆盖，研发投入（R&D经费）强度超过10%，营业收入超6万亿元；到2030年，全省高新区国际竞争力大幅提升，成为参与全球科技合作的中坚力量等目标。

以高新区为基础，国家级创新中心、企业类实验室、技术中心等为载体的企业技术创新平台体系不断完善，提升了广东企业关键技术攻关能力（见表5-17）。

表5-17　截至2020年底广东省及各市企业部分创新平台情况（单位：个）

地区	企业类国家重点实验室	企业省级重点实验室	企业国家工程技术开发中心	省级新型研发机构
广州	5	35	0	63
深圳	5	15	5	42
珠海	1	3	4	16
汕头	0	3	0	9
佛山	0	26	0	26
韶关	0	1	0	6
河源	0	2	0	5
梅州	0	1	0	3
惠州	0	4	1	10
汕尾	0	1	0	3
东莞	1	7	1	26
中山	0	6	0	8
江门	0	2	0	6
阳江	0	1	0	4
湛江	0	5	0	3
茂名	0	0	0	3
肇庆	1	4	1	5
清远	0	3	1	5
潮州	0	1	0	2
揭阳	0	3	0	2
云浮	0	1	1	4
全省	13	128	14	251

数据来源：广东省科技厅网站。

制造业创新中心是一种新型创新平台，主要围绕行业关键共性技术需求，整合各类创新资源，打通技术研发供给、转移扩散和首次商业化的链条，从而实现技术突破，推动产业转型升级。建设制造业创新中心能够有效汇聚大湾区创新资源，打造产业链和创新链融合创新高地，树立创新标杆，打通创新成果转化“最后一公里”。截至2021年底，全省建有3家国家级制造业创新中心、33家省级制造业创新中心，累计培育56家国家技术创新示范企业、1200家省级企业技术中心。2021年，随着深圳市汇芯通信技术有限公司组建的5G中高频器件创新中心获批，全省累计建成印刷及柔性显示、高性能医疗器械、5G中高频器件3家国家级制造业创新中心，与北京并列第一。省级制造业创新中心方面，大湾区共布局27家（广州10家，深圳9家，佛山3家，珠海、惠州、东莞、中山、肇庆各1家），覆盖新一代信息技术、智能家电、软件与信息服务、超高清视频显示、生物医药与健康、半导体与集成电路、高端装备制造、前沿新材料、新能源等多个战略性产业集群。

《2021年广东省国民经济和社会发展统计公报》显示，截至2021年底，广东拥有国家重点实验室30家，国家工程技术研究中心23家，省级工程技术研究中心6714家，国家认定企业的技术中心82家，省级企业技术中心1434家。这些创新平台有力地提升了企业的创新能力。比如，创建于1992年的科达制造股份有限公司，主营陶瓷机械、墙材机械、石材机械等建材机械，海外陶瓷生产及销售，洁能环保，锂电材料，液压泵，流体机械，智慧能源等业务。公司设有2个“国家认定企业技术中心”、1个“国家工程技术中心”、2个“博士后科研工作站”、3个“院士工作室”等高水平创新研发平台，拥有亚洲最大、设施最全的陶瓷工程试验中心和国内最大的清洁煤气化技术研发基地等。平台有效支撑了公司业务能力的增长。2021年，科达制造公司产值达到103亿元，同比增长37%，利润总额15.3亿元，同比增长242.32%。

三、优化资源配置，提升企业创新动能和能力

20世纪90年代，广东抓住国际信息产业兴起及跨国公司将劳动密集型工序向发展中国家转移的机遇，大力吸引台湾、日本、韩国、欧美等地的厂商前来投资设厂。1993年，广东出台《关于扶持高新技术产业发展的若干规定》，推动以电子信息、电气机械为主体的高新技术产业集群迅速崛起，电子信息设备制造业迅速跃升为广东省高新技术的龙头产业。为提升工业化水平，改变技术学习的被动局面，广东明确强调“要把科技发展放在经济和社会发展的首要位置”，提出了“科技兴省”战略。与

此同时，广东着力吸引世界500强企业及其研发中心在粤落地生根，吸引全球著名科技创新型企业在粤落户，促进本土企业充分吸收FDI的技术溢出，紧跟世界产业和技术发展浪潮，始终与国际创新保持同步。比如，奇美、LG等企业的落户，直接将广东LED屏幕制造产业带入世界先进水平；丰田、本田的引入，间接催生了广汽自主品牌的诞生和工艺技术与国外技术的同步。深圳在20世纪90年代后期就成立了由政府发起、按市场化机制运作的创投引导基金，迄今全国三分之一的风投基金都集中在深圳，形成了强大的创新孵化能力。进入21世纪，广东相继提出“增强自主科技创新能力”“建设创新型广东”“争当全国建设创新型省份的排头兵”的战略目标，及时把握国内乃至全球范围内对汽车、智能手机、无人机、生物基因、电动汽车等产品的爆炸式需求增长，形成通信设备、计算机及系统、输配电及控制设备、医疗器械、办公机械制造业、特种船舶、汽车制造、石油化工等在全国具有较强竞争优势的领域，涌现了一批龙头骨干企业。

近年来，广东通过规划、专项、计划等方式优化资源配置，促进各类创新要素向企业集聚，建立起初创科技企业、科技型中小企业、高新技术企业、科技领军企业梯次培育机制。

坚持战略前沿和规划导向，引导企业积极承接省级及以上重点研发计划项目。2022年7月，广东出台《科技创新助力经济社会稳定发展的若干措施》，支持省内企业承担国家重大科技项目；出台《广东省配套支持国家科技重大项目和重大平台实施细则（试行）》，对省内单位牵头或参与国家有明确配套要求的重大科技项目，获国拨经费达到一定金额的，省级财政按不高于地方财政应配套经费的50%予以配套，力争省、市、县（区）等地方财政共同对国拨经费的配套比例达到1：1，持续加大对科技型企业的稳企暖企力度[1]。

大力支持企业参与关键核心技术攻关，提升企业创新能力，在广东省实施的重点领域研发计划中，企业参与项目达九成以上。实施广东省重点领域研发计划，推进九大重点领域研发计划，在计算与通信集成芯片、移动互联关键技术与器件、云计算与大数据管理技术、新型印刷显示材料、可见光通信技术及标准光组件、智能机器人、新能源汽车电池和动力系统、3D打印技术、干细胞与组织工程等关键领域实施一批“先手棋”项目。推动企业加快重大技术装备关键核心技术攻关。编制印发《广东省首台（套）重大技术装备推广应用指导目录（2021年版）》，目录涵盖新能源及智能

[1] 《广东“创”出经济发展新动能》，《南方新闻网》2022年9月16日，https：//baijiahao.baidu.com/s?id=1744121846753101573&wfr=spider&for=pc。

网联汽车、新能源装备及关键制造装备、重大技术装备关键配套基础件等9个领域。2022年支持40个首台（套）装备，鼓励企业加大研发创新投入，提高装备核心技术竞争力等。大力实施“广东强芯”工程，省级财政资金投入71.2亿元，带动社会及其他投入约156亿元，推动组建规模均百亿元的湾区半导体、广大融智、智能传感器三大产业集团，设立总规模达千亿级的六大产业基金，支持广州、深圳、珠海等地打造集成电路产业发展集聚区，引进建设2条12英寸芯片生产线，安世半导体、深南电路、众拓光电等一批项目动工，广州粤芯二期顺利投产；积极推荐具有关键核心技术攻关及产业化突出成果的企业申报国家技术创新示范企业，强化企业技术创新能力，累计培育技术创新示范企业56家。

不断积累和深化企业创新的人才资本[1]。从20世纪80年代推动国内科技人才“孔雀东南飞”到21世纪大力实施“珠江人才计划”“扬帆计划”“特支计划”等重大人才创新工程，广东不断提高对国内外人才的吸引力，促进全省人力资本的持续深化，也为企业创新发展和主体地位形成提供最大动能。从2010年起，广东连续五年实施“珠江人才计划”，引进四批共91个国内外高水平创新科研团队，集聚人才750多人，吸引各类人才5000人，初步形成“引育并举、立体支撑”全省科技创新的新局面。广东实施“南粤百杰培养工程”，着力培养“两院”院士后备人选，推动顶尖科技人才加速脱颖而出。实施“扬帆计划”，为粤东西北地区选拔“引进紧缺拔尖人才项目”41人，“培养高层次人才项目”60人，“高技能人才培养项目”1155人。“广东特支计划”为粤东西北注入更多人才资源；全省的高校、科研院所科技特派员和科技特派团超过2万人。2020年，广东R&D活动人员为117.5万人，其中工业企业R&D人员为91.1万人，占比达到77.52%（见表5-18）。

表5-18　2012—2020年广东省R&D活动人员及结构

年份	2010	2015	2018	2019	2020
全省R&D活动人员（万人）	44.66	68.02	102.31	109.15	117.54
科学研究与技术开发机构占比（%）	2.12	2.31	1.78	2.23	2.58
全日制普通高等学校占比（%）	7.58	8.43	6.70	7.64	7.29
工业企业占比（%）	80.50	78.55	78.82	76.85	77.52
其他单位占比（%）	9.80	10.71	12.70	13.28	12.60

数据来源：《广东统计年鉴2022》。

[1] 人力资本积累及深化能够在产业上下游均产生知识溢出效应和正外部性，对于区域创新体系的形成和发展尤为重要。参考Jones C.I. Romer P.M. “The New Kaldor Facts：Ideas，Institutions，Population，and Human Capital” .*NBER Working Paper*，2009.

四、数字技术赋能，增强企业创新动力和效率

改革开放以来，广东制造企业经历了从贴牌、代工的OEM（原始设备制造商）到ODM（原创设计生产），再到OSM（原始标准制造）的转型发展过程。2020年以来，新冠肺炎疫情加快了全社会数字化转型步伐，数字化进程加快为促进企业业态创新、模式创新、市场创新等提供了有利契机。广东坚持以创新引领和驱动制造业高质量发展，以提高制造业核心竞争力为主攻方向，把握企业数字化转型方向，从部分环节应用到全产业链价值链数字化，从研发、制造到运营、营销，不断提升数字化应用的广度、深度、精度，增强大数据驱动企业产品和技术迭代升级能力。2021年，广东数字经济增加值规模达到5.9万亿元，数字经济增加值连续5年居全国首位，数字经济占GDP比重达47.5%。

一是强化数字经济发展及赋能企业创新的顶层设计。广东省成立加快数字化发展工作领导小组，出台数字经济地方性法规《广东省数字经济促进条例》，印发全国首个省级层面推动数字经济发展的指引性文件《广东省数字经济发展指引1.0》，并先后出台《新型基础设施建设三年实施方案》《制造业数字化转型实施方案（2021—2025年）》《制造业数字化转型若干政策措施》等，推动全省制造企业加速向数字化、网络化、智能化发展。

二是夯实产业数字化、数字产业化发展基础。建设国家工业互联网示范区，累计推动2.25万家规模以上工业企业数字化转型，带动超过65万家中小企业“上云用云”。获批并建设广州和深圳国家人工智能创新应用先导区、全国首个超高清视频产业发展试验区，发展壮大广州、深圳中国软件名城，启动建设全国一体化算力网络韶关数据中心集群。2021年，全省电子软件业务收入1.57万亿元，排名全国第二。鼓励各地市推动产业数字化、数字产业化发展。比如，惠州市强化与广深佛莞等城市产业链协同，把握产业数字化、数字产业化趋势，在补链强链延链上下足功夫，进一步巩固了惠州超高清视频显示、5G及智能终端、智能网联汽车、新能源电池等电子信息优势产业。依托TCL、华星光电等龙头企业，成功引进日本旭硝子、创维等100多家产业链企业，形成了完整的超高清视频显示产业链；依托亿纬锂能、德赛电池等龙头企业，集聚80多家产业链企业，形成完整的新能源产业链；依托德赛西威、华阳集团等龙头企业，形成智能网联汽车产业链[1]。佛山市印发并出台了《佛山市深化“互联网+

[1] 引自调研材料。

先进制造”发展工业互联网的若干政策措施》，通过推动工业企业“上云上平台”、建设工业互联网平台和标杆示范项目、建设产业示范基地和产业集群试点等九大举措，推动工业互联网加快发展，推动数字产业化、产业数字化。

截至2021年上半年，广东全省已建成5G基站13.1万个，5G移动电话用户达2739.9万户，基站和用户规模均为全国第一。2021年8月，世界5G大会公布了中国5G十大应用案例，其中就有广东省的南方电网5G智能电网、广州地铁5G+智慧地铁两个项目。在工业互联网等重点领域应用，也涌现出美的5G厨电、湛江钢铁5G智慧钢厂等应用标杆。

三是利用数字技术搭建共性技术服务平台。第一，鼓励产业链龙头企业赋能中小企业。华为、中兴、腾讯、富士康、美的等建立跨行业、跨领域工业互联网平台，赋能中小企业实现数字化转型，逐步形成大企业和平台企业赋能全产业链数字化转型的良好“数字生态”。佛山陶瓷产业集群企业构建B2B+O2O全球对接平台——众陶联产业平台，实现陶瓷产业与互联网、金融资本整合，参与产业链企业产值达1000亿元。第二，发挥电信运营商优势，建立共性服务平台，助推产业和企业创新发展。比如，广东联通制定了“互联网+”行动计划，构建了云、大数据、物联网三大平台，全国首创“一院一司一基地”机制，提供全要素解决方案。广东联通积极推动“三大转型”——发展方式由“数量规模型”向“质效规模型”转变，运营模式由“传统封闭”的电信运营模式向“高效开放”的互联网运营模式转型，增长动能由“传统通信服务收入”向“大物移云智”为代表的“新型数字化服务收入”升级，打造“产业互联网专家”品牌，致力成为客户信赖的智慧生活创造者。近年来，广东联通携手百度、阿里、腾讯、京东、苏宁等战略投资者，聚合华为、华三通信、科大讯飞、树根互联、美云智数等200家龙头合作企业及1200家上下游企业，构建产业互联网“赋能”中心，为广东产业互联网发展提供平台。其中，广东联通与阳江合作构建阳江市五金刀剪产业云平台，采用“一个平台、九个业务区、一个统一门户”的云端信息化建设思路，聚焦订单驱动协同、原材料采集、设备共享、5G智能运维等核心模块，为企业在云上推出低成本、快速部署的平台服务，全面服务阳江刀剪企业的信息化转型，实现了企业运营能力的提升和管理模式的创新。共性技术平台有利于促进产业集群网间的协作互利，以及解决原料采购缺乏议价权、研发与设计能力薄弱、销售模式单一、品牌影响力弱等问题。

四是推动企业数字化改造转型升级。大力推进工业技术改造，提高传统优势产业集群加工制造环节的机械化、自动化与智能化水平，以技术改革培育创新主体。广东省财政通过先进制造业发展专项资金对20个战略性产业集群的大型技术改造项目予以奖励，其中珠三角地区技术改造项目按不超过设备购置额20%予以奖励，粤东西北地区技术改造项目按设备购置额不超过30%予以奖励。2015年以来，通过不断加大财政补贴和政策支持，广东累计推动超过6万家工业企业开展技术改造，带动60多万家中小企业"上云用云"，累计培育300多个"灯塔式"标杆示范项目。一批企业通过加大数字化改造投资力度，实现提质增效，增进了创新动能。比如，纺织印染产业集群搭建了行业级工业互联网平台，推动企业"组团式"数字化转型，年产值平均提升15%，能耗平均下降30%。廉江小家电龙头企业——广东华强电气集团有限公司近年来累计投入了近1亿元进行工业技改，带来明显的效益，节省了人力资本，提高了生产效率和产品质量，2022年1—7月，在大环境比较严峻的情况下，业务同比实现了增长。广州拓璞集团董事长李伟忠提到，"现在每年投入工业互联网的费用有八九百万元，但给企业带来的利润近亿元"[1]。

佛山推动企业数字化转型的做法和成效

佛山是传统制造业大市，工业体系健全，涵盖了几乎所有制造业行业，拥有机械装备、家用电器、金属材料加工及制品、陶瓷建材、纺织服装、电子信息、食品饮料、精细化工及医药、家居用品制造等优势行业。佛山一直高度重视工业技术改造，坚持将技术改造作为推动工业稳增长、强后劲和实现高质量发展的重要抓手，推动传统企业数字化转型升级。近年来，佛山技改投资占全市工业投资的六成左右。早在2015年，佛山就对工业企业技术改造进行奖补。2018年将奖补范围扩大到主营业务收入1000万元以上的工业企业。2019年起进一步扩大奖补范围、加大奖补力度，将奖补对象放宽到规下工业企业，将单个企业奖补项目数量放宽到多个，将项目奖补范围从生产设备放宽到土地和厂房，将在库奖补标准提高到技改固投的5%。把智能制造作为推动传统产业转型升级的主攻方向，印发《佛山市推动机器人应用及产业发展扶持方案》等扶持政策，2018—2020年，市级财政每年安排1.3亿元扶持资金，用于推动全市企业应用机器人、机器人应用示范企业建设、机器人本体制造和系统集成企业发展以及机器人与智能制造公共服务平台搭建。众多行业企业通过机器人应用实现了生产制造环节的智能化改造，有效提升了自动化生产水平，也增加了创新动能。比如，美的集团对外开放工业互联网平台资源和服务，带动上下游超千家供应商实施数字化转型，制造成本下降68%。海天味业近3年投入数字化改造资金超10亿元，通过建设示范工厂，实现内部综合效率提升50%，人均产值提升62%，综合能耗降低30%。

资料来源：调研资料。

五、深化体制机制改革，塑造优越创新环境

从20世纪80年代在全国率先提出鼓励科技人员兴办科技企业、建设大学，到20世纪90年代在全国地方政府中首个推出《关于扶持高新技术产业发展的若干规定》等系统高科技产业扶持政策体系，以及进入21世纪后密集推出的《关于依靠科技进步推动

[1] 《广东：创新基础设施建设显现转型优势》，《经济参考报》2022年10月21日，http://www.cinic.org.cn/xy/gd/1368529.html。

产业结构优化升级的决定》《关于加快经济发展方式转变的若干意见》《关于加快建设创新驱动发展先行省的意见》《关于加快科技创新若干政策意见》等促进高科技产业大发展大创新的系列政策措施，在全国率先出台自主创新促进条例、促进科技成果转化条例、“科创12条”等一系列重大政策法规，形成覆盖创新全链条的科技创新政策法规体系，以及2020年以来“助企25条”“稳工业32条”“稳经济131条”等一系列稳定企业发展预期的政策措施，广东以有为政府的姿态以及勇于自我改革的精神，塑造了鼓励创新、宽容失败的开放创新环境，推动创新发展成为全省企业的价值追求与主流精神。近年来，广东在政策供给、放管服改革、科技攻关机制、模式创新等方面狠下功夫，持续优化企业创新发展环境。

一是完善法律法规和政策体系。2012年，广东在全国率先出台首部地方性自主创新法规《广东省自主创新促进条例》，提出提高自主创新能力，推动产业转型升级，促进经济社会发展等要求，强调“促进自主创新应当坚持以企业为主体，以市场为导向，以高等学校、科学技术研究开发机构为支撑，产学研相结合，政府引导，社会参与”。2014年，广东省委、省政府印发的《关于全面深化科技体制改革　加快创新驱动发展的决定》是十八届三中全会以后，国内省市首个关于深化科技体制改革、实施创新驱动发展战略的顶层设计和纲领性文件。2018年，广东在全国率先出台《广东省人民政府关于加强基础与应用基础研究的若干意见》，对广东基础与应用基础研究战略定位、未来发展目标予以明确，提出到2022年基本建立基础科学研究新体系，到2035年基础研发投入超过发达国家平均水平，到21世纪中叶基础科学研究综合实力基本达到发达国家水平，并围绕打造高水平研究平台、优化资助体系、壮大高层次人才队伍等九个重点方面提出30条具体支持措施。同时配套出台《广东省基础与应用基础研究基金重点领域项目实施方案》，聚焦8大重点领域36个专业方向，要求2018—2022年省财政设立基础与应用基础研究基金，为基础和应用基础研究项目开展、重大平台建设提供稳定专项资金支持保障。2019年，广东系统修订《广东省自主创新促进条例》，从法制层面对研究开发、成果创造及转化、人才建设和服务等予以明确，为全面增强创新第一动力、促进高质量发展提供了坚强有力的法制保障。

二是积极推进市场化、法制化、国际化营商环境改革。近年来，以“审批流程全过程优化、事前事中事后全链条监管、企业发展全周期服务”为导向，广东积极推进市场化、法制化、国际化营商环境改革，推进广州、深圳国家营商环境创新试点建设，深化“放管服”改革，深圳综合改革试点40条首批授权事项全部落地，深交所创业板改革并试点注册制落地，数字政府建设跑出“广东模式”。在全国率先出台数字经济促进条例、公共数据管理办法，数字政府改革建设扎实推进，省级政府网上政务服务能力排名跃居全国第一。在地市层面，各市大力推进惠企政策领域“放管服”改革。如佛山市精心打造全市统一的扶持资金综合服务平台——“佛山扶持通”，为企业群众提供查政策—报项目—拿资金“一网通办”服务。依托扶持通平台，佛山市2019年在全国首推扶持政策标准化改革，积极营造标准化、无差别的服务环境，2020年又在全国首创“三秒三零”智慧服务新模式，实现政府补贴资金“秒报秒批秒付”，全程零材料、零跑腿、零接触。目前，“佛山扶持通”平台已成为佛山创新政务服务和优化营商环境的亮丽名片。

三是构建新型科研和关键核心技术攻关体制机制。广东省制定《关于构建支撑高质量发展的省级科技计划管理体系改革实施方案》，实施科技管理业务重塑与再造，改革重组省级科技计划业务体系，形成重点领域研发计划、基础应用基础研究基金、省实验室建设、粤港澳大湾区国际创新中心建设四大计划主体，及普惠性政策与创新环境建设、区域创新能力与支撑保障体系建设两大支撑保障的“4+2+2”新型科研计划体系格局。建立任务导向型的“大专项+任务清单”科技项目管理模式。下发《广东省科学技术厅关于实施2020年省科技专项资金（“大专项+任务清单”）项目的通知》，将省级科技部门项目管理权限下放至各地市，由各地市自主组织提出立项清单，进一步促进省级财政科技资金的导向作用和整体效能的提高。对于电子信息、石化能源、新材料产业受制于人的关键环节，依靠“揭榜挂帅”开展核心技术攻关，让全国有能力的科研团队解决技术问题，推动制造业进入中高端水平。

四是深化科技成果转化机制和模式创新。2017年3月，《广东省促进科技成果转化条例》正式实施，这是广东首次制定出台地方性科技成果转化法规。广东设立包括广东省、科技部和国家开发投资集团有限公司在内的国家重大科技成果转化基金——粤港澳大湾区科技成果转化基金，设立规模千亿元的粤港澳大湾区科技创新产业投资基金，支持广州、深圳打造风投创投中心，吸引社会和金融资本400亿元。强化体制机制突破创新，构建包括高水平研究院、新型研发机构以及华南技术转移中心等科技中介在内的科技成果转化平台体系。比如，大力支持广东省科学院建立新型现代科研院所管理体制和技术育成转化和服务市场机制。目前，广东省科学院致力于发展成为广东高层次人才集聚高地、产学研合作与科研成果转化应用的组织载体、创新驱动发展的枢纽型高端平台，积极打造知识创造转移体系、技术育成孵化体系和产业技术服务体系等支撑全链条产业技术创新发展的枢纽型高端平台。在技术育成孵化体系方面设立产业技术研究院、产业技术转化验证平台和广科双创（孵化器、产业园），探索给科研人员提前赋权，使科研人员从成果转化收入中可提取的比例不低于70%、上不封顶（远高于国家不低于50%的规定），创设“科研团队控股+技术经理（经纪）人持股、跟投”等股权激励模式，孵化培育了中科云图、能芯半导体、沃科通讯、粤科欣发等高科技企业。

第三节 3 建设科技和产业创新高地的需要

整体而言，广东产业和企业创新路径仍以跟随式为主要特征。强化企业创新主体地位，打造具有全球影响力的科技和产业创新高地，仍需要进一步优化企业群体结构，提升企业突破性创新能力以及创新成果价值。

一、中小企业向科技企业转变力度仍需加大

从群体性角度来看，目前广东创新型企业群体以规上工业企业和高新技术企业为主，科技型中小企业数量虽有一定的国内优势，但培育力度仍需加大。2021年，广东中小企业数量大约为630万家，约占全国的1/7，而其中科技型中小企业数量仅5.6万家。有许多中小企业仍以廉价劳动力和自然资源为比较优势参与全球中低端价值链分工，核心技术基本依赖国外，缺乏在高端产业环节进行创新的基本能力，研发所需的较高投入也构成了企业自主创新的过高门槛。在当前经济下行、压力加大、生产要素成本大幅提升、资源环境约束趋紧的形势下，需要加大力度推动传统中小企业加快实现由要素驱动向创新驱动转型。

此外，新经济领域企业培育力度仍需加大。根据新经济智库长城战略咨询发布的《中国独角兽企业研究报告2021》，2021年，广东省独角兽企业共有33家，占全国独角兽企业数量的13.1%，落后于北京（82家）、上海（44家）；制造业方面，广东共有独角兽企业12家（见表5-19），不及北京（15家）、上海（19家），其中上海独角兽企业所处行业为集成电路的有4家，但广东数量为0。

表5-19 2021年广东省制造业独角兽企业

序号	估值排序	企业名称	2020年估值（亿美元）	行业	城市
1	16	平安智慧城市	85	人工智能	深圳
2	22	柔宇科技	60	智能硬件	深圳
3	24	优必选	55	机器人	深圳
4	25	小马智行	53	新能源与智能汽车	广州
5	33	云从科技	44	人工智能	广州
6	50	华大制造	32	创新药与器械	深圳
7	78	奥比中光	20	智能硬件	深圳
8	107	云天励飞	17.6	人工智能	深圳
9	113	晶泰科技	16	创新药与器械	深圳
10	164	碳云智能	12	数字医疗	珠海
11	198	极飞科技	10	无人机	广州
12	198	文远知行	10	新能源与智能汽车	广州

数据来源：《中国独角兽企业研究报告2021》。

二、高新技术产业创新能力仍需提升

广东高新技术企业主要集中于制造业及相关服务业。目前，广东制造业整体上仍处于装配加工、贴牌生产、仓储运输、低端营销等产业价值链中低端区域，在研发、工业设计、品牌、标准制定等高端环节缺乏话语权与国际竞争力，在智能传感、嵌入式系统、个性化设计等领域缺乏充分的前瞻性设计与应用布局，产业基础能力相对较弱，在核心基础零部件（元器件）、关键基础材料、高端通用芯片及高端制造装备等环节面临“卡脖子”问题，尤其在美国等发达国家高新技术封锁和精准打压下，国际竞争门槛明显提高，产业发展脆弱性显著增强。以电子信息产业为例，80%的关键专利技术来源于国外，微电子、光电子、关键芯片和基础材料发展滞后。装备产业中，精密驱动件、控制件等关键部件依赖进口，制约了广东的产业发展。近年来，广东集成电路进口金额占全国比重高达40%。2016—2019年，广东电子信息行业增加值年平均增速10.2%，高于全省规上工业增加值年平均增速4 个百分点，是全省规上工业主要增长来源，但2020年受芯片供应不足等因素影响，该行业增加值下降0.1%，低于全部规模以上工业增速1.6 个百分点。

贸易专业化指数（Trade Specialization Coefficient，TSC）体现产品国际竞争力，若贸易专业化指数大于0，则该国是i产品的净出口国，表明该国i产品的生产效率高于世界总体水平，具有贸易条件优势，且数值越大优势越大；若贸易专业化指数小于0，则该国是i产品的净进口国，表明该国i产品的生产效率低于世界总体水平，处于贸易条件劣势地位，且数值越大，劣势越明显。受美国等国家技术制裁影响，在关键技术领域、关键产业环节、市场渠道等“断链风险”显著增大，也使得广东很多高新技术企业对外技术性投资、技术合作、发展新业态变得更加谨慎。2018—2021年，全省高新技术产品贸易专业化指数分别为-1.4%、-0.6%、-0.9%、-1.8%，而全国同期指数为5.4%、6.8%、6.5%和7.8%，这反映出广东仍是高新技术产品净进口地区，高新技术产品国际竞争力仍需加强（见表5-20）。

表5-20　2015—2021年全国及部分省市贸易专业化指数指标情况

地区	2015年	2016年	2017年	2018年	2019年	2020年	2021年
全国	8.9%	7.1%	6.7%	5.4%	6.8%	6.5%	7.8%
广东	9.2%	5.9%	3.2%	-1.4%	-0.6%	-0.9%	-1.8%
江苏	18.2%	19.5%	18.5%	16.3%	20.3%	16.9%	17.3%
上海	0.8%	0.8%	-0.2%	-0.7%	-5.6%	-9.0%	-10.2%

数据来源：笔者根据全国及省市历年国民经济和社会发展统计公报测算。

此外，虽然广东高新技术企业数量位列全国第一，但从整体实力来看，广东高新技术企业户均营业收入、户均工业总产值、户均净利润、户均R&D人员和户均R&D经费内部支出方面与全国相比仍不具优势，部分指标与北京、上海、江苏、浙江、山东等相比仍有差距，攻克制造业关键核心技术“卡脖子”问题的主力军作用仍有待发挥（见表5-21）。

表5-21　2020年全国及部分省市高新技术企业户均经济指标情况

	全国	北京	上海	江苏	浙江	山东	广东
高新技术企业数（万个）	27.0	2.4	1.7	3.3	2.2	1.5	5.3
户均营业收入（亿元/个）	1.93	1.9	2.06	1.67	1.98	2.22	1.76
户均工业总产值（亿元/个）	1.36	0.38	0.91	1.52	1.49	1.82	1.32
户均净利润（亿元/家）	0.13	0.15	0.13	0.12	0.24	0.14	0.13
户均R&D人员（人/个）	18.29	12.8	12.19	19.7	22.58	19.47	21.39
户均R&D经费内部支出（亿元/个）	0.05	0.05	0.04	0.05	0.05	0.05	0.06

资料来源：《中国火炬统计年鉴2021》。

三、制造企业突破性创新动能仍需提升

广东高度市场化、高度集群化、高度国际化、良好的地方创新政策系统、独特的岭南文化以及各项制度之间高度“耦合”优势条件是国内其他区域难以比拟的。正是创新所嵌入的独特制度环境，使得广东企业在欠缺科研基础设施等传统“科技资源”优势的情况下，与其他同样依靠渐进性创新的区域相比，能以更快的速度、更低的成本、更精准的市场定位实现规模化生产，从而创造出更显著的创新成效和社会经济效益，也形成了广东制造企业自下而上开展创新的基本路径[1]。但与此同时，制度环境带来技术刚性，导致企业突破性创新动能比较薄弱。一方面，虽然华为等少数企业走在技术前沿，但大多数企业突破性创新的动力还不足，2020年广东全省规模以上工业企业以技术改造、购买技术等为主的经费支出占R&D经费支出总额的45%，突出表现为只要国外没有“卡”住与企业相关的核心技术，企业往往选择直接购买，然后用于生产并获利[2]。从PCT国际专利申请情况来看，全省PCT国际专利申请数量位居全国第一，但主要以华为、欧柏、中兴通讯等少数企业为主导，占比高达90%以上，其他企业参与国际专利申请数量较少。另一方面，广东基础研究投入占比在6%左右（见图5-5），而美国达到了15%，企业和社会资本参与基础研究的机制仍需健全。近年来，一些地市明确提出加大基础研究投入在科技财政专项资金的比例，比如，2019年深圳出台《深圳市科技计划管理改革方案》，明确“将全市30%以上的科技财政专项资金持续投向基础研究和应用基础研究”，同时“实施技术攻关面上项目、重点项目、重大项目、悬赏赛，发挥政府对科技创新的引导作用，集中力量突破一批关键核心技术。设立若干前沿科学技术难题，面向全社会公开征集解决方案，汇聚国内外智力资源，攻坚克难”。

四、创新要素向企业集聚机制仍需健全

科技创新要素向企业集聚力度与企业创新发展的强烈意愿匹配性仍需提高。从政策供给情况看，创新研发资金申报准入门槛高，针对科技型中小企业的普惠性政策仍需加强；资源配置总体上以项目模式为主，部门间零星分散，投入强度不高，公共财政科技拨款资助购买的仪器设备和形成的知识技术向企业开放共享不足。

---

[1] 丘晴、丘海雄：《珠三角创新的比较优势分析——基于制度嵌入性的视角》，《南方经济》2016年第3期。
[2] 李慧：《广东省促进科技成果转化的科技金融机制研究》，《科技与金融》2019年第8期。

关键科技创新要素供给不足。从机构设施情况看，广东研发资源先天不足，国家重点科研机构和国家级重大科研项目在广东布局较少，全省具有世界级水平的大学和研究机构屈指可数。根据2023年QS世界大学排名，广东无一所高校进入世界前100名，同比香港有5所高校入选。企业参与高校科研院所人才培养、重大科技和创新规划、实施及评价过程仍需健全。“基础研究成果—产业关键核心技术攻关—科技成果转化”存在诸多体制机制壁垒，基础研究成果转化力度不够，不少创新成果“藏于闺中”“束之高阁”。

在金融支持方面，科技企业资金的主要来源有三方面：风投机构的投资款、业务性经营收入、政府补贴资金。目前，广东“从0到1”原始技术创新、高新技术育成孵化和科技成果产业化主要由财政专项基金或以政府引导的形式支持，社会资本对早期中小微科技企业“不敢投、不愿投、不知往哪投”，创业投资、股权投资规模仍需提升。产权制度与融资体制尚未完善，投资行业不够规范，创业者权益保障存在不公平现象，除深圳外，省级和其他地市人民政府设立的风险投资基金规模较小，难以发挥政府资金引导、撬动风险投资基金创新“催化剂”的作用。

五、创新领域制度型开放力度仍需加大

开放是广东强化企业创新主体地位的突出特征，也是最大优势之一。实现建设具有全球影响力的科技和产业创新高地的目标，需要进一步推动从要素型开放向制度型开放转变，营造更具国际化优势的创新创业环境。一方面，推动企业融入全球创新网络的政策体系有待健全。在经济全球化的大背景下，广东出台相关政策积极融入全球创新网络，在全球产业链条中配置创新资源，在政府、科研机构和企业三个层面构建起全方位、多维度、立体化的对外科技合作网络。近年来，广东推动企业全球开放创新的政策以加强粤港澳科技创新合作和协同发展为主，在科技计划项目、科研项目资金跨境拨付、个人所得税税负等方面的合作机制虽不断取得新突破，但更多的是推动创新要素向内地转移的“单向引进创新”。比如，出台《关于贯彻落实粤港澳大湾区个人所得税优惠政策的通知》，规定对在珠三角九市工作的境外（含港澳台）高端人才和紧缺人才，实施个人所得税税负差额补贴并免征补贴个人所得税等。总体而言，推动企业走出国门，走向全球，开展深层次创新活动的政策体系仍不完善，在离岸创业创新机制、平台、能力、环境等方面仍存在许多壁垒与不足。另一方面，引进全球

先进创新要素的体制机制仍需创新。在跨国人才流动方面，广东与北京、上海、海南相比，仍存在外国人申请居留覆盖面较窄、审批进程较慢、免签国家范围较少等问题，一定程度上降低了对国际人才的吸引力。在人才引进方面，政府计划配置的色彩仍比较重，需要加大力度研究全球人才引进门槛设置，在平衡公共服务、公共资源的有效供给与人才引进快速增长上提出更有力的举措。

第六章
国际视野：世界科技强国创新经验资鉴

创新是形成全球经济周期和发展格局演变的内生力量。企业是科技与经济结合的关键主体，英国、美国、法国、德国、日本、韩国等国家在国家创新体系构建及发展过程中充分发挥企业创新主体作用，抓住世界工业革命发展机遇，推动经济长期发展，不断创造全球经济发展新格局。本章首先介绍了英国、美国、法国、德国、日本、韩国等经济规模位居全球前列的部分科技强国、工业大国创新发展的有关特征，其次着重介绍美国、日本、德国、英国强化企业创新主体地位的有关实践及其特点，最后归纳总结出发达国家强化企业创新主体地位的经验启示。

第一节 世界科技强国的主体创新特征

自第一次工业革命以来，英国、美国、法国、德国、日本、韩国等经济体逐渐认识到科技进步和创新发展的重要性，重视基础研究，加强研发投入，着力抢占高新技术产业和战略性新兴产业制高点，加快提高科技成果转化为现实生产力的效率，不断推动从要素驱动、投资驱动转向创新驱动转变，经济实力和科技实力不断提升，获得国际经济、科技竞争中的主动权，成为科技强国。总体来看，科技强国的创新发展具有以下三个共同特征。

一、全社会研发投入持续增长

近年来，主要发达国家纷纷采取强化创新发展以及企业创新主体地位的战略措施，提升研发投入强度，拓展创新型企业的发展空间。2021年，美国推出“美国就业计划”，并出台《无尽前沿法案》，授权在五年内为美国基础和先进技术研究提供超过1100亿美元的资金支持；通过《美国创新和竞争法》，批准或划拨超过2000亿美元的开支，向半导体产业提供520亿美元的补贴，且在五年内将为技术和创新理事会（DTI）拨款超1000亿美元，以在十大关键科技领域寻求突破。德国发布《国家工业战略2030》，提出到2030年制造业占全国产业比重从23%提高到25%，占欧盟比重提高到20%的目标；德国联邦教研部与联邦经济技术部、德国工程院、弗劳恩霍夫协会和西门子公司于2013年联合推出了“德国工业4.0”计划，2018年德国联邦政府发布了

《高科技战略2025》，计划在2025年将科研支出提高到其国内生产总值的3.5%[1]。韩国提出制造业复兴愿景计划，目标是将韩国发展为世界四大制造业强国之一。日本政府连续部署登月研发计划、官民研发投资扩大计划（PRISM）、革新材料开发强化计划（M3）等，2020年日本内阁会议通过《科学技术创新基本法》，进一步明确了科技进步推动超智能“社会5.0”建设目标[2]等。

2018年，美国、日本、德国、韩国、法国、英国6个国家的全社会研发（R&D）经费投入为0.9351万亿美元，占全球R&D经费投入问题的55%（见表6-1）。从图6-1可以看出，这些国家的全社会研发投入总体保持增长态势，平均研发投入强度达到3%，其中韩国的研发投入强度最高，达到4.8%。

表6-1 部分科技强国的R&D经费投入（2018年）

地区	R&D经费投入［亿美元，体现购买力平价（PPP）］
美国	4765
日本	1705
德国	1098
韩国	732
法国	608
英国	442

数据来源：OECD数据库。

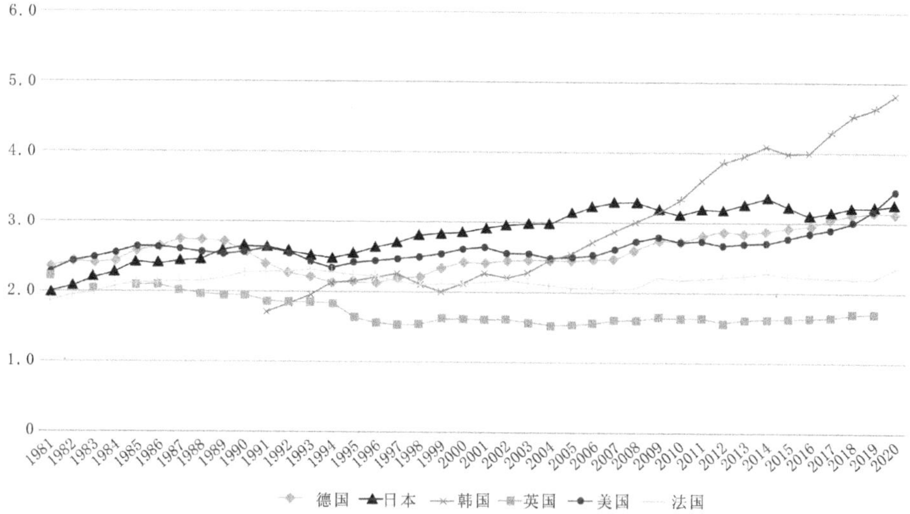

图6-1 部分科技强国研发投入强度增长情况（单位：%）

数据来源：OECD数据库。

[1] 巫云仙、张智建：《新发展阶段规模以上工业企业创新主体地位强化研究》，《改革与战略》2022年第2期。
[2] 同上。

二、以企业研发投入为主的研发结构

从研发投入来源来看，这6个国家的研发投入主要来自企业（均超过50.0%），其中，日本78.9%的R&D资金来自企业，而法国R&D投入中政府投入比例最高，达到32.5%（见图6–2）.

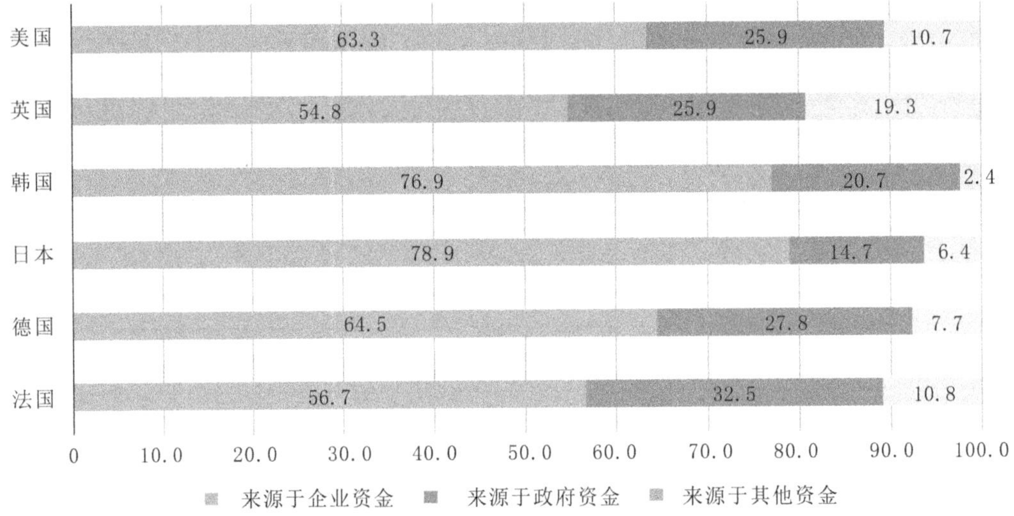

图6–2　部分国家和地区R&D投入的资金来源结构（单位：%）

数据来源：《中国科技统计年鉴2021》。

从R&D经费执行主体来看，这些国家R&D执行主体主要为企业（超过60.0%），其中，韩国80.3%的R&D经费为企业执行，其次为日本（79.2%）、美国（73.9%）（见图6–3）。

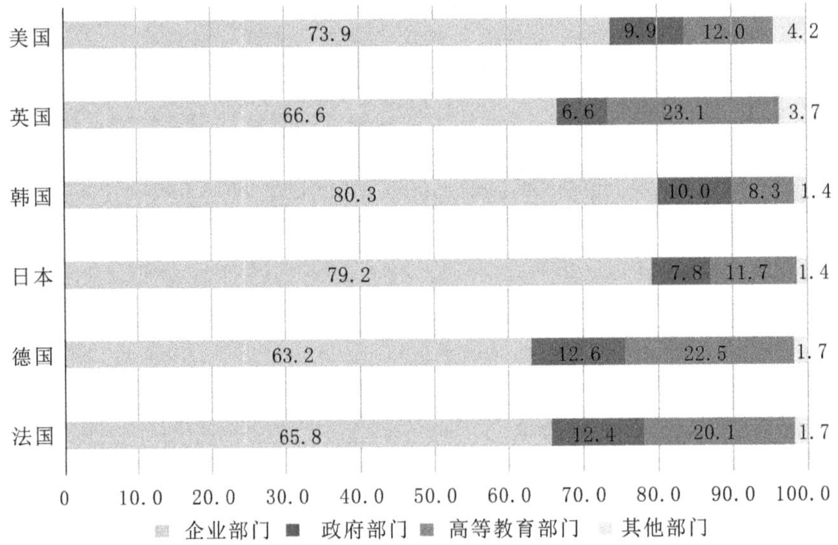

图6–3　部分国家和地区R&D投入的执行主体结构（单位：%）

数据来源：《中国科技统计年鉴2021》。

从R&D投入的研究性质来看，基础研究方面，法国最高，为22.7%，其次为英国、美国；应用研究方面，英国最高，为42.1%，其次为法国，达到41.3%；试验发展方面，日本最高，达到67.6%，其次为美国、韩国（见图6-4）。

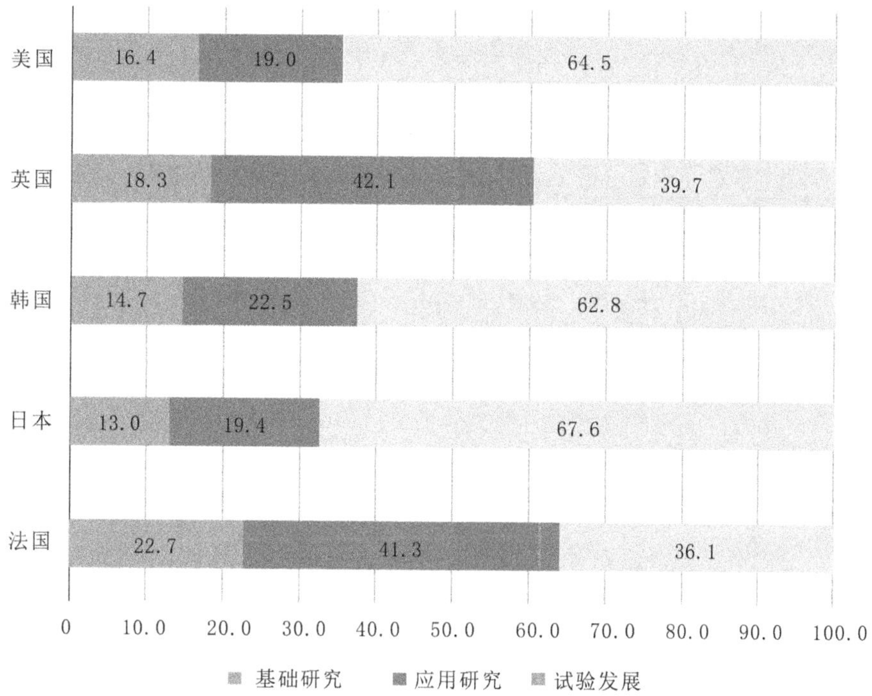

图6-4　部分国家和地区R&D投入的研究性质结构（单位：%）

数据来源：《中国科技统计年鉴2021》。注：德国数据缺失。

从基础研究投入结构来看，美国企业投入基础研究的比重较高，比如，2015年美国基础研发支出共835 亿美元，占全美研发支出总额的17%，其中27.2%来自企业[1]。

三、重视专利产出和发展全球化企业

1980—2020年，这6个国家专利申请数量整体呈现增长态势，其中美国、日本、韩国增长较快（见图6-5）。从专利授权量来看，这6个国家专利授权数量整体呈现增长态势，其中美国、日本、韩国增长较快（见图6-6）。

[1]　王炼：《美国企业基础研究投入情况分析》，《全球科技经济瞭望》2018年第1期。

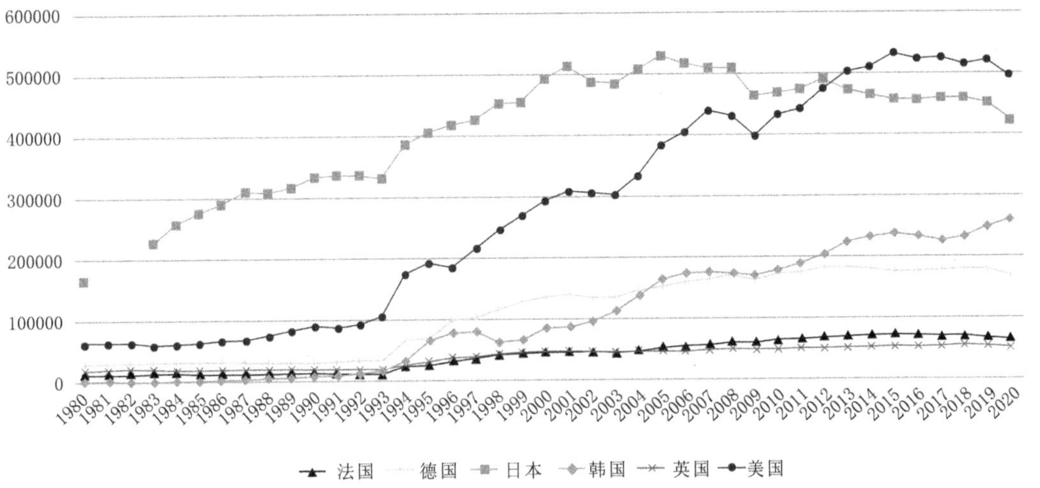

图6-5　1980—2020年部分国家年度专利申请数量（单位：件）

数据来源：世界知识产权组织。

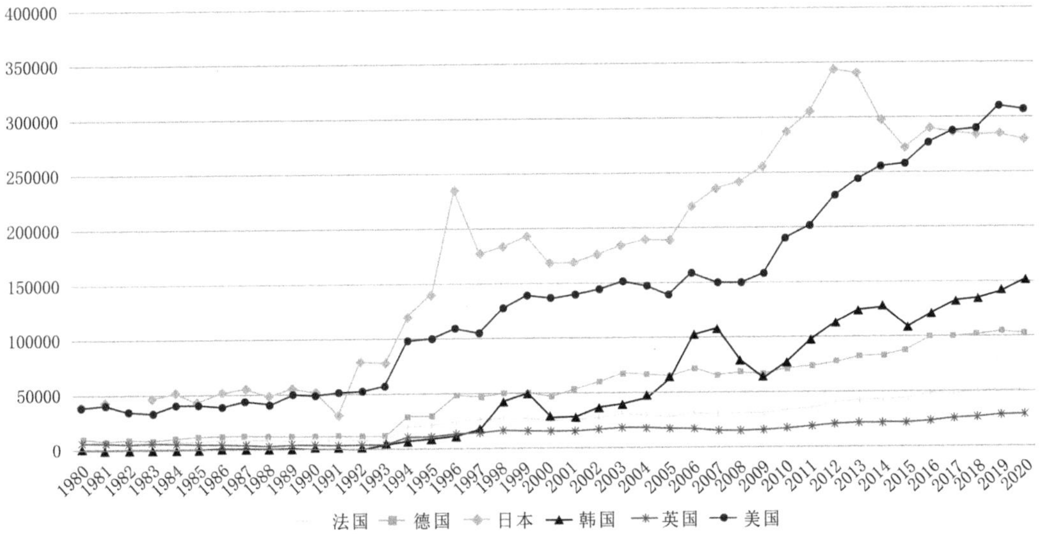

图6-6　1980—2020年部分国家年度专利授权数量（单位：件）

数据来源：世界知识产权组织。

以PCT申请量和科学出版物等为衡量科技创新指标，2020—2021年，日本东京-横滨科技集群位列全球第一，此外还有韩国、美国、法国等地区科技集群位列前十（见表6-2）。

表6-2　2020—2021年世界前10名科技集群的科研情况

排名	集群名称	经济体	人均PCT申请量（件）	人均科学出版物（件）	在PCT申请总量中的份额（%）	在出版物总量中的份额（%）
1	东京-横滨	日本	3232	3996	10.78	1.61
2	深圳-香港-广州	中国	1759	2818	7.79	1.51
3	北京	中国	1442	13441	2.62	2.95
4	首尔	韩国	—	—	3.93	1.61
5	圣何塞-旧金山	美国	6595	15217	3.69	1.03
6	大阪-神户-东京	日本	1956	4037	2.88	0.72
7	波士顿-剑桥	美国	3898	32690	1.44	1.47
8	上海	中国	595	5388	1.36	1.49
9	纽约	美国	777	8907	1.11	1.51
10	巴黎	法国	1241	8323	1.26	1.02

资料来源：《2021年全球创新指数报告》。

此外，全球化是驱动日本、德国、美国、英国、法国、韩国企业成长的基本动力。根据《财富》世界500强企业榜单，日本、德国、英国、韩国四个国家的全球500强企业总数合计达到258家，占比超50%，且基本上为跨国经营、全球化布局的大企业，如丰田、本田、西门子、蒂森工业、纽伦堡机器公司、通用电气、葛兰素史克、阿斯利康、三星电子、现代汽车等。

第二节 2

美国：法规体系、风险资本与基础研究政策

“二战”前，美国R&D投入相对较少，且投入增加趋势也比较缓慢。“二战”后，特别是美苏争霸时期，美国进一步加大R&D经费投入。进入21世纪后，美国不断强化R&D投入强度，R&D投入呈指数级增加，奠定了美国繁荣创新和经济增长的基础（见图6-7）。与此同时，美国作为高度市场化国家，充分发挥市场机制配置资源和促进创新的决定性作用，发展“以市场为基础的创新”[1]，政策上更加侧重通过财税、知识产权、法律法规等建设优越的创新环境。2015年，美国在新版《美国创新战略》中进一步强调科技创新对于经济社会发展的重要推动作用，大力支持先进制造业复苏，促进国家优先领域的重大突破，依靠科技创新实现持续经济增长和繁荣。此外，《美国创新战略》将政府对于创新的促进作用提高到前所未有的高度，强调政府要更加重视营造创新生态，不仅重申了联邦政府在投资创新基础要素方面的重要作用，而且还提出要刺激私营部门创新的动力、激励全民创新[2]。

[1] ［美］安纳李·萨克森尼安：《区域优势：硅谷与128号公路的文化与竞争》，温建平、李波译，上海科学技术出版社，2020。

[2] 中国知识管理中心：《美国创新战略述评》，http://www.cid.ac.cn/cxfz/cycxfz/201512/t20151224_320573.html#.

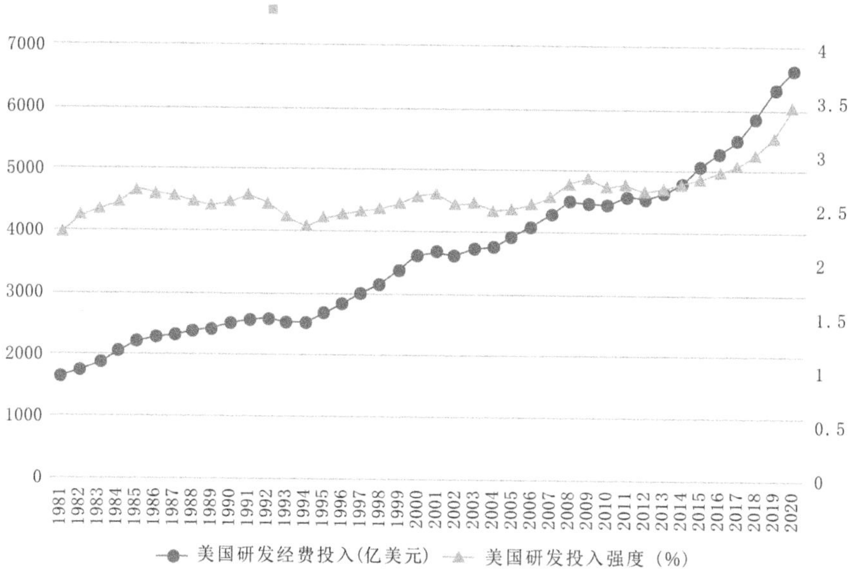

图6-7　1981—2020年美国R&D经费投入和R&D投入强度

数据来源：OECD数据库。

一、美国国家创新体系及企业主体地位

前文指出，美国的成功源于创新生态系统，这一创新生态系统包括创新主体、创新资源、创新环境以及它们之间的协同关系，涉及创新投入、创新需求、创新活动、人才、投资和基础设施支撑以及创新结果等。如美国硅谷、128号公路的成功引起广泛的关注和研究，以解释其中的内在机制。《区域优势：硅谷和128号公路的文化和竞争》[1]《硅谷优势：创新和创业的栖息地》[2]等书中指出，硅谷的优势在于其以地区网络为基础的工业体系，鼓励协作和竞争；硅谷的最大特点是作为“高新技术创业精神的‘栖息地’”；“要从生态学的角度来研究硅谷才能解释硅谷的成功”；等等。从国家创新体系视角来看，美国形成了基础研究、应用研究、科技成果产业化、科技金融、科技人才互促互进的强化企业创新主体地位的生态体系（见图6-8）。其中，政府专注于基础研究、基础设施建设和环境营造，为企业创新提供直接或间接条件。基础研究和应用研究成果通过产业化催生了大量的科技型中小企业，科技金融和人才

[1]　［美］安纳李·萨克森尼安：《区域优势：硅谷和128号公路的文化和竞争》，温建平、李波译，上海科学出版社，2020。

[2]　李钟文、［美］威廉·米勒、［美］玛格丽特·韩柯克等：《硅谷优势：创新和创业的栖息地》，人民出版社，2002。

支撑为企业成长提供了资源和“催化剂”“加速器”。

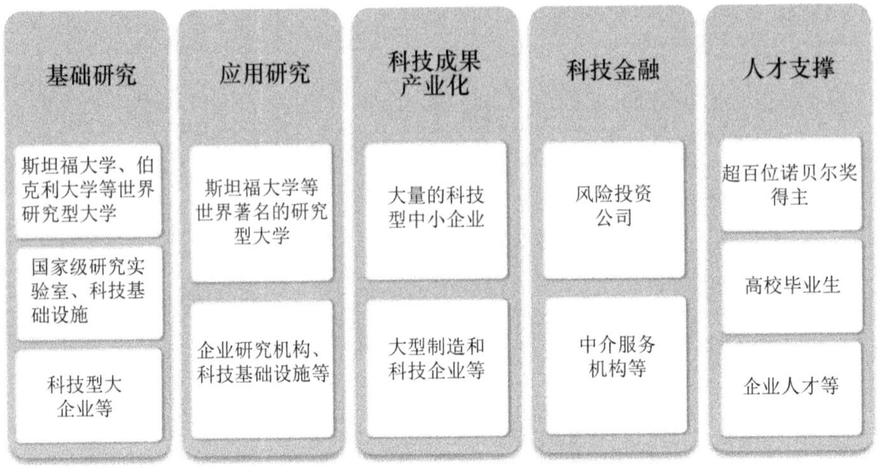

图6-8 美国国家创新体系的部分构成要素

资料来源：笔者绘制。

1.群体性

2022年，美国小企业数量达3320万家，占全美企业的99.9%。美国是培育独角兽企业的摇篮。根据CB Insights数据，截至2022年6月，全球共有1170家独角兽企业，总估值为3.8万亿美元，其中美国独角兽企业数量排名第一，达628家，占比53.7%，总估值为2万亿美元，占比约52.6%。从独角兽企业增长速度来看，美国2016—2022年独角兽企业年均增长率为36.0%（见图6-9）。

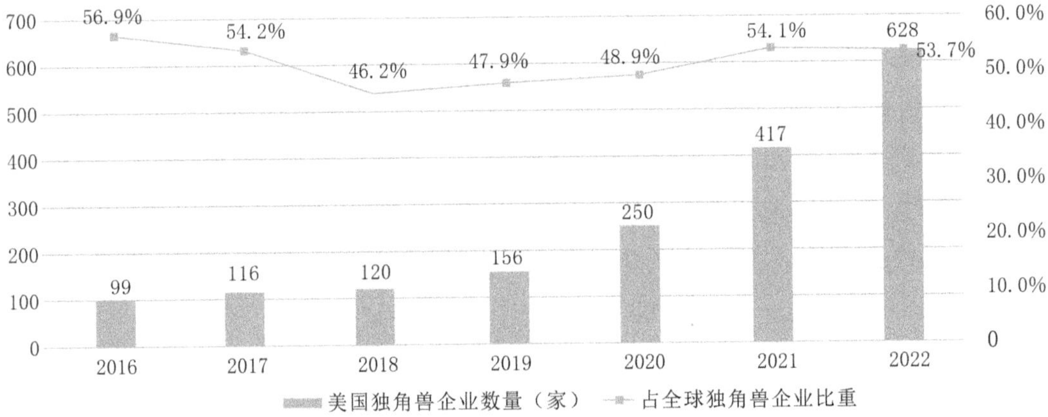

图6-9 2016—2022年美国独角兽企业数量及全球占比

资料来源：CB Insights。

从2021年独角兽企业行业分布来看，美国独角兽企业聚焦于互联网软件和服务、金融科技、健康、人工智能、网络安全等高科技领域（见图6-10）。

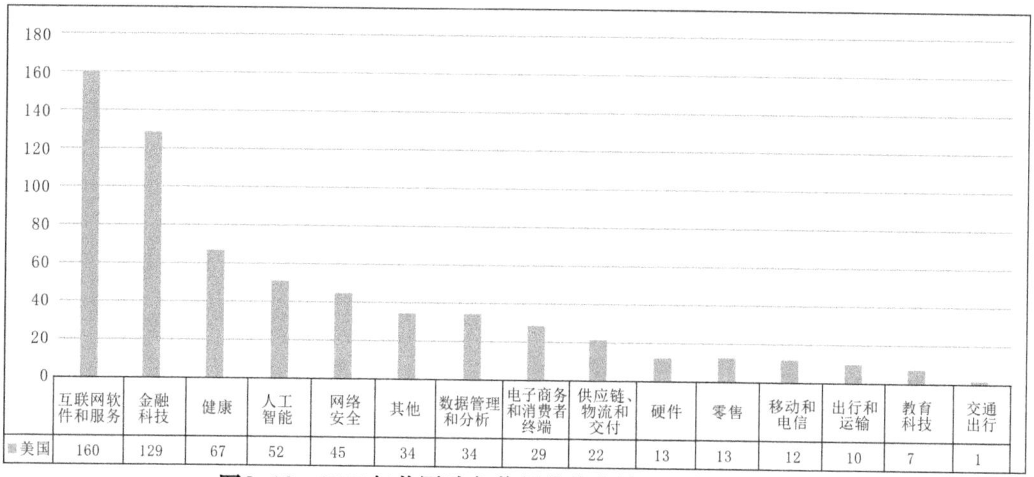

图6-10　2021年美国独角兽行业分布情况（单位：个）

资料来源：CB Insights.

2022年，从《财富》杂志世界500强排行榜来看，美国以124家企业入围世界500强名单，成为入榜企业数量排名第二的国家，与2021年相比，美国上榜企业数量增加了两家。虽然美国历年500强企业总数在下降，但总体数量依然过百（见图6-11）。美国上榜企业中以技术驱动为主，集中在信息技术、生命健康等领域，且在高端制造业方面具有显著优势，占据全球价值链高端环节。比如，美国不乏苹果、CVS Health、联合健康集团、ALPHABET、微软、嘉德诺、戴尔、辉瑞制药、英特尔、特斯拉、甲骨文等全球知名科技企业，高科技500强企业数量高达63家，占比高达50.8%，营业收入为6.9万亿美元，占比高达61.6%（见表6-3）。

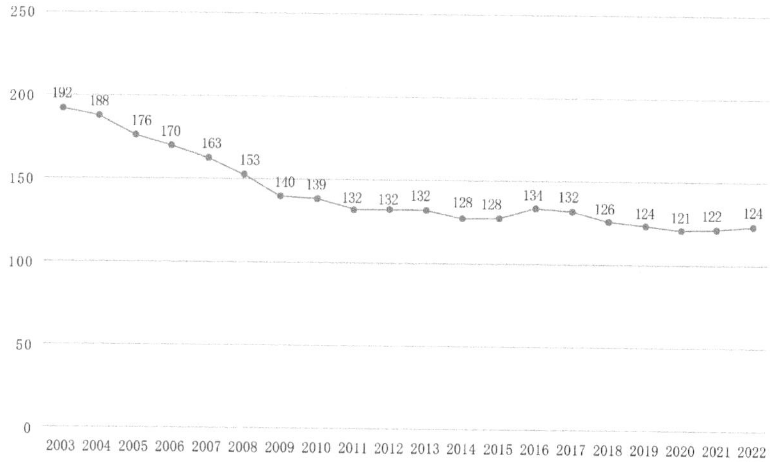

图6-11　2003—2022年美国世界500强企业数量变化（单位：家）

资料来源：笔者绘制。

表6-3 2022年美国高科技领域世界500强企业

国家	美国
高科技500强企业数量（家）及占比（%）	63；50.8
营收总额（万亿美元）及占比（%）	6.9；61.6
利润总额（万亿美元）及占比（%）	0.72；57.6
高科技企业名称	沃尔玛（WALMART）、亚马逊（AMAZON.COM）、苹果公司（APPLE）、CVS Health公司（CVS HEALTH）、联合健康集团（UNITEDHEALTH GROUP）、麦克森公司（MCKESSON）、Alphabet公司（ALPHABET）、美源伯根公司（Amerisource Bergen）、开市客（COSTCO Wholesale）、美国电话电报公司（AT&T）、微软（MICROSOFT）、嘉德诺（CARDINAL HEALTH）、雪佛龙（CHEVRON）、沃博联（WALGREENS BOOTS ALLIANCE）、Elevance Health公司（ELEVANCE HEALTH）、福特汽车公司（FORD MOTOR）、威瑞森电信（VERIZON COMMUNICATIONS）、通用汽车公司（GENERAL MOTORS）、Centene公司（CENTENE）、Meta Platforms公司（META PLATFORMS）、美国康卡斯特电信公司（COMCAST）、戴尔科技公司（DELL TECHNOLOGIES）、联合包裹速递服务公司（UNITED PARCEL SERVICE）、强生（JOHNSON&JOHNSON）、哈门那公司（HUMANA）、辉瑞制药有限公司（PFIZER）、英特尔公司（INTEL）、宝洁公司（PROCTER&GAMBLE）、通用电气公司（GENERAL ELECTRIC）、国际商业机器公司（INTERNATIONAL BUSINESS MACHINES）、华特迪士尼公司（WALT DISNEY）、Energy Transfer公司（ENERGY TRANSFER）、洛克希德－马丁（LOCKHEED MARTIN）、雷神技术公司（RAYTHEON TECHNOLOGIES）、惠普公司（HP）、波音（BOEING）、邦吉公司（BUNGE）、HCA 医疗保健公司（HCA HEALTHCARE）、艾伯维（ABBVIE）、陶氏公司（DOW）、特斯拉（TESLA）、百思买（BEST BUY）、特许通讯公司（CHARTER COMMUNICATIONS）、西斯科公司（SYSCO）、默沙东（MERCK）、卡特彼勒（CATERPILLAR）、思科公司（CISCO SYSTEMS）、TJX公司（TJX）、百时美施贵宝公司（BRISTOL-MYERS SQUIBB）、甲骨文公司（ORACLE）、赛默飞世尔科技公司（THERMO FISHER SCIENTIFIC）、通用动力（GENERAL DYNAMICS）、Exelon公司（EXELON）、3M公司（3M）、艾睿电子（ARROW ELECTRONICS）、霍尼韦尔国际公司（HONEYWELL INTERNATIONAL）、高通（QUALCOMM）、TD Synnex公司（TD SYNNEX）、美国航空集团（AMERICAN AIRLINES GROUP）、Netflix公司（NETFLIX）、丹纳赫公司（DANAHER）、捷普公司（JABIL）、克罗格（KROGER）等

数据来源：《财富》杂志发布的《世界500强企业排行榜》报告。注：高科技领域包括高新技术产业、先进制造业、高技术制造业等。

2.创新性

1953年，美国R&D投入强度为1.33%，至1964年达到阶段性顶峰2.79%；1978年后，美国R&D投入强度从2.07%开始呈攀升趋势，至2020年达到3.39%（见图6-12）。在此过程中，企业研发投入强度基本与整个R&D投入趋势相一致，从1953年的0.93%增长到2022年的2.55%，而美国联邦政府研发投入强度、高等教育机构研发投入强度以及其他研发投入强度基本保持不变。除美苏争霸期间，美国联邦政府投入大幅提高外，自1953年以来，美国R&D投入增长更多的是通过企业研发投入增长拉动。

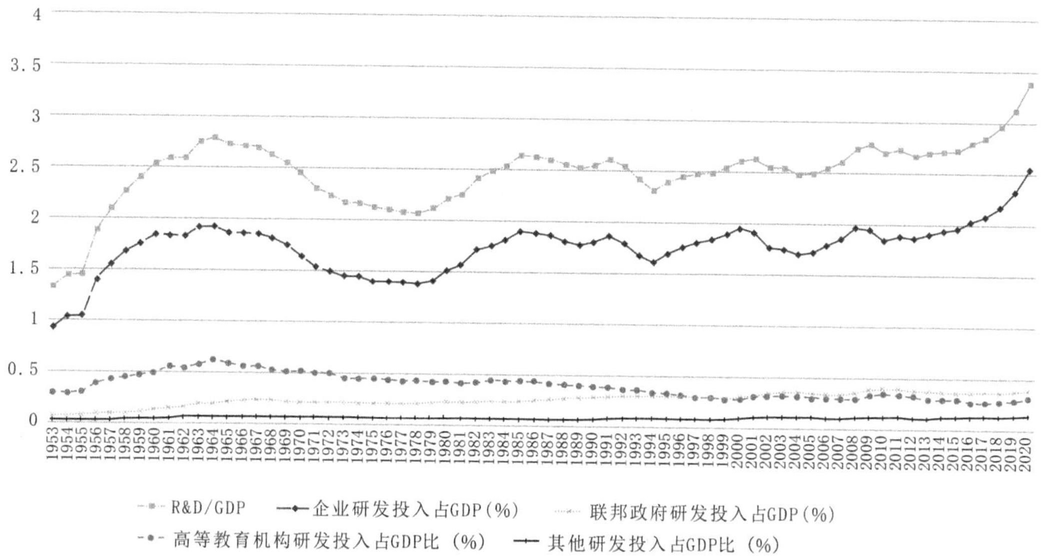

图6-12　1953—2020年美国R&D投入强度以及各执行主体研发投入强度变化

资料来源：美国国家科学基金会。

美国创新研发体系由不同研发执行者和资金来源组成，包括私营企业、联邦政府、非联邦政府、高等教育机构和非营利组织，执行研发的组织通常会获得大量的外部资金，而资助研发的组织本身也可能是执行者。从图6-2、图6-3、图6-4可以看出，美国全社会研发投入中，有63.3%的资金来自企业本身，政府提供了25.9%，比如2015年美国商业部门利用商业、联邦和其他研发资金来源，完成了3558亿美元的研发，占美国研发总额的72%，且其本身为研发提供了3332亿美元的资金，占美国总资金的67%。从执行主体来看，73.9%的R&D资金由企业部门完成，高等教育部门仅占12.0%。

从企业研发资金来看，根据美国国家科学基金会（The US National Science Foundation，NSF）的调查[1]，2020年，美国企业在研发方面的支出为5380亿美元，比2019年增长9.1%，其中，来自企业自身的资金为4660亿美元，比2019年增长8.7%；来自其他来源的资金为710亿美元，较2019年增加11.7%。在其他来源的710亿美元中，美国联邦政府投入为290亿美元。美国联邦政府约90%的资金流向了三个行业集团：航空航天产品和零部件（130亿美元），专业、科学和技术服务（70亿美元）以及计算

[1] The US National Science Foundation.Businesses Spent over a Half Trillion Dollars for R&D Performance in the United States during 2020，a 9.1% Increase over 2019，http://ncses.nsf.gov/pubs/nsf 22343.

机和电子产品（60亿美元）。

2020年，在企业5380亿美元的研发总投入中，360亿美元（约7%）用于基础研究，760亿美元（约14%）用于应用研究，4260亿美元（约79%）用于开发。该分布与2019年的分布相似（分别为7%、15%和78%）。2020年，制造业公司完成了3080亿美元（57%）的国内研发，大部分资金来自这些公司的自有资金（86%）。非制造业的公司完成了2290亿美元的国内研发（占国内研发总额的43%），其中88%是由公司自有资金支付的。2020年，美国公司的国内净销售额为11万亿美元，对于所有行业，研发强度（研发与销售比）为4.8%，制造商为5.4%，非制造商为4.1%。2020年研发强度较高的制造业是制药和药品（16.6%）、计算机和电子产品（13.1%）以及航空航天产品和零部件（8.5%）。在非制造业中，研发密集度较高的行业是科学研究和开发服务（36.4%）、软件出版商（13.9%）和计算机系统设计及相关服务（10.7%）。

2019年，美国商业部门的资金为4818亿美元，占美国研发投入总额的72%，接近98%的商业部门研发资金都支持企业研发绩效，包括公司自身以及支持其他公司的研发；剩下的资金流向了高等教育和非营利组织的研发人员。

商业部门在国家研发资金中的主导作用始于20世纪80年代初，其研发投入开始超过美国所有研发资金的50%。在2000年至2019年间，商业部门在美国研发资金总额中的份额每年为61%～72%不等。

从美国头部高研发企业来看，根据《2021年欧盟产业研发投入记分牌》数据，2020年全球研发投入TOP2500公司的研发投入合计达到9042亿欧元，其中有779家美国公司（见表6-4），总研发投入超过3435亿欧元，研发投入占比为38%，居世界第一（见表6-5）。

表6-4　2009—2021年“2500家全球研发投入最高公司”美国上榜企业数量

年份 地区	2009	2016	2017	2018	2019	2020	2021
美国（个）	531	837	882	778	769	775	779

数据来源：European Commission。

表6-5　2021年欧盟产业研发投入记分牌部分国家和地区情况

国家/地区	公司数量	入榜全部公司		TOP50公司	
		R&D总量（百万欧元）	R&D均值（百万欧元）	R&D总量（百万欧元）	R&D均值（百万欧元）
美国	779	343562.4	441.0	221720.9	4434.4
中国	683	160084.5	234.4	101103.9	2022.1
大陆	597	140950.6	236.1	83657.4	1673.1
台湾	86	19133.9	222.5	17446.5	348.9
欧盟	401	184101.4	459.1	128794.1	2575.9
德国	124	86943.0	701.2	80793.5	1615.9
法国	66	32022.4	485.2	31263.3	625.3
日本	293	111062.3	379.1	81409.7	1628.2
英国	105	28925.6	275.5	25427.8	508.6
韩国	60	33425.0	557.1	33025.0	660.5
瑞士	59	29011.1	491.7	8708.1	574.2

数据来源：European Commission。

根据《2021年欧盟产业研发投入记分牌》中2500家代表性企业研发投入来看，美国达到7%，远高于全部企业的4.3%（见表6-6）。

表6-6　代表性企业研发投入占销售收入比重

指标	美国	欧盟	日本	全部企业
代表性企业研发投入占销售收入比（%）	7.0	3.9	3.6	4.3

资料来源：《2021年欧盟产业研发投入记分牌》。

3.价值性

自第二次工业革命以来，美国在许多领域的技术、标准等方面引领全球，形成了强大的创新壁垒，将追随者长期锁定于设定的技术轨道中。

从品牌来看，根据《凯度BrandZ™最具价值全球品牌100强排行榜（美国）》（见表6-7）。美国品牌数量高达57个，全球品牌前10中有7家公司为美国企业，其中苹果以9470.62亿美元的品牌价值位列榜首，谷歌以8195.73亿美元位居全球第二，亚马逊以7056.46亿美元排在第三位。此外，法国、德国、日本、英国也有部分品牌上榜。

表6-7 凯度BrandZ™最具价值全球品牌100强排行榜（美国）

排行	品牌名称	国家	品牌价值（亿美元）	品类
1	苹果	美国	9470.62	消费科技
2	谷歌	美国	8195.73	媒体和娱乐
3	亚马逊	美国	7056.46	零售
4	微软	美国	6114.6	商业解决方案和科技服务
6	麦当劳	美国	1965.26	快餐
7	VISA	美国	1910.32	支付
8	Facebook	美国	1864.21	媒体和娱乐
11	英伟达	美国	1241.61	商业解决方案和科技服务
12	万事达卡	美国	1172.53	支付
13	耐克	美国	1096.01	服饰
15	威瑞森通讯	美国	1019.62	电信服务
17	可口可乐	美国	978.83	食品饮料
18	IBM	美国	96992	商业解决方案和科技服务
19	ADOBE	美国	928.3	商业解决方案和科技服务
20	Instagram	美国	920.98	媒体和娱乐
21	UPS	美国	913.61	物流
22	甲骨文公司	美国	903.56	商业解决方案和科技服务
23	AT&T	美国	871.69	电信服务
24	Youtube	美国	862.12	媒体和娱乐
25	家得宝	美国	842.2	零售
28	PAYPAL	美国	787.45	支付
29	特斯拉	美国	759.33	汽车
30	奈飞	美国	735.18	媒体和娱乐
33	高通	美国	624.39	商业解决方案和科技服务
34	英特尔	美国	623.87	商业解决方案和科技服务
35	星巴克	美国	617.58	快餐
36	XFINITY	美国	616.13	电信服务
37	沃尔玛	美国	614.92	零售
38	迪士尼	美国	604.87	媒体和娱乐
39	万宝路	美国	583.84	烟草
40	领英	美国	580.77	媒体和娱乐
41	思科	美国	570.26	商业解决方案和科技服务
42	德州仪器	美国	561.23	商业解决方案和科技服务
43	SALESFORCE	美国	549.7	商业解决方案和科技服务
47	INTUIT	美国	496.18	商业解决方案和科技服务
48	开市客	美国	496.14	零售
49	SPECTRUM	美国	495.54	电信服务
52	AMD	美国	446.77	商业解决方案和科技服务

续表

排行	品牌名称	国家	品牌价值（亿美元）	品类
54	美国运通	美国	433.58	支付
55	富国银行	美国	430.52	银行
56	XBOX	美国	396.74	消费科技
59	摩根大通	美国	374.12	银行
68	CHASE	美国	320.98	银行
69	美国银行	美国	308.46	银行
74	SNAPCHAT	美国	289.34	媒体和娱乐
75	UNITED HEALTH CARE	美国	283.15	保险
78	DHL	美国	269.51	物流
79	优步	美国	268.92	服务平台
81	戴尔	美国	265.44	商业解决方案和科技服务
85	联邦快递	美国	246.26	物流
86	劳氏	美国	245.62	零售
90	TARGET	美国	235.39	零售
93	百威	美国	231.63	酒类
94	AIA	美国	227.33	保险
95	肯德基	美国	222.93	快餐
99	爱彼迎	美国	212.76	生活方式平台
100	摩根士丹利	美国	212.19	银行

数据来源：凯度 BrandZ™。

二、充分发挥政府引导作用，塑造良好环境

美国政府有着信奉市场原教旨主义[1]的悠久历史，一般较少直接干预或参与创新市场，更多的是通过创造“机会均等、公平竞争”的外在环境，加强基础设施建设、提供优质公共服务、健全法律政策体系，通过调节市场失灵驱动国家创新力的持续提高。

一是加强创新领域的战略谋划。自2018年以来，美国提出《美国保持在先进制造业领导战略》《无尽前沿法案》《国家太空政策》《2021年美国创新和竞争法》等，强化美国科技发展以及关键产业的研发优势。如《无尽前沿法案》旨在通过增加对未来技术领域的发现、创造和商业化投资来巩固美国在科学技术创新方面的领导地位。

二是从供需两端加大激发企业创新活力。从供给端看，美国联邦政府向企业、高

[1] 指信仰市场这只“看不见的手”在市场机制中的调节、修复作用，而反对政府对市场的调控和干预。

等院校和其他研究机构以“研究合同、研究资助和合作研究”等形式拨款，支持有关R&D工作。这种方式不仅能避免使政府直接雇佣大量的科技人员，而且极大地刺激了企业与高校的技术创新积极性，提高了企业R&D与技术创新的能力和效率。从需求端看，政府可通过采购推动企业创新。事实证明，在CAD、半导体、集成电路等领域，政府长期的持续采购所起的推动作用要比政府的直接资助大得多。以集成电路为例，1962年，美国政府购买了所有此类产品；1963年，购买了所有产品的44%；到了1968年，美国政府对该类产品的购买量仍占37%。这为美国集成电路的发展起到了很好的推动作用[1]。

三是完善的法制政策体系孕育企业家精神。通过财税政策等间接方式鼓励和引导中小企业技术创新。早在1981年，美国就设置了针对私营部门实验和研究的税收抵免政策，同时降低了企业专利申请难度，通过有效的知识产权保护确保企业创新利润[2]。法规方面，美国可以说是世界上关于促进技术创新的法律最完备的国家之一。先后推出《史蒂文森　怀德勒技术创新法》《联邦技术转移法》《国家竞争力技术转让法》《美国技术优先法》《国家合作研究生产法》《国家技术转移促进法》和《技术转移商业化法》等法律法规[3]，以促进政府、企业、大学和研究机构等创新主体之间进一步交流和更广泛合作，鼓励国有实验室将技术成果向私营部门转化。值得注意的是，《拜度法案》规定政府投资给研究所和大学所形成的知识产权和专利技术一律对外公开，任何人都可以购买；《斯蒂文森　威尔德勒技术转让法案》规定美国联邦政府投在国家实验室和国家工程中心所形成的知识产权一律对外公开。这两大法案极大地释放了企业的创新潜力和企业家的创新精神。

三、风险投资培育企业创新主体和梯队

美国是一个崇尚冒险，富有英雄主义的国家，强调“从0到1”的原始技术创新、高新技术育成孵化和科技成果产业化，如集成电路、微处理器、心脏移植、重组DNA等技术突破。据统计，90%的美国高科技企业是按照风险资本模式发展起来的。以硅谷为例，过去50年中，硅谷由斯坦福教授、学生和毕业生创办的公司达1200多家[4]，基本上都涉及风险资本，培育了苹果、雅虎、英特尔、Facebook 等一批全球知名公

[1] 王利、张伟：《美日政府推动企业技术创新的经验与借鉴》，《吉林大学社会科学学报》1999年第4期。
[2] 吕忠泽、孟倩：《美国创新驱动战略的内涵特征、动力机制和举措》，《战略与管理》2016年第5期。
[3] 范旭、李瑞娇：《美国基础研究的特点分析及其对中国的启示》，《世界科技研究与发展》2019年第6期。
[4] 王成斌：《突破科教资源转化为新兴产业的“卡子门”》，《中国高等教育》2019年第2期。

司。如图6-13所示，美国风险投资占GDP比重全球排名第二，以色列排名第一。

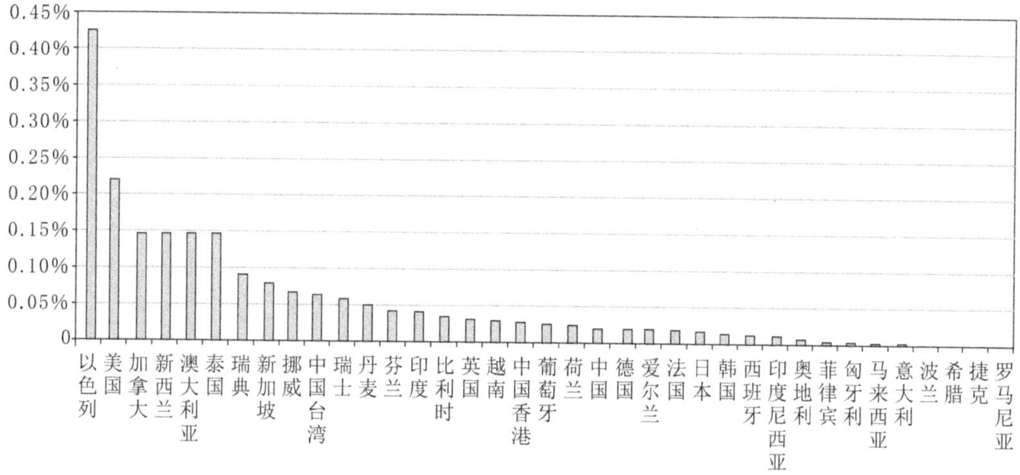

图6-13　2007年不同国家和地区风险投资占GDP比重

资料来源：［美］霍尔（Hall B.H）、［美］罗森伯格（Rosenberg N.）：《创新经济学手册》，上海市科学学研究所译，上海交通大学出版社，2017。

美苏科技争霸期间，美国举全国之力扶持中小科技企业，自上而下推动全民创新，不仅催生了以硅谷为代表的一大批科创企业，也为美国培养了一大批创业家和风险投资家。美国政府设立的小企业管理署，以优惠利率贷款给专门投资于高技术小企业的风险投资公司。1958年，美国通过《小企业投资法案》，建立了中小企业投资公司（SBIC）制度，政府承诺金融机构给初创公司每投资1美元，政府就投资3美元，这极大促进了风险投资的发展，涌现了戴维斯-洛克、德雷珀-盖瑟-安德森、萨特-希尔等著名的风投公司。但20世纪60年代末开始，由于股市下跌、石油危机等使得风险投资进入停滞状态。1975年，美国的风险投资不足15亿美元，而1980年上升到25亿美元，1987年又猛增到150多亿美元[1]。20世纪90年代中期以来，美国风险投资得到迅速发展，风险投资规模在2000年达到高峰（见图6-14）。近20年，美国风投产业稳步发展，2020年美国风投融资达到1300亿美元的创纪录高位，连续三年融资额超过1000亿美元，稳居全球第一。

[1]　《国内外中小企业科技创新能先进模式及经验》，https：//www.docin.com/p-2416410708.html。

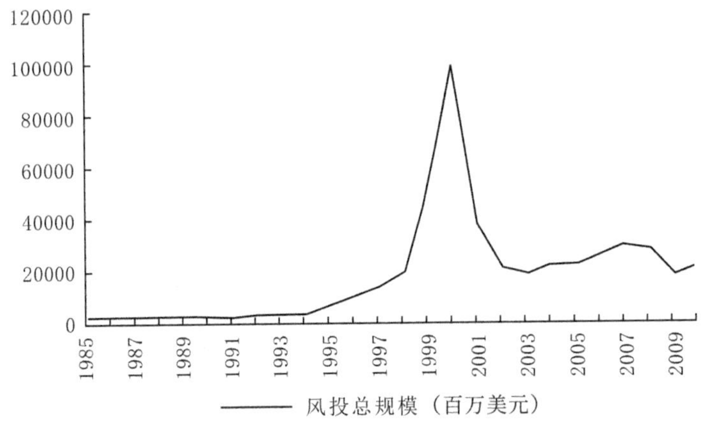

图6-14　1985—2009年美国风投总规模

资料来源：NVCA。

美国风险投资公司重点投向无法得到公共资金或信贷机构资金的年轻而又迅速发展的小公司，其投资主要分为两类：一是早期投资，二是后期资助。从地区来看，大部分风险投资发生在旧金山和硅谷地区，2017年，旧金山地区风险投资总额达到249亿美元。2015年至2017年间，硅谷和旧金山地区的风险投资额占加州总风险投资额的比重从73%增长到78.3%，占全美风险投资总额的近40%。其中，天使投资达到35亿美元，占全部风险投资总额的14%（见图6-15）。

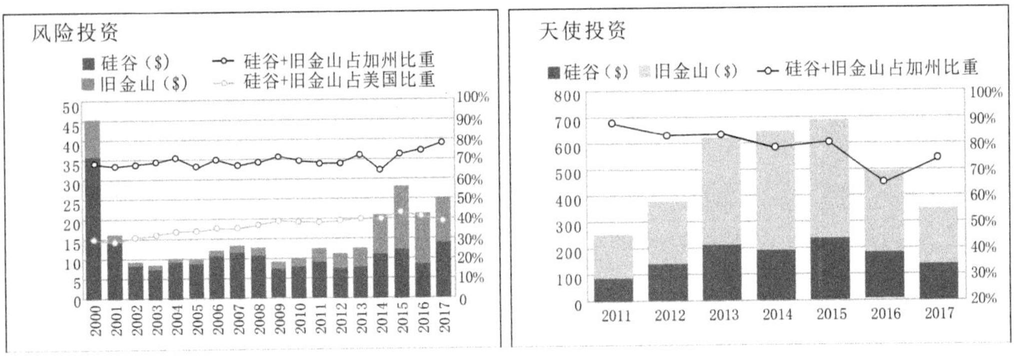

图6-15　硅谷风险投资情况

数据来源：《2018年硅谷指数》。

四、推动企业深度参与基础研究

美国一直高度重视基础研究工作，通过大力发展基础研究驱动自主创新，成为“二战”后的世界科学中心。20世纪30年代，美国企业对研究和发展活动的支持超过联邦政府、大学，但在20世纪40年代特别是“二战”以后，美国联邦政府逐渐取代工业资本家，成为科学研究的主要资助者[1]。20世纪50—60年代，美国联邦政府的研发投入强度有一个快速提升过程，联邦政府支出的科研经费占美国科研经费总额的50%以上，1965年甚至达到73%，这些经费大部分投入基础研究。在加强联邦政府基础研究投入的同时，美国也不断强化企业在基础研究方面的参与度。从图6-16可以看出，美国企业研发投入中，基础研究占比从1981年的3%左右提升至2020年的6.4%，基础研究和应用研究投入合计占比达到21%左右。

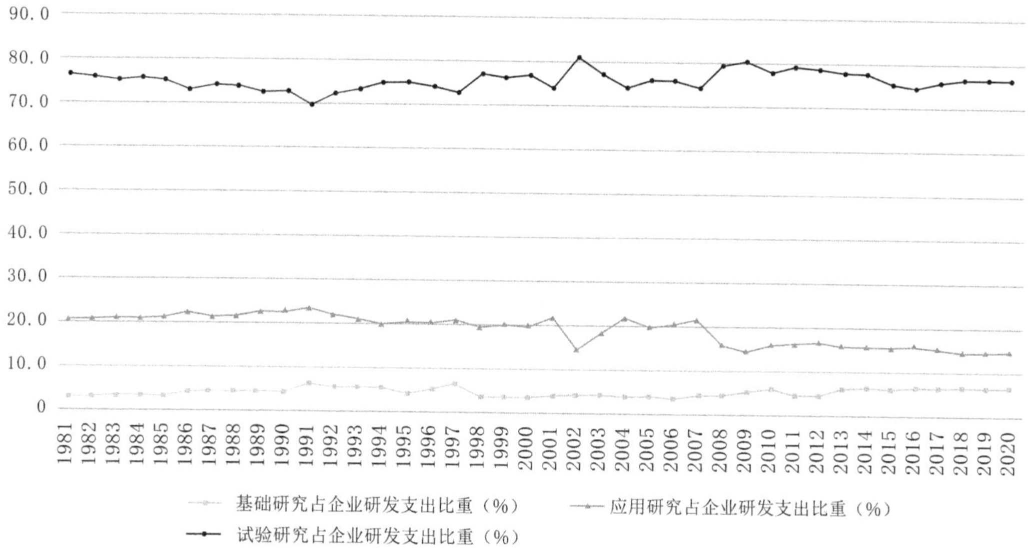

图6-16　美国企业研发投入结构

资料来源：WIND。

一是支持企业资助和参与基础研究和应用研究。从美国基础研究投入结构可看出，美国联邦政府是主体，投入了大约75%的经费，而有近四分之一经费由企业提供。20世纪50—60年代，尤其是美苏军事争霸期间，美国向企业委托了大量的国防科研领域基础研究合同，提高了基础研究投入中企业所占的比例。20世纪80年代，为

[1]　王利、张伟：《美日政府推动企业技术创新的经验与借鉴》，《吉林大学社会科学学报》1999年第4期。

尽快走出经济危机，美国联邦政府相继出台了《拜杜法案》（1980）、《经济复兴法案》（1981）、《国家合作研究生产法》（1984）、《税制改革法案》（1986）、《联邦技术转移法》（1986）、《国家竞争力技术转让法》（1989）等一系列鼓励企业投资和研发的政策。其中，《税制改革法案》规定企业通过合同委托大学进行基础研究的研究费用可以按照20%的比例进行税收抵免；企业向大学赠送的科研设备可以作为慈善捐赠，并且慈善捐赠的10%可以直接抵免应纳税所得额[1]。20世纪90年代，在信息产业发展驱动下，美国企业研发投入快速增长，使得企业基础研究的比重恢复并达到较高水平。进入21世纪以来，来自企业的基础研究投入下降，在2003年降至16%的最低水平，后来又增长至28%左右（见表6-8）。

表6-8　1953—2017年美国基础研究经费来源占比

年份	经费总额（十亿美元）	各主体占比（%）				
		联邦政府	非联邦政府	企业	大学	非营利组织
1953	3.032	57.68	1.42	33.51	1.32	6.1
1963	11.694	68.35	3.54	20.07	2.72	5.32
1973	15.566	69.45	4.79	14.8	5.44	5.52
1983	22.179	66.1	3.33	18.07	6.87	5.63
1993	39.783	57.05	3.31	24.83	7.89	6.91
2003	63.208	59.99	3.48	16.42	10.38	9.73
2013	73.41	45.86	2.89	26.75	12.44	12.05
2014	75.401	44.81	2.81	27.67	12.45	12.25
2015	75.866	44.27	2.82	27.22	13.04	12.66
2016	88.567	42.6	2.8	29	12.9	12.6
2017	91.453	42.3	2.7	28.8	13.4	12.8

数据来源：范旭、李瑞娇：《美国基础研究的特点分析及其对中国的启示》，《世界科技研究与发展》2019年第6期。注：非联邦政府主要是指州政府和地方政府。

从执行部门来看，自20世纪60年代以来，美国大学就已成为基础研究的支柱，它所执行的基础研究经费比重在40%～55%上下浮动。企业是基础研究的第二大承担者，承担全国基础研究经费的四分之一左右（见表6-9）。此外，非营利组织也十分重视基础研究，2016年其基础研究执行经费占全美的12.7%左右。最后是美国联邦政府机构的基础研究执行部分，主要由联邦实验室和联邦自主研究发展中心（FFRDCs）负责。

[1]　范旭、李瑞娇：《美国基础研究的特点分析及其对中国的启示》，《世界科技研究与发展》2019年第6期。

表6-9 1953—2017年美国基础研究执行主体占比

年份	经费总额（十亿美元）	各主体占比（%）				
		联邦政府	FFRDCs	企业	大学	非营利组织
1953	3.032	29.91	7.85	32.85	26.78	10.46
1963	11.694	23.66	10.21	22.9	42.95	10.49
1973	15.566	25.22	9.32	14.51	51.3	8.96
1983	22.179	28.56	13.98	17.73	46.45	7.26
1993	39.783	21.36	12.24	22.36	47.48	8.81
2003	63.208	17.77	9.26	15.19	55.12	11.92
2013	73.41	12.13	5.34	24.86	50.41	12.51
2014	75.401	12.03	4.94	26.11	49.23	12.62
2015	75.866	12.04	4.94	26.11	49.23	12.62
2016	88.567	11.8	4.7	27.8	47.7	12.7
2017	91.453	11.6	4.5	27.1	48.4	12.9

数据来源：范旭、李瑞娇：《美国基础研究的特点分析及其对中国的启示》，《世界科技研究与发展》2019年第6期。注：FFRDCs在联邦研发活动中发挥不可替代的作用，由政府资助创建并由政府负担大部分经费，但政府不直接管理和运营，而是以合同的形式委托给大学、非营利机构或企业管理。

二是鼓励企业承担高风险产学研合作。产学研合作是美国联邦政府资助的重要领域。一方面，美国通过设置产学研合作计划项目，包括“产业-大学合作研究中心”项目计划、先进技术计划、先进制造业伙伴计划等，建立创新平台，推动技术研发和商业化进程。如实施“清洁能源孵化器计划”，在全美建立5个商业孵化器，帮助企业家尽快将清洁能源技术商业化；“创新兵团计划”为600个政府资助的科学家和工程师团队提供创业培训，使其研发更加专注于市场需求的驱动。另一方面，美国鼓励企业通过风险投资形式介入大学早期高风险科研项目，联合开发新产品、新技术，实行风险共担、利益共享。比如，杜邦公司同哈佛大学医学院签订了一项研究分子遗传学的风险投资合同，总金额高达6000万美元。

第三节 3 日本：政府干预、大企业作用与金融支持体系

20世纪80年代，美国及西欧发达国家对日本发动“贸易战”“专利战”，迫使日本政府签订“广场协议”，采取全方位措施压制日本半导体、汽车等高新技术产业发展。自此，日本政府认识到自主创新与研发能力的重要性，提出“科技立国”战略（见图6-17），从重视应用和开发的追赶型科技体制向重视基础研究和创造性体制转变，加大了政府投资力度，推动发展模式由过去的引进、吸收、消化转变为强化自主性研究及集成创新，加强政府对重大创新活动的系统性干预，使得日本科技水平得到了大幅提升，尤其是半导体行业取得了突破性发展，达到世界领先水平。从研发投入强度来看，日本在1975年就达到了2.15%的水平，20世纪80年代后稳定在2%以上，2000年以后，日本研发投入强度稳定在3%以上，且保持增长态势（见图6-18）。1995年以后，虽然日本GDP经历了“失落的十年”（或“失落的二十年”），但日本R&D经费投入以及R&D投入强度仍继续保持增长。通过实施“科技立国”战略，日本逐步积累了相当雄厚的经济实力、技术基础和人力资源，日本企业成功完成从劳动密集型向技术密集型的转变，盈利水平不断提升。

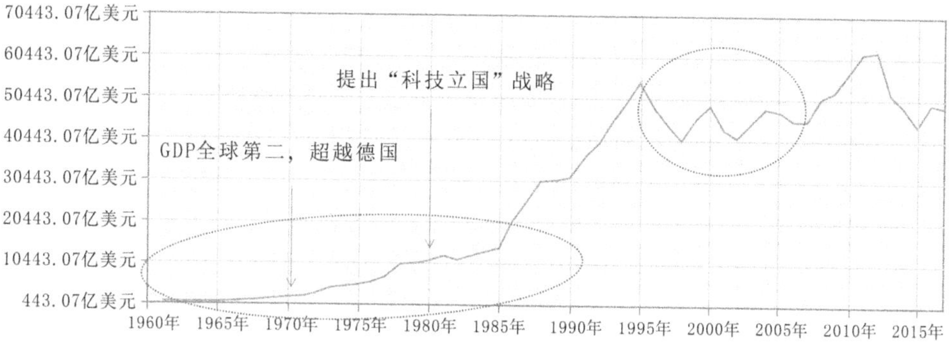

图6-17　日本1960—2015年GDP变化以及“科技立国”战略

资料来源：世界银行。

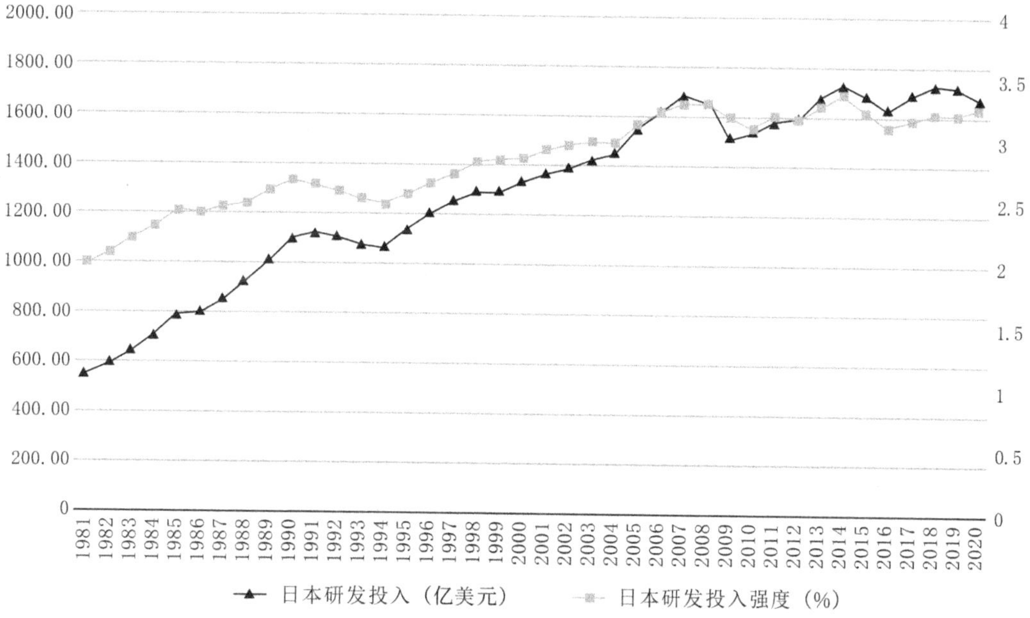

图6-18　1981—2020年日本研发投入和投入强度

资料来源：OECD。

一、日本国家创新体系及企业主体地位

与美国基础研究驱动不同，日本国家创新体系更多的是应用研究驱动。在R&D资金的使用偏向上与美国相反，日本将2/3的研发资金用于过程创新，产品创新只占1/3，这就决定了日本更擅长过程创新，即“从1到N”的创新。此外，日本国家创新体系更加注重发展大型企业，搭建集群产业和创新网络，以及由集群内部形成的政产学研有机合作机制（见图6-19）。

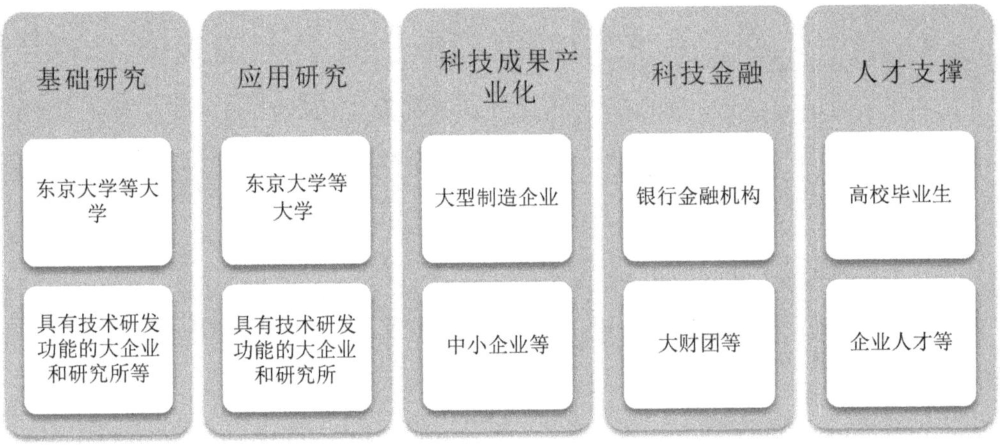

图6-19　日本国家创新体系的部分构成要素

资料来源：笔者绘制。

1.群体性

日本企业创新主体主要集中于工业领域。全球领先的专业信息服务提供商科睿唯安根据企业全球创新能力的持续高效表现及其规模，研究和发布了《2022年全球百强创新机构》报告。根据报告，全球创新百强机构来源于12个国家和地区。其中日本上榜企业数最多，有35家（见表6-10），排名第二的是美国（18家），之后是中国台湾（9家）、德国（9家）、法国（8家）、中国大陆（5家）、韩国（5家）。从行业分布来看，电子和计算机行业有19家，包括兄弟工业株式会社、佳能、富士胶片株式会社、富士通株式会社、铠侠、柯尼卡美能达、京瓷株式会社、村田制作所、日本电气、奥林巴斯、欧姆龙、松下、理光、斯库林集团、精工爱普生、索尼、TDK株式会社、东芝公司、东京电子株式会社；汽车行业有4家，包括电装总业株式会社、本田、丰田和矢崎总业株式会社；工业行业有7家，包括发那科、日立、小松集团、三菱电机、三菱重工、雅马哈、住友电工株式会社；化学方面有4家，分别是旭硝子玻璃、日东电工、信越化学工业株式会社、住友化学株式会社；食品行业有禧玛诺1家。

表6-10 入选全球创新百强机构的日本企业名单

企业数量	企业名称
35	旭硝子玻璃（AGC）、兄弟工业株式会社、佳能、电装总业株式会社、发那科、富士胶片株式会社、富士通株式会社、日立、本田、铠侠、小松集团、柯尼卡美能达、京瓷株式会社、三菱重工、三菱电机、村田制作所、日本电气、日东电工、奥林巴斯、欧姆龙、松下、理光、斯库林集团、精工爱普生、禧玛诺、信越化学工业株式会社、索尼、住友化学株式会社、住友电工株式会社、TDK株式会社、东京电子株式会社、东芝公司、丰田、雅马哈、矢崎总业株式会社

资料来源：科睿唯安《2022年全球百强创新机构》。

根据《财富》杂志世界500强企业排行榜单，日本共有44家世界500强企业，比较有代表性的企业包括丰田、三菱、日立、索尼、松下、电装、武田药品等。

2.创新性

根据图6-2、图6-3、图6-4，日本78.9%的R&D资金来自企业，从R&D经费投入方向来看，日本79.2%的R&D资金投入企业部门；从研究性质来看，日本的基础研究、应用研究、试验发展的投入比例为13.0∶19.4∶67.6。

“二战”以来，日本企业在研究经费的投入和使用上占据较大的比例，研究人员和研究机构大部分集中于企业，因此，民间企业在推动日本技术创新上起到了主体作用。据统计，20世纪80年代后期，日本民间企业的研究经费投入占总投入的80%，而美国才占52%，原西德占62.3%，法国占47.1%，英国占61.5%，日本民间企业在研究经费投入中占据的比例是欧美国家相关数值的1.3—1.7倍[1]。

《2021年欧盟产业研发投入记分牌》数据显示，2020年全球研发投入TOP2500家公司的研发投入合计达到9042亿欧元，其中有293家日本公司（见表6-5），研发投入占比为12.3%。

《2021年欧盟产业研发投入记分牌》中2500家代表性企业研发投入来看，日本研发投入占销售收入比重达到3.6%，低于全部企业的4.3%（见表6-6）。

[1] 王博：《战后日本技术创新与经济增长研究》，吉林大学，2020。

3.价值性

由于更多注重过程创新，日本企业在产品研发和技术精进方面取得了世界领先的成绩，“工匠精神”誉满全球。当前，日本在电子、机械、工业机器人、光学、化学、半导体、金属等领域都拥有达到世界顶尖水平的技术。比如，工业用机器人的产量占世界一半以上，发那科是日本最大的数控系统公司，也是全球最大的工业机器人制造商；2019年，全球数控机床企业营收排名前十中，日本企业有4家；半导体材料领域，全球前五大光刻胶厂商有4家来自日本，分别是日本JSR、东京应化、信越化学、富士电子，共占市场份额高达72%[1]。

在高研发投入支持下，日本企业在基础研究领域取得了卓越的成绩。如吉野彰（Akira Yoshino）从京都大学工学部石油化学科毕业后进入旭化成工业株式会社从事锂电池技术开发工作。2019年10月9日，约翰·B.古迪纳夫、斯坦利·惠廷厄姆和吉野彰三人共同被授予诺贝尔化学奖，表彰他们对锂离子电池方面的研究贡献。

二、国家对创新过程的系统干预

“二战”后，日本强化国家对创新过程的系统干预，同时充分发挥市场主体的作用，创造了东亚国家“经济奇迹”。爱德华多和弗里曼（2004）比较了日本和苏联创新体系的区别，发现苏联虽然研发投入强度很大，但政府介入并完全主导了创新过程，未能很好地建立政府支持与市场机制的协同关系，这也是导致苏联衰退的重要原因[2]（见表6-11）。

[1] 参考资料：https：//baijiahao.baidu.com/s?id=1740076322938021115&wfr=spider&for=pc。

[2] 在第二次科技革命和产业变革期间，苏联的研发投入曾占GDP的4%以上，远远高于一般的发达国家，苏联建造了世界上第一颗人造卫星、第一艘原子破冰船、第一个原子能发电站，实现了第一个宇航员登上太空等，取得了一系列辉煌成就。但苏联70%的研发投入用于军事，其体制特点高度集权，即国家主导一切，科研主攻方向和重点由国家确定，科研机构和科研人员的组织管理由国家决定，科研成果的转化推广由国家决定等，其技术（知识）传播的军转民机制并没有建立起来。同样也是这一制度模式使苏联在以信息技术为标志的新科技革命浪潮中逐渐丧失发展优势，经济发展停滞不前，科技创新乏力。对于原子能、宇宙航天、火箭等大型科技军事项目和计划而言，高度集中的计划管理方式有利于高效快速地取得成果，而民用、信息、电子工业等领域的科技成果的取得，则更需要市场动力和竞争，以及积极、广泛的合作交流来实现，然而苏联应对新科技革命的方式仍旧沿用电气化革命的方式——重工业化、民用工业传统化、科技研发军事化，这导致了它最后的失败。

表6-11　20世纪70年代日本和苏联创新体系的比较

日本	苏联
GERD/GNP（全社会研究开发经费占国民生产总值的比重）很高，大概2.5% 军事/航空领域R&D占比很低（＜2% R&D总经费）	GERD/GNP（全社会研究开发经费占国民生产总值的比重）非常高，大概4% 军事/航空领域R&D占比极高（＞70% R&D总经费）
企业研发投入占比很高（接近67%）	企业研发投入占比很低（＜10%）
企业层面R&D、生产和技术引进的整合能力很强	R&D、生产和技术引进相分离，彼此之间的制度连接较弱
用户、生产者和分包商网络比较发达	市场、生产和采购之间的联系很弱甚至不存在
企业层面创新激励力度较大，包括管理层和普通员工	一些针对管理者和员工的创新激励政策逐渐推出，但被其他负面因素抵消了效果
在国际市场上积累了丰富的竞争经验	除了军事竞赛，参与国际竞争的能力很弱

资料来源：Eduardo D.M.，Freeman C.2004. “The ‘National System of Innovation’ in Historical Perspective”. *RevistaBrasileira De Inovao*，3（1）：9-34.

日本政府对创新活动的干预包括财政支持与组织协调、政策刺激以及创新环境改善三个方面。

一是加大财政支持和组织协调力度。为提升本国半导体技术，赶超先进水平，1976—1979年间，日本组织通产省所属电子技术综合研究所和富士通、日立、三菱电机、日本电气、东芝五家企业，建立了联合研究组合，并且由政府提供了291亿日元的补助金，占全部研究经费的39.9%，至1979年该组合解散时，已取得了1000余项专利[1]。随后，日本政府推出贷款和税费优惠等措施，支持日立、NEC、富士通等企业。1980年，日本攻下30%的全球半导体内存市场，五年后，日本在全球半导体内存市场的份额占比超过50%，将美国甩在身后[2]。

二是通过综合政策刺激创新需求和动力。大体上包括财政补贴、税收优惠和贷款优惠、政府采购等各类政策。“二战”后，日本政府先后向企业提供了工矿业重要技术研究开发费补助金、技术改善补助金、能源技术开发补助金等，并规定企业进行尖端技术研究以及以满足社会需要为目的的基础研究、应用研究经费或工业化试验阶段研究开发所必需的设备费和运转经费中一半可以由补助金提供[3]。在税收优惠方面，1985年，日本政府分别制定了《促进基础技术开发税制》和《关于加强中小企业技术基础的税制》。这两个税制规定，企业购置用于基础技术（包括尖端电子技术、生

[1]　王利、张伟：《美日政府推动企业技术创新的经验与借鉴》，《吉林大学社会科学学报》1999年第4期。
[2]　雷小苗、高国伦、李正风：《日美贸易摩擦期间日本高科技产业兴衰启示》，《亚太经济》2020年第3期。
[3]　王利、张伟：《美日政府推动企业技术创新的经验与借鉴》，《吉林大学社会科学学报》1999年第4期。

物技术、新材料技术、电信技术及空间开发技术等）开发的资产免税7%，对中小企业研究开发和试验经费免征6%[1]。在政府采购方面，重点针对中小企业实施“绿色采购”，对支柱产业企业产品进行重点采购，以推动技术进步和可持续发展。

三是改善投融资和法律等创新环境。日本支持科技创新的政策性金融体系有三大支柱：政策性金融机构、信用补全制度、政府投资基金[2]。

日本政策性金融机构包括“二行”“九库”以及海外协力基金，其中“二行”指日本开发银行、日本输出入银行，“九库”包括国民金融公库、中小企业金融公库、中小企业信用保险公库、公营企业金融公库、环境卫生金融公库、农林渔业金融公库、住宅金融公库、北海道开发金融公库、冲绳振兴开发金融公库。这些政策性金融机构除了提供贷款支持，还为科技企业提供咨询服务、搭建信息沟通平台等增值服务。比如，国民金融公库主要提供小额周转资金贷款，服务对象是规模较小的中小企业；中小企业金融公库则支持规模较大的中小企业，为其提供长期低息贷款[3]。

信用补全制度是信用担保与信用保险的有机结合，构成的信用担保体系包括两级担保，一是担保与保险相结合，二是中央与地方共担风险，有效发挥增信作用，可降低科技企业融资成本，提升金融可得性。

政府投资基金发挥政府资金的引导作用，带动社会资本投资，重视对早期创新活动的支持。比如，日本通产省组织企业、研究院等研究联合体实施的超大规模集成电路（Very Large Scale Integration，VLSI）计划，设立了全国规模最大的专门投资于半导体产业的政府投资基金。VLSI总投资规模约737亿日元，其中，政府投资 291 亿日元，约占39%，企业投资约占 61%。1976—1980年，VLSI为日本半导体产业的研发提供了大约 25%～66%的资金[4]。

此外，重视法律制定也是日本政府推动企业技术创新的重要措施。1995年出台的《中小企业创造法》，是日本第一部支持对科技型中小企业进行风险投资的法律；2013年出台的《产业竞争力强化法》进一步加强了政府对企业风险投资的税收扶持。又如，日本曾先后出台了《机械工业振兴临时措施法》和《纺织工业设备临时措施法》，对企业现有设备采取“强制报废、政府收购”的方式，加快企业设备更新步伐。在20世纪60年代至70年代，日本政府为“收购废弃”累计支出了近4000亿日元，

[1] 程津培、徐芃：《转变经济增长方式　提高我国企业自主创新能》，《中国发展》2006年第3期。
[2] 张嘉明：《日本政策性金融支持科技创新的经验与启示》，国务院发展研究中心，2021。
[3] 《金融支持科技创新，这些国家做对了哪些事？对我国有何启示？》，https：//baijiahao.baidu.com/s?id=1732216496001311140&wfr=spider&for=pc。
[4] 赵鑫：《美国、日本发展政府投资基金支持科技创新的经验及启示》，《经济研究导刊》2020年第7期。

废弃的纺机和织机相当于20世纪60年代中期日本全国拥有量的2/5。

三、大企业主导下的产学研合作体系

从主要经济体研发投入占GDP的比重可以看出，日本研发投入强度长期高于3%。在高额研发投入支持下，日本产业结构顺利实现从劳动密集型向技术密集型转变，高端制造业居于世界领先地位，高科技行业在日本经济中的占比不断上升。

产业结构成功转化背后，大企业创新体系及其产学研合作体系发挥了关键作用。日本大企业大多在内部建立了比较完善的创新体系，涵盖基础研究、应用研究以及生产制造等，比如，丰田公司研发体系包括研究、开发、应用三个层次："基础研究开发"（根本研究所、中央研究所、东富士研究所等）；"先行技术开发"（根本研究所、东富士研究所、东京设计研究所等）；"产品开发"（中央研究所、零件研究所、总部直属技术中心、海外研发机构、士别试验场、供应商、研究所等）；"生产制造技术开发"（总部技术中心、 供应商研究所、各海内外工厂技术部门）。在此基础上，丰田公司中央研究所与大学、外部研究机构开展了密切的研究合作（见图6-20）。

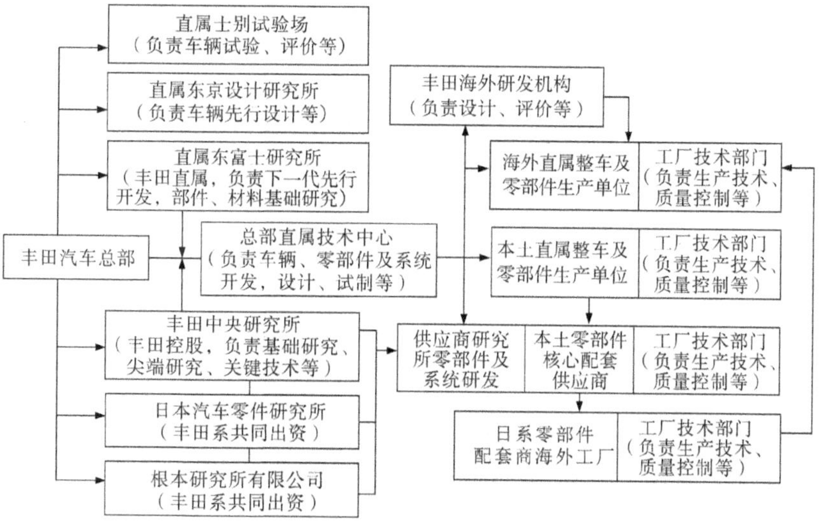

图6-20　丰田公司内部研发体系

参考资料：甄子健：《日本跨国公司技术创新特点及研发管理案例研究》，《全球科技经济瞭望》2018年第1期。

大企业主导开展产学研合作是日本的一个重要特点。如丰田公司产学研合作体系就具有代表性（见图6-21）。共同研究、委托研究是日本企业开展产学研合作的重要形式，其中共同研究是指与大学研究人员就共同研究课题，发挥彼此优势，费用各自承担，成果共享，以对等的立场进行的合作研究开发活动；委托研究就是企业以合同形式委托大学或国立研究机构进行研究开发，同时各个大学也普遍建立“接受委托研究员制度”，为企业培养高级研究人才。

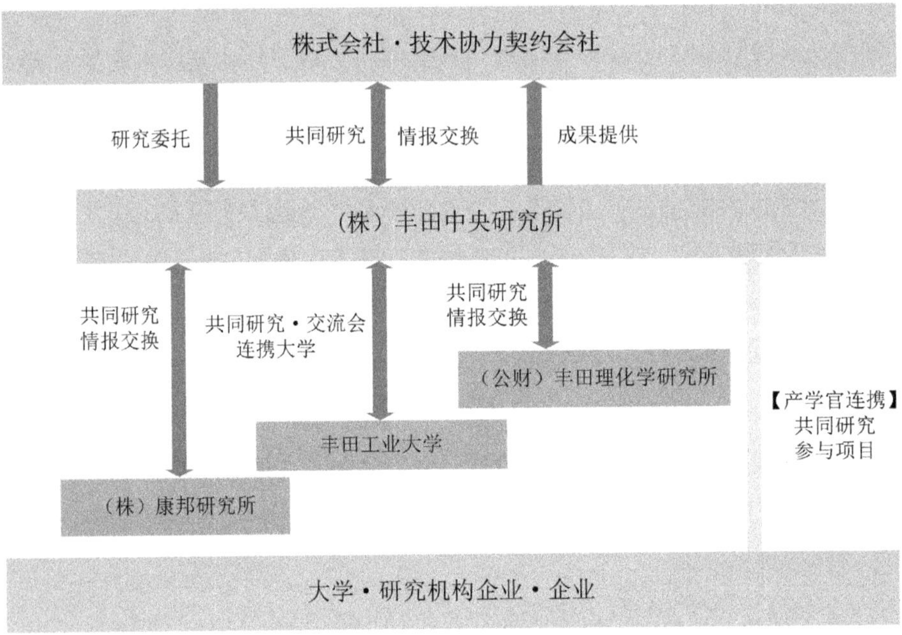

图6-21　丰田公司产学研合作体系

资料来源：丰田中央研究所株式会社官网。

又如，日本旭化成集团经营范围包括合成化学、化纤业务以及住宅、健康等领域，已发展成为全球技术领先的化工巨头，是日本最大的化学品公司之一。旭化成集团针对研发对象的新业务领域和市场增长性，分别设有横跨集团的开拓中长期业务的集团R&D和深挖各现有业务所需课题的R&D。各个课题无缝对接，同时通过CVC（公司风险资本）等，积极借助外部资源，力争开发旭化成特有的立足于多样性的新业务。集团与国内外企业、大学、公立研究所联手开展共同研究和技术外包，积极致力于产官学联合，形成了企业主导的全球创新网络。除了合作研发，旭化成集团还高度重视基础科学技术研究，成立了基础技术研究所。

四、间接金融驱动提升产业创新能力

“二战”后，日本研发投资资金快速增长，1956—1970年投资资金增长了10倍多。从投资资金来源看，除企业较少的内部资金外，更多的是依靠外部，即间接金融途径解决。据统计，日本经济1955—1983年每年以14%的速度高增长，其间有90%的投资资金由金融机构提供[1]。当前，日本大实业背后主要由银行、保险公司等提供金融服务。比如，爱和谊隶属日本保费排名第一的MS&AD保险集团，MS&AD保险集团的最大股东为丰田汽车，爱和谊和丰田虽彼此相对独立，但其产品只围绕丰田上下游和客户提供保险服务。

20世纪90年代后，日本进行了金融体制重建，将高度监管的银行系统转变为以市场为中心的金融体系，同时对组织结构、融资工具和融资制度进行创新，从而有利于科技企业通过间接融资渠道获取资金。其中一个最大的特征是在法律上完全解除对银行、保险公司、证券机构等金融机构业务范围的限制，允许相互交叉、相互渗透。随后，日本金融界出现了大规模重组和整合，整合后的银团组织出现了银行、证券以及保险等混业经营的金融机构。与美国风险资本驱动不同，从日本科技企业获得的资本结构来看，银行证券公司和保险公司等金融机构和大公司投资占到70%左右。由于包含不同性质的金融机构，银团下的金融体系可以根据科技企业全生命周期提供有针对性的融资服务，实现无缝对接、快速对接，提高效率。创业投资子公司可以为科技企业在早期和成长阶段，提供天使投资和创业投资资金；科技企业进一步发展后，银行可以跟进对接，并根据前期业务发展情况提供贷款资金；科技企业迈入成熟期后，金融持股公司下的证券子公司可以为企业利用股票市场和债券市场直接融资提供服务[2]。此外，根据相关法律日本政策性投资银行，对缺乏传统抵押担保物的创业企业，可以专利权、著作权等知识产权担保提供长期资本供给[3]。

[1] 杜兴满：《日本的间接金融和直接金融》，《国际金融研究》1988年第3期。

[2] 《金融支持科技创新，这些国家做对了哪些事？对我国有何启示？》，https：//baijiahao.baidu.com/s?id=1732216496001311140&wfr=spider&for=pc。

[3] 同上。

第四节 4

德国：公共研发平台、“隐形冠军”企业与多元主体参与

德国是全球领先的出口和制造大国，高效、以企业为主体的创新体系对其维持竞争力十分重要。德国的《德意志联邦共和国基本法》规定：“科技和经济以主观能动为主，国家干预为辅。”德国政府的主要职能是通过投资科学研究（包括基础研究和应用研究）特别是基础研究，纠正市场失灵。自1981年以来，德国研发方面的投入虽有波动，但研发投入强度整体上保持持续上升趋势（见图6–22）。2014年，德国发布新版《一切为了创新：德国高科技战略3.0》，提出加强中小企业创新投入与区域创新均衡发展的发展战略，以及支持德国中小企业和中小“隐形冠军”企业在新技术和服务中使用关键技术，包括“工业4.0”、微电子、电池技术和生物技术等；实施中小企业中心创新项目、中小企业产业合作研究项目、资助中小企业进行尖端研究（KUM）创新项目、中小企业数字倡议与走向创新倡议等发展计划，增强创新型中小企业实力；新增“EXIST”系列计划（包括“EXIST–创始人奖学金”“EXIST–科研成果转移”等计划）、INVEST–风险投资补助、“生物技术–创业攻势”计划，鼓励成立更多的创新型初创企业等措施[1]。2018年，德国出台了《高科技战略2025》，提出到2025年实现科研支出占国民生产总值3.5%的目标。

[1] 《一切为了创新：德国高科技战略3.0》，https：//www.sohu.com/a/157069788_610510。

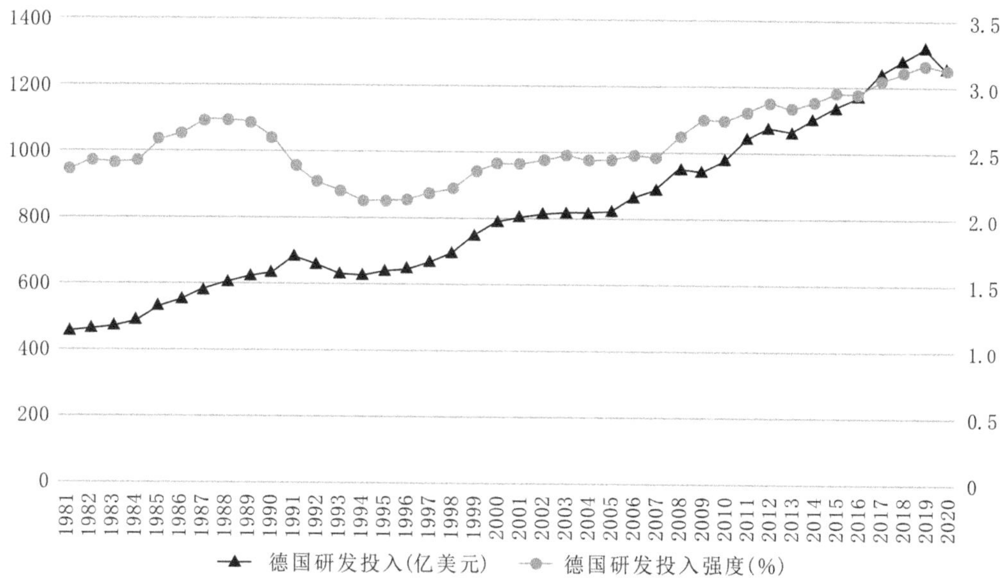

图6-22　1981—2020年德国研发投入和投入强度

资料来源：OECD。

一、德国国家创新体系及企业主体地位

德国国家创新体系具有系统性特点（见图6-23），科技与经济结合紧密，政府机构、科研组织、高等院校、中介机构、企业研发部门等构成了一个完整严密的创新生态链（见图6-24）。基础研究方面，四大公共科研机构，公立科研院所和大学科研机构各具特色，分工明确。如马普学会主要从事基础研究，麦姆霍兹联合会聚焦交通、健康、能源等领域从事高技术基础研究；弗劳恩霍夫学会主要从事应用研究，致力于科研成果的转化，为企业提供有偿的技术开发和技术转让[1]。大量中小企业和“隐形冠军”企业把技术创新、产品创新、工艺创新很好结合起来。政府为企业提供了平台、服务、部分资金支持和培育新型研发机构。德国人力资源十分发达，诺贝尔奖得主超过110人，职业人才、工匠大师数量众多，拥有独特的，嵌入到工厂、设备的隐性知识基础。

[1]　《德国创新体系的奥秘》，http://www.sx-dj.gov.cn/a/kptd/20201225/39328.shtml。

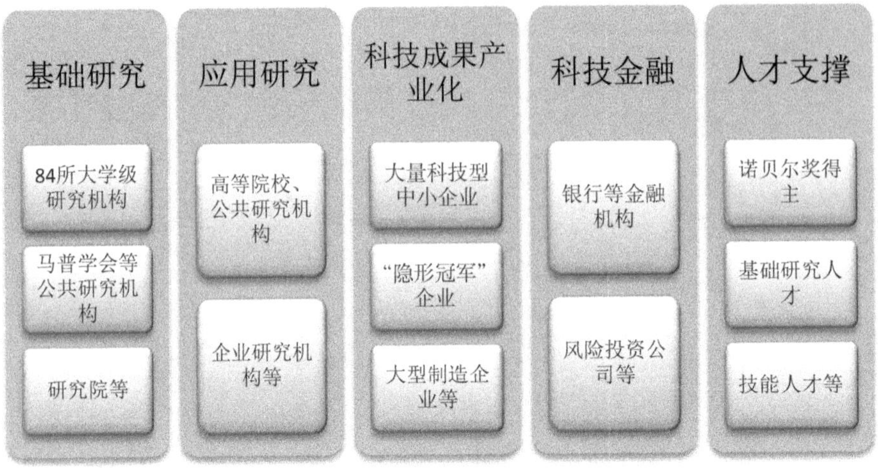

图6-23　德国国家创新体系的部分构成要素

资料来源：笔者绘制。

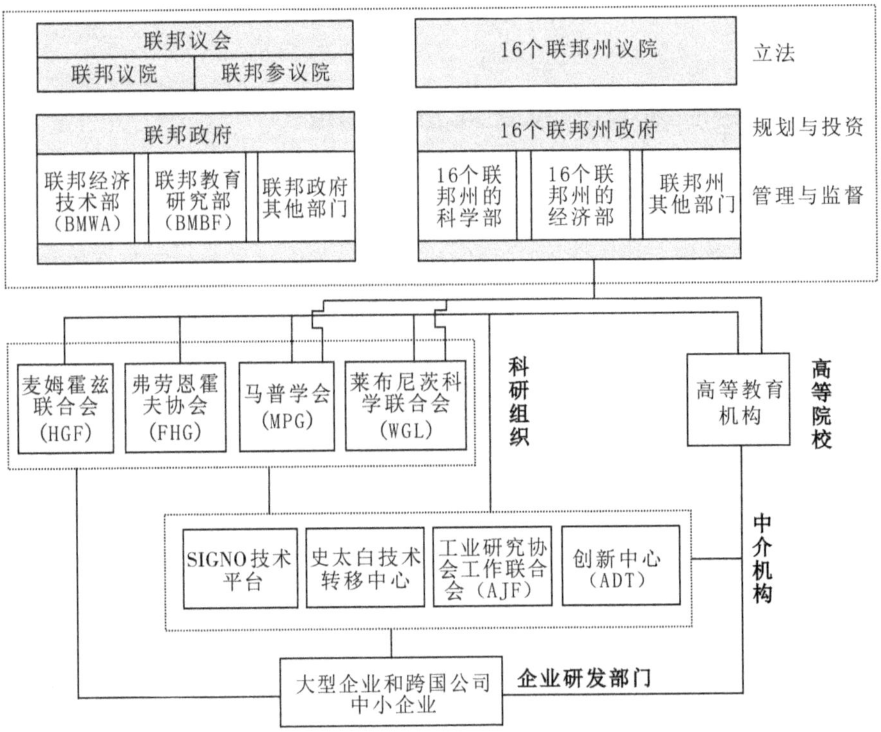

图6-24　德国研发平台体系

资料来源：《创新不止于发明：德国产学研体系四大金刚详解》，https：//www.sohu.com/a/433333693_777213。

1.群体性

在德国，企业技术创新活动十分活跃，企业是真正的技术创新主体，且中小企业是德国的经济支柱。据统计，德国拥有370多万家中小企业，占企业总数的99.7%，贡献了德国增加值的54%，提供了70.2%的就业，创造了德国营业收入的70%，是德国经济发展的主要支柱[1]。

从中小企业发展成为“隐形冠军”企业是德国产业经济和创新发展的显著特点。“隐形冠军”企业具有专注、创新和全球化特质，具有三大特征：在细分领域的市场份额位居世界前3；营业收入低于50亿美元；不为外界所知，处于产业链中间环节，生产产品配件或为大企业做配套服务[2]。“隐形冠军”企业的研发投入强度是产业平均水平的2倍多，专利产出是评价水平的5倍多。据不完全统计，德国“隐形冠军”企业有1308家，每100万人口拥有16家“隐形冠军”企业[3]。

德国企业具有显著的全球化特征。根据科睿唯安的《2022年全球百强创新机构》报告，全球创新百强机构中德国有9个，主要分布于化工、工业集团、工业系统、半导体、汽车等行业（见表6–12）。

表6–12　入选全球创新百强机构的德国企业名单

企业数量	企业名称
9	巴斯夫、博世、卡尔蔡司、大陆集团、赢创、英飞凌科技、默克、西门子、大众汽车

资料来源：科睿唯安《2022年全球百强创新机构》。

根据《财富》杂志世界500强企业榜单，德国共有28家企业入榜，比较有代表性的包括大众、梅赛德斯–奔驰集团、宝马集团、博世集团、巴斯夫公司、拜耳集团、西门子能源等。

2.创新性

根据图6–2、图6–3，从总体研发投入来源来看，德国64.5%的R&D资金来自企

[1]　李鑫：《德国财政扶持中小企业研发创新对我国有哪些启示？》，https：//www.fx361.com/page/2020/0526/6704666.shtml。

[2]　［德］赫尔曼·西蒙：《隐形冠军》，邓地译，经济日报出版社，2005。

[3]　《世界隐形冠军比拼》，https：//ishare.ifeng.com/c/s/7nah4vtMEvp。

业；从R&D经费投入方向来看，德国63.2%的资金投入企业部门，22.5%的资金投入高等教育部门。

德国80%的大型企业集团拥有独立研发机构，全国科研经费由工业企业研究机构完成的占86%以上；德国大企业所开发出的应用型技术成果约有60%～70%是由中小企业具体转化为商品的。《2021年欧盟产业研发投入记分牌》数据显示（见表6-5），2020年全球研发投入TOP2500中，有124家德国公司，研发投入总额占比为9.6%；德国企业R&D均值达到701.2百万欧元，高于美国、日本、英国等国家。

3.价值性

在世界经济论坛（WEF）公布的《2018年全球竞争力报告》中，德国在创新能力方面位居世界第一，超过美国及其他发达国家，其中，德国申报的专利和发表的科学论文数量以及顾客对德国产品的满意程度均名列前茅，企业产品改进与创新也有不俗的表现。

在机床、汽车等众多工业领域，德国中小企业、“隐形冠军”企业以及大企业共同建立了德国在工业领域的世界领导者地位，如德国的机械设备制造约占全球机械设备出口总额的1/6等。

二、建立发达的中小企业和“隐形冠军”企业

企业，特别是中小企业和“隐形冠军”企业已成为德国的技术创新主体。在培育中小企业和“隐形冠军”企业创新主体地位过程中，德国政府更多的是加强制度建设，形成稳定政策预期，加强以公共交通为代表的基础设施建设、提供优质的公共服务、健全法律体系，以及在此基础上创造能够保证公平竞争和优胜劣汰的制度环境。

一是以大企业为主体推动产业链创新链融合。发挥大企业主导作用，推动产业链创新链融合发展，利用产业界创新资源培育中小企业，同时更好地增强产业链竞争力。在德国，大企业内部不仅建立研发中心，同时也设立技术孵化中心以及风险投资部门，开展对外风险投资和技术孵化创业工作，如西门子在2016年设立8亿欧元风投基金来推动中小企业创新，以促进西门子的持续创新（见图6-25）。同时，政府发挥组织协调作用，推动产学研结合，赋能中小企业发展。“德国工业4.0”计划就是由德国联邦教研部与联邦经济技术部联手资助，在德国工程院、弗劳恩霍夫协会和西门子

公司等学界、产业界的建议和推动下形成的国家战略。在实践过程中，德国联邦政府投入2亿欧元，弗劳恩霍夫协会将工业4.0引入下属生产领域研究所，西门子公司将其引入工业软件开发和生产控制系统。

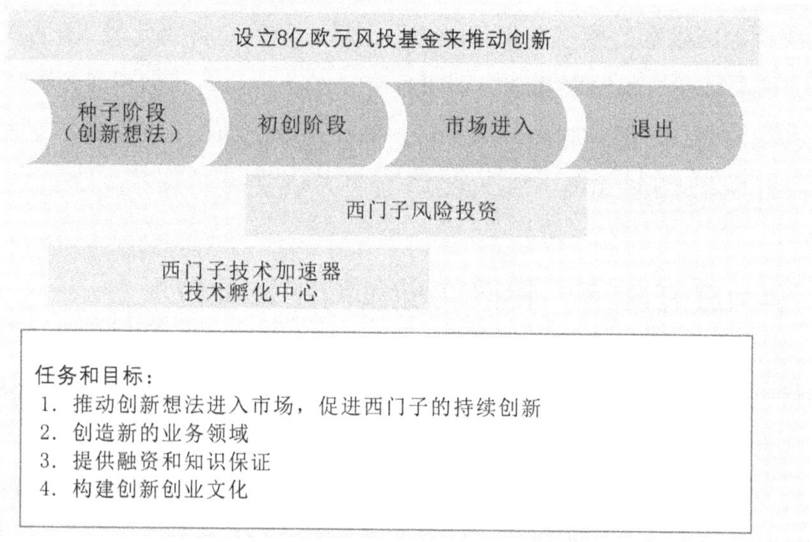

图6-25　德国西门子公司技术发展体系

资料来源：笔者整理。

二是对初创企业的政策倾斜。德国政府高度重视初创企业的发展，为增强其创新活力提供了优越的发展环境。以德国政府2017年推出的“投资-风投资本补贴”项目为例，该项目旨在帮助私人投资者更好地支持年轻创新企业，规定私人投资者如果对年轻且具有创新能力的企业进行投资，将会获得高达投资额20%的免税补贴，德国联邦能源与经济部还在INVEST网站（www.invest-wagniskapital.de）上设立了一个数据库，向社会公开年轻创新企业的基本情况及推介信息。在税收政策方面，德国联邦议院2016年底通过一项法案，允许本国初创企业将当前盈利与过往亏损进行冲抵后再缴税，即对初创企业可能出现的亏损以税收减免形式予以补偿[1]。在政府采购方面，德国成立创新采购中心，确保公共采购更加偏向本国企业创新，用于公共采购的金额每年高达3500亿欧元。

三是“双元制教育”体系培育技能人才。在职业教育方面，德国形成了著名的将学校与企业紧密结合的“双元制教育”模式。2014年底，德国联邦劳动局与经济界、

[1]　《德国两度升级科技创新战略》，中国组织人事报，http://www.hxqdj.gov.cn/tszs/gg/8840.shtml。

工会等共同签订了《职业教育和继续教育联盟协议（2015—2018）》，加强“双元制教育”。近年来，为适应数字化和自动化发展需要，德国政府设置“职业教育4.0”等项目。产学研合作也是德国科技创新体系的一大亮点。为进一步加强相关合作，德国政府以竞赛形式在国内先后选出15个尖端产业集群。每个集群内的企业、高校和科研院所等围绕该地区确定的核心产业开展合作创新，政府总计为此投入6亿欧元。为促进高校科研成果转化，德国联邦政府和州政府于2016年启动“创新高校”项目，将高校“成果转化与创新”提升到和教学、科研同样重要的地位[1]。该项目资助与企业等合作计划进行技术转化的高校，预计2027年前投入5.5亿欧元。

三、多元主体参与，提升企业创新主体地位

多元化主体共同参与是德国强化企业创新主体地位的重要特点，不仅包括教育与科研界、联邦政府和州政府、经济界，同时也包括中介组织、商业机构、社会公众等，各主体发挥彼此优势，赋能企业创新发展。比如，德国四大公共研发机构中既有科研单位性质，也有公益组织属性，发挥着联系政府与企业的重要作用。德国联邦政府的创新目标以及财政资源配置更多的是通过公共研究机构，通过鼓励企业参与创新合作计划来实现。其中，作为德国四大独立、非营利国家科研机构之一的弗劳恩霍夫应用研究促进协会，本身就是大学和企业沟通与合作的桥梁，德国弗劳恩霍夫应用研究促进协会采用了现代公司企业化的管理模式，30%的事业费来源于企业，并经过多年的发展成为世界公共研究机构政府资助企业化运行的典范，形成了“弗劳恩霍夫模式”[2]。德国四大公共研发机构基本特征如表6-13所示。

表6-13　德国四大公共研发机构

名称	简介	主要特征
马普学会（MPG）	成立于1948年，是德国政府资助的全国性学术机构，其前身是威廉皇家学会（成立于1911年），总部在慕尼黑，其下属研究所遍布德国各州	基础研究为主；跨学科研究氛围；需要长期支持且不适合在高校进行的研究领域

[1] 王礼鹏：《全局性综合创新：国内外实践经验与未来启示》，《国家治理》2017年第39期。
[2] 付岩：《发达国家科研创新机构科技成果转移转化的特点及启示——以德国弗劳恩霍夫应用研究院和日本科学技术振兴机构为例》，《中国科技资源导刊》2017年第3期。

续表

名称	简介	主要特征
麦姆霍兹国家研究中心联合会（HGF）	原名“大科学中心联合会”，是德国最大的科研团体，在国际学术界代表着德国的国家科技研究形象	着眼未来应用的基础研究为主；大型重大科学项目；提供对科学界、社会和经济界具有重要意义的复杂性问题解决方案
弗劳恩霍夫应用研究促进协会（FHG）	成立于1949年，是德国也是欧洲最大的应用科学研究机构，涵盖全部工程科学领域	应用型研究为主；可转换为新产品、新工艺的成果；客户以中小企业为主
莱布尼茨科学联合会（WGL）	下辖研究机构分布在德国各地，其中约40个研究所设在原东德地区	为成员机构提供科研条件，促进成员间的科学合作

参考资料：《创新不止于发明：德国产学研体系四大金刚详解》，https：//www.sohu.com/a/433333693_777213。

第五节 5

英国：资源倾斜、科技产业融合与开放合作

英国是工业革命的发源地，具有很强的基础研究、科学研究的传统优势，取得了火车、蒸汽机、雷达、计算机和世界第一只克隆绵羊等重大科研成果。为应对脱欧、新冠肺炎疫情、新工业革命和全球竞争等综合挑战，2022年，英国商业、能源和产业战略部（BEIS）发布《英国创新战略：创造未来　引领未来》报告，旨在通过做强企业、人才、区域和政府四大战略支柱打造卓越创新体系，到2035年将英国打造成为全球创新中心，其中核心主题就是通过构建贯穿创新型企业成长的资金支持体系，在全球范围内吸引和留住人才，建设新的创新组织和创新区域，以及明确七大技术发展方向等提升企业创新能力和竞争力。“二战”以来，英国政府投入的研发经费快速增长，1981年后，英国研发投入有所下降，但整体上仍呈现上升态势（见图6-26）。2022年3月，英国商业、能源和产业战略部宣布，提高公共财政研发投入预算，未来三年英国政府将投入约398亿英镑用作公共研发经费。这是英国有史以来最大的公共研发预算。

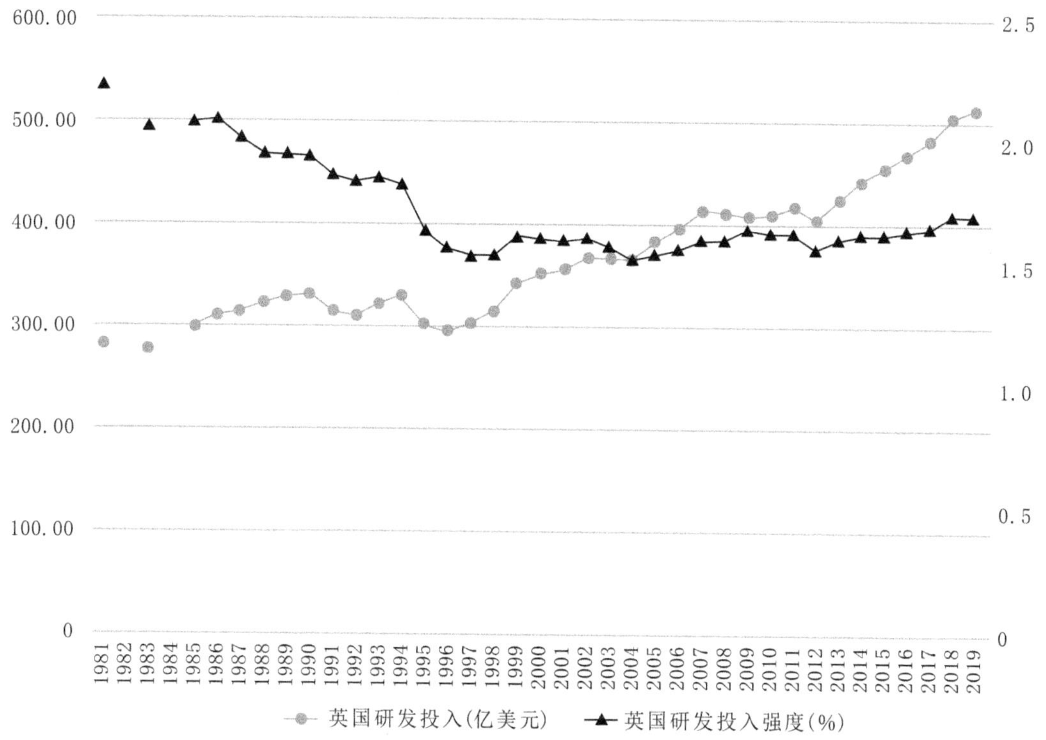

图6-26　1981—2019年英国研发投入和投入强度

资料来源：OECD。

一、英国国家创新体系及企业主体地位

立足深厚的科学基础和优良的科学传统，英国不断提高科研产出效率和水平，孵化新兴技术和新兴产业，强化科学、技术、教育与产业之间的协同与合作，促进科技成果转化和应用，不断完善国家创新体系（见图6-27）。英国政府发布的《英国创新战略：创造未来　引领未来》设定的四大支柱核心目标是促进科技与经济结合、企业成长等，包括完善企业创新主体地位的国家创新体系、释放商业活力、人才支持、机构和本土创新、使命和技术等（见表6-14）。

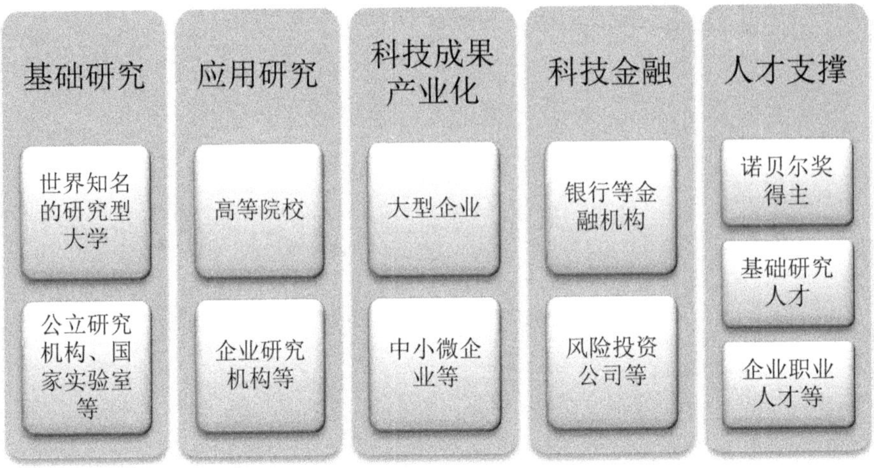

图6-27　英国国家创新体系的部分构成要素

资料来源：笔者绘制。

表6-14　《英国创新战略：创造未来　引领未来》设定的四大支柱内容

支柱	主题	政策举措
支柱一	释放商业活力——为想要创新的企业提供动力	将每年公共研发投资增加到创纪录的220亿英镑； 通过在英国公共机构Innovate UK和英国商业银行之间开发“线上金融和创新中心”，降低创新公司融资的复杂性； 通过英国商业银行的生命科学投资项目（British Business Bank’s Life Sciences Investment Programme）投资2亿英镑，以解决英国生命科学公司在成长阶段面临的资金缺口； 加强监管，确保英国能够顺利从创新中获取最大价值进行咨询磋商； 组建一个新的商业创新论坛来推动该战略的实施
支柱二	人才——使英国成为吸引创新人才的最理想之地	引入新的“高潜力个人”和“扩大规模”的签证路线，重塑“创新者”路线，以吸引和留住高技能、全球流动的创新人才； 帮助3万名中小型公司的高级管理人员成长，以提高企业绩效
支柱三	机构和本土创新——确保研究、开发和创新机构满足英国企业和本土的需求	由诺贝尔奖得主保罗·纳斯爵士领导开展独立审查，全面调查英国从事各种形式的研究、开发和创新的机构； 通过“地方优势资助（Strength in Places Fund）”拨款1.27亿英镑，用于企业发展研发能力并支持英国各地企业的本土发展； 向“联通能力资助（Connecting Capability Fund）”拨款2500万英镑，通过大学与企业创新助推经济增长
支柱四	使命与技术——激发创新以应对英国和全球面临的重大挑战，驱动关键技术能力发展	建立一个新的创新使命计划，以解决英国和全球在未来几年面临的一些重大问题； 确定将在未来改变经济的7个关键技术系列； 启动新的发展合作伙伴关系，建立以企业为主导的研究项目，向企业、大学和政府投资5900万英镑以开发变革性新技术

资料来源：《英国创新战略：创造未来　引领未来》。

1.群体性

根据英国商业、能源和产业战略部公布的数据，截至2016年年初，英国私营企业共计550万家。制造业是英国企业创新的主要领域，占英国增加值总额的10%，占出口总额的54%，集聚了四分之三的研发投入，直接就业人口达250万人，重点行业包括制药及航空航天、计算机、电子及光学产品、化学制品及产品、发动机及汽车零配件、海运及其他交通等。员工人数少于20人的中小型企业占英国制造业整体的87%。

根据英国《2021年科技报告》，2020年，英国科技独角兽公司新增了7家，分别是线上活动公司Hopin、电动汽车制造商Arrival、生鲜电商Gousto、可再生能源提供商Octopus Energy、二手车电商CAZOO、健身衣电商Gymshark、云通信服务公司Infobip，科技独角兽企业总数累计达80家，数量比法国和德国加起来还要多。而根据美国CB Insights数据，截至2021年底，英国共有44家独角兽企业，主要行业为金融科技业（27家）。

根据《财富》杂志世界500强企业榜单，英国有18家世界500强企业，比较有代表性的是英国石油公司、汇丰银行、零售巨头乐购、电信巨头沃达丰集团、医药公司阿斯利康等。

2.创新性

根据图6-2、图6-3、图6-4，从总体研发投入来源来看，英国54.8%的R&D资金来自企业，特别是大企业；从R&D经费投入方向来看，英国66.6%的资金投入企业部门；从研究性质来看，英国在基础研究、应用研究、试验发展方面的投入比例为18.2：42.1：39.7。总体来看，英国基础研究、应用研究经费占比高达60.3%，远高于德国、日本、美国等国家。其中，基础研究的执行部门更多的是高等院校，应用研究的执行部门主要为企业。

2020年，英国共有262万名R&D人员在企业，占比为54%，其次为高等教育部门，占比为39.6%。

《2021年欧盟产业研发投入记分牌》数据显示，2020年全球研发投入TOP2500家公司的研发投入合计达到9042亿欧元，其中有105家英国公司（见表6-5），研发投入占比为3.2%。

3.价值性

英国2020年GDP为2.71万亿美元，排名世界第五，其中，工业增加值4711亿美元，占比17.3%，服务业经济占主导地位。在化工、机械、电子、汽车、航空、食品饮料、生物制药等领域，英国企业通过加强技术创新，在高端环节的实力位居全球前列[1]。

在汽车制造领域，作为老牌汽车工业强国，英国拥有宾利、劳斯莱斯、阿斯顿马丁、捷豹、路虎、MINI、罗孚、MG等著名汽车品牌，是全球重要的动力总成系统和传动技术、燃料电池和蓄电池汽车、可持续发电及其供应等汽车技术研发中心。福特是英国最大的发动机制造商，其他汽车零部件制造企业还有德尔福（Delphi）、博世（Bosch）、伟世通（Visteon）、天合（TRW）、GKN、Pilkington、Denso、Calsonic等。

在航空领域，英国航空航天业在全球排名第二，涉及飞机机体、航空发电机、制导武器及机载系统和设备的设计与制造，以及相关服务，其中罗尔斯·罗伊斯公司（简称“罗罗公司”）是全球三大航空发动机制造商之一。

在制造领域，英国是世界主要的制药业中心，有500多家制药企业，其中，葛兰素史克、阿斯利康为全球第五和第六大制药公司。在化工领域，英国是世界主要化工生产国，有2500多家企业，其中帝国化学工业集团是英国最大的化工企业，掌握了材料科学、分子科学以及策略和模型等领域关键核心技术。

在电子行业，英国是电子工程、半导体设计和光电学的创新基地，特别是在半导体集成电路设计、嵌入式系统芯片技术、移动通信技术等高端领域具有较强优势。其中，ARM公司是英国最大的电子企业，也是世界著名的半导体芯片设计企业。

二、强化科学研究与产业界的联系

英国发挥其基础研究、应用研究优势，深化政府部门间资源配置的协同、引导作用，强化大学、公共研究机构与产业界的联系，推动科学资源、政府资源、社会资源等向企业集聚（见图6–28）。

[1] 参考资料：《全球先进制造业巡礼——英国制造！》，https：//www.sohu.com/a/230817439_100053199。

创新管理体制

- 小政府、大社会、好环境
- 议会：下议院科技委员会和议会科技办公室
- 内阁：政府科学办公室和首席科学顾问
- 商业、能源和产业战略部（BEIS）：主管科技行政，归口管理、联系、指导41个创新管理机构

知识创造体系

- 162所高校
- 科研与创新署（UKRI）的七大领域研究理事会
- 政府部门下属40个公立研究机构
- 七大研究理事会管理的20个公立研究机构

创新赋能体系

- 英国皇家学会、社科院、皇家工程院、医学科学院等重要学术机构

创新服务体系

- 英国创新署：资助产学研合作，设置了9个弹射中心（Catapults），建设知识转移网络(KTN)、小企业研究计划、大学技术转移机构等
- 设置小企业研究计划（SBRI）、创新型企业贷款计划、耐心资本计划、精明计划、催化创新计划、创新券计划(IV)、创新与科学种子基金（UKI2s）以及其他公共资助计划

创新合作体系

- 打造“全球化英国”

图6-28　英国政府以企业为主、产学研融合的国家创新体系

资料来源：黄河、蒋苏南：《英国支持企业创新的政策动向和主要举措》，《全球科技经济瞭望》2022年第7期。

一是强化政府与产业界的战略伙伴关系。2012年，英国政府发布《英国产业战略：行业分析报告》，指出政府要与产业界建立长久的战略伙伴关系，投资2亿英镑打造9个技术与创新中心，促进研究成果向生产力转化。2017年发布的《工业发展战略》强调，创新是全社会发展和打造“全球化英国”的基础，其中特别强调企业的参与。《工业发展战略》提出一系列支持企业创新的举措：将大企业研发投入抵税率从11%提高至12%；设立47亿英镑的产业战略挑战基金（ISCF），专门支持学术界与企业界合作开展重大关键技术研发；在英国商业银行（BBB）新设立25亿英镑投资基金，用于支持企业研发投入贷款。《工业发展战略》出台以后，英国政府陆续与人工智能、民用核能、生命科学、汽车产业、创意文化产业、航空航天、建筑、铁路、离岸风能、旅游产业等行业签订了十余个产业发展协议（Sector Deal）。

二是以大学工业园为中心发展创新集群，建设大学企业经济带（UEZs）。创新集群由企业、研究机构、大学、风险投资机构、中介服务组织等构成，通过产业链、价

值链和知识链形成战略联盟[1]，发达国家普遍将打造创新集群作为提升区域竞争力的战略重点和重要抓手。综观各类创新集群，背靠拥有理工特长的著名大学是一个必要条件，因为企业、风险资本、中介机构都具有流动性，只有知名大学不具有流动性。英国鼓励科研型大学建立科技园区，发展与众不同的创新集群模式。以剑桥工业园为例，其充分依托剑桥大学在计算机、信息、物理、生物等方面的学科优势，重点发展计算机、科学仪器和电子、生物技术、医药化学、空间技术等产业。又如，英国政府支持利物浦大学（UOL）和利物浦约翰莫尔大学（LJMU）建设大学企业园区，支持设立了“国家生物工业创新中心”“材料创新工厂”“石墨烯研究中心”以及“传感器技术”等前沿技术发展研究机构。

三是注重城市群之间的创新分工与协作。世界典型城市群的创新分工十分明显，协作效应显著，通常以城市群产业链布局为基础形成多层次的城市创新系统。以美国纽约城市群为例，纽约市以金融为主导，波士顿以高科技行业为主导，华盛顿以文化为主导，各城市的不同优势产业互相调整和协作，促使在城市群内更高层面上形成多元化创新产业群落[2]。英国政府以推动中小企业成为创新主体为导向，要求城市群内各个城市的创新必须结合自身特色选择方向，强化城市群之间的创新分工和协作。英国在2015年3月发布的《伦敦规划》提出，伦敦市区与周边区域共同构成“大伦敦”，以分工合作促进城市创新发展。

四是推动各类资源向企业集聚。英国通过设立创新署、弹射中心、科技创新园区等机构，部署小企业研究计划、耐心资本计划等资助计划，不断完善知识产权保护、研发税收减免政策，以及建设知识转移网络和高质量研发基础设施，全力支持企业创新，引导资金、技术和人才等创新资源不断向企业汇聚，巩固英国长期作为欧洲科技创新第一中心的地位[3]。同时，英国还建设良好的金融生态，建立专职负责企业创新金融投资的科技银行，英国创新与科学种子基金专门扶持前瞻性技术研发，在国家科技计划（专项、基金等）中，设立集前沿技术突破和实现产业化为一体的新型项目，由企业牵头组织产学研力量实施。

[1] 张于喆：《发达国家提升自主创新能力的共性经验及启示》，《经济纵横》2015年第4期。
[2] 骆建文、王海军、张虹：《国际城市群科技创新中心建设经验及对上海的启示》，《华东科技》2015年第3期。
[3] 黄河、蒋苏南：《英国支持企业创新的政策动向和主要举措》，《全球科技经济瞭望》2022年第7期。

三、加强开放合作，鼓励企业研发投资

英国经济开放程度很高，政府提出打造“全球化英国”，强调通过科技创新和国际科技合作利用全球资源，维护其国际地位，彰显其国际影响力。为提高对国际资本的吸引力，英国政府设置了具有国际竞争力的税率体系，支持企业创新创业。自2015年4月起，英国将大型企业研发税收减免比率由10%提高到11%，中小型企业研发税前加计扣除比率由225%提高到230%，大型企业可享受130%税前扣除[1]。

根据英国《2021年科技报告》，2020年英国科技风投吸引了近150亿美元投资，排名欧洲第一、全球第三，其中63%来自海外，2020年独角兽企业数量比2010年增长了7倍（见图6-29）。

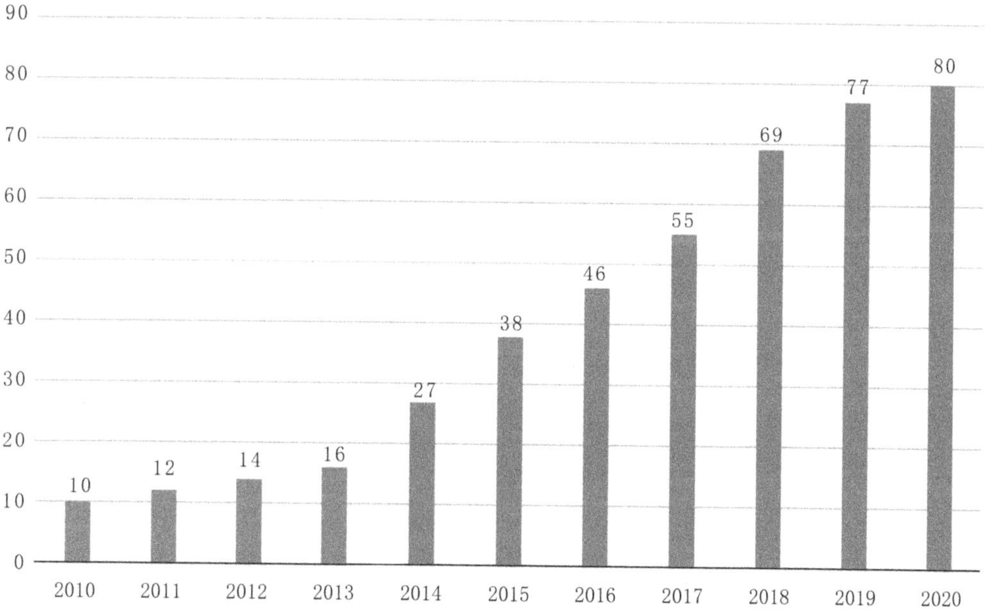

图6-29　英国独角兽企业数量（单位：个）

资料来源：傅士鹏，《英国发布重磅科技报告！无悬念欧洲第一，独角兽全面井喷》，2021年3月18日，https：//zhuanlan.zhihu.com/p/358139181。

[1]　黄河、蒋苏南：《英国支持企业创新的政策动向和主要举措》，《全球科技经济瞭望》2022年第7期。

第六节 重要启示

从美国、日本、德国、英国等世界科技强国的创新实践与成效可以看出，这些国家在国家创新体系中均注重处理好政府与市场的关系，推动创新链产业链融合发展，推动大中小微企业协同发展，充分发挥政策叠加效应，不断强化企业创新主体地位。

一、正确处理政府与市场的关系

在国家创新体系中，政府以何种方式参与创新过程是关键。从美国、日本等国家的实践可以看出，政府不仅是国家创新战略的制定者，也是执行者。在创新执行过程中，美国、英国等国充分发挥市场机制的作用，政府更多地通过环境塑造稳定企业创新预期、增强创新效率；日本、德国等国则在重大创新活动中加强政府干预，有为政府和有效市场是相互补充、协同推进的关系。第一，在国家创新体系中，无论日本、德国，还是美国、英国，其实践均表明政府作用不可或缺，在基础研究、应用研究领域需要着力发挥政府作用；第二，政府作用的发挥要与企业的创新特点、创新阶段以及企业群体特征结合起来，重点是应对创新失灵问题，建立政策框架，引导资源向企业集聚；第三，政府支持的基本逻辑是通过培育主体、配置资源、夯实基础、塑造环境等以及对市场难以发挥作用的部分领域直接干预等方式提高企业创新效率，增强企业创新动能，创造比较优势，市场机制的逻辑是通过资源配置实现创新策源、产业集聚、创新链与产业链融合等目标。

二、推动创新链产业链融合发展

创新的根本目标是实现创新价值、创造市场价值，企业创新主体地位最终体现为创新价值性，形成竞争优势。一方面，美国和英国的国家创新战略均将企业视作创新的引擎和源动力，企业不仅是科技成果的转化主体，同时重大创意往往源于竞争市场，源于贴近市场的广大企业中。强化企业创新主体地位不仅在于技术创新，同时也包括科技创新层面的相关活动，即基础研究和应用研究。如在美国，企业是研发的主要参与者和资助者，开展美国大部分实验开发工作（90%）、超过一半的应用研究，以及占据相当大（并不断增加）的基础研究份额（2019年为32%）。英国基础研究和应用研究的比例高达60.3%，企业承担了大部分的应用研究工作。此外，从机制来看，不仅基础研究仅在政府、高校投入，同时企业通过设立创业投资部门和利用风险投资推动产学研合作形式深度参与基础研究和应用研究，也是强化其创新引擎的重要方面。另一方面，企业是创新链和产业链融合发展的主体。日本、德国等国的实践充分表明，实现产业链与创新链的深度融合，才能更好推动经济和产业高质量发展。如日本发挥大企业作用，在大企业中建立基础研究到成果产业化的创新体系；德国则强调发挥中小企业的作用，通过掌握关键核心技术，做强细分领域市场，通过为大企业提供配套服务形成竞争优势。

三、技术精进与创新突破同步发展

美国、英国的创新体系与日本、德国的创新体系既有共同特征，也有各自的独特性。创新是连接发明和产品的中间过程，不仅包括渐进性创新、常规性创新，同时也包括破坏性创新、突破性创新，其中破坏性创新和突破性创新最具生产率。美国、英国的创新体系更多地强调创新突破，大力发展风险投资及突破性创新。而日本、德国的创新体系更多地强调技术精进、精益制造，更多关注技术层面，但相对忽视“从0到1”的创新过程，在打通科学到技术再到产业的创新价值链方面不及美国。随着第三次科技革命与产业变革的发展，美国出现了微软、谷歌、脸书等代表性企业；而日本的索尼、松下等世界级企业已是百年老店，部分企业近年来也出现了经营困境，且新科技型中小企业又没有培育起来，因此导致日本经济在持续发展和产业升级上出现了“断层”。可见，在强化企业创新主体地位过程中，不仅要注重技术层面基础能力的不断提升，同时也要保持开放性，紧密关注国际科技前沿领域的发展趋势，发挥企业创造和引领科技革命及产业变革的作用。

四、整合各层次资源，形成联动机制

在国家创新体系中，国家创新资源涉及基础设施、人才战略、产业政策、财税政策、制度安排等多方面内容。一方面，强化企业创新主体地位的资源不仅在于国家层面，很多资源也蕴藏于地方，需要发挥国家与地方的协同作用，对人力资本、资金、资源等要素进行统一整合、高效配置，形成联动机制，才能发挥最大效益。美国对企业R&D投入的支持不仅在于联邦政府，同时各州政府也建立了相应的支持机制。国家层面重在强化企业在基础研究方面的动能，发挥国家能力推动关键技术突破，地方政府重在强化企业应用研究能力、科技成果转化和市场价值转化能力。比如，2019年，美国联邦政府投入研发资金1338亿美元，占美国研发资金投入总额的20%，这些政府资金支持了大约51%的学术研发绩效、5%的商业研发绩效、33%的非营利性研发绩效、所有联邦政府内部研发绩效以及几乎所有（98%）联邦政府资助研发中心（FFRDCs）研发绩效。2020年，美国州政府R&D投入为24亿美元，其中R&D内部支出为6.9亿美元，基础研究支出为1.3亿美元，应用研究支出为5.2亿美元，试验发展支出为0.4亿美元。另一方面，重视并发挥好学会、商协会、社会中介服务机构等平台的作用。企业是科技与经济的结合者，但这一过程需要各种中介服务机构的参与，包括行业商业协会、新型研发机构等。比如，德国的四大公立研究机构很好地成为政府财政资源与企业创新活动的连接“桥梁”。此外，科技金融要从创新全过程出发，提供桥接式、紧密对接的融资服务。比如，日本银团金融体系兼容了直接金融和间接金融服务，为企业成长提供天使投资、创业投资、银行贷款、IPO的全过程链式金融服务。

第七章
系统建构：面向全过程创新链和价值链展开

强化企业创新主体地位是一项系统工程，要从国家创新体系系统视角去理解和把握。本章围绕在国家创新体系中强化企业创新主体地位的核心思路，针对中国和地区的实践，结合国外经验启示，以强化企业全过程创新链、价值链主体地位为方向，以处理好政府与市场的关系为重点，提出中国进一步强化企业创新主体地位的基本思路和对策建议。

第一节 基本思路：目标、政策与工具

企业创新主体具有群体性、创新性、价值性特征。强化企业创新主体地位，要基于国家创新体系，在主体培育、创新基础、创新资源、创新环境等方面久久为功，优化整体创新效能，要充分考虑适应新一轮科技革命和产业变革深入推进、全球经济下行压力剧增、地缘政治格局突变、低碳革命兴起、“逆”全球化回潮等新形势，既要借鉴世界科技强国的经验，也要立足中国发展阶段、大国国情和新征程上的战略任务。

一、政策目标：进入世界创新型国家前列

在政策目标上，要以进入世界创新型国家前列总目标为牵引，加强顶层设计，明确强化企业创新主体地位的路线图，确定强化企业创新主体地位的方向、重点任务和路径。在发展过程中，要坚持改革开放，坚持科技自立自强，突出体制机制创新，发挥市场在资源配置中决定性作用的同时，更好发挥政府作用，形成政府支持与市场引导完美结合的运行机制。处理好不同类别、不同层次主体之间的关系，重视多层次平台建设，大力培育科技企业群体和成长梯队，发挥龙头企业作用，打造面向产业链的创新联合体。处理好中央与地方的关系，夯实创新基础，重视新型基础设施建设，培育新动能、新业态、新模式，充分利用数字化技术推动传统产业向数字化转型，增进企业创新动能。处理好自主与开放的关系，将科技自立自强与融入全球创新网络有机结合起来。把推进企业科技创新主体建设成效纳入各级政府高质量发展考核范围，营

造良好创新环境，在实现“四个面向”目标[1]中更好发挥企业创新主体作用。

二、政策措施：突出全过程创新链价值链深度融合

在政策措施上，要立足制造业高质量发展，在全过程创新链产业链深度融合中强化企业创新主体地位，推动中国企业在战略产业发展、战略科技突破方面发挥示范引领和带动作用。一方面，围绕产业链部署创新链，围绕产业基础高级化、产业链现代化布局建设实验室体系、创新基础设施，鼓励和支持企业积极发展战略科技、先进科技，推动企业深度参与“基础研究+技术攻关+成果产业化+科技金融+人才支撑”全过程创新生态链，掌控世界前沿技术制高点，在技术攻关和科技成果产业化中发挥关键作用。另一方面，围绕创新链布局产业链，发展重大科技创新战略平台、重大科技基础设施、重大产业创新发展平台和重大企业创新发展平台，着力突破产业发展的“瓶颈”问题，增进企业原始创新能力、集成创新能力和自主创新能力。结合新一轮科技革命和产业变革趋势，通过人才和企业创新创业，孵化和发展5G、人工智能、第三代半导体、智能装备、生命健康、高端医学诊疗器械、金融科技等战略性新兴产业、未来产业及有关产业链，加快发展数字经济新产业、新业态、新模式。此外，要将普惠性政策与精准性政策有机结合。对中小微企业加大普惠性政策支持力度。对产业链的关键短板、痛点和堵点，以及不连续创新带来的换道超车机会点，要加强政策的精准性和有效性。

三、政策工具：整合资源，推动制造企业高质量发展

在政策工具上，要立足制造业高质量发展，推动创新资源向民营企业倾斜，向中小企业倾斜，向制造企业倾斜，在发展中不断强化企业创新主体地位。制造业是实体经济的主体、技术创新的主战场、供给侧结构性改革的重要领域。随着新一轮科技革命和产业变革加速创新融合的发展，全球制造业加速向数字化、网络化、智能化、绿色化、服务化等转型，全球制造业竞赛进入白热化也对加快产业转型和企业创新提出更高要求。制造业是企业创新密集的行业。要强化全局视野和系统思维，综合利用产业、创新、投资、市场、外资、外贸等方面的政策，在供给端、需求端以及环境端同

[1] 即坚持面向世界科技前沿，面向经济主战场，面向国家重大需求，面向人民生命健康。

时用力，推动制造企业高质量发展。另外，强化企业创新主体地位政策不能局限于企业或产业本身，在影响企业和产业发展的其他关键领域（如社会文化、服务业等）也要综合发力；也不能局限于政策，而是要深化相关体制机制改革，推动产权保护制度等相关法律法规的制定与健全，充分发挥多元主体作用，形成强化企业创新主体地位的合力。

第二节 主体培育：发展全过程科技创新生态链

打造适应产业高质量发展需求的创新主体，优化企业创新成长梯队，提高现有企业创新主体发展水平，发展和创造新的资源和能力，提高创新平台和研发体系的多样性及层次性，构建大中小企业协同创新的生态体系，加快发展“基础研究+技术攻关+成果产业化+科技金融+人才支撑”的全过程科技创新生态链。

一、深化企业主体导向的创新体制机制改革

培育高级生产要素并发展形成高级创新能力，是构筑以自主创新为核心的国家竞争优势的现实路径。在国家创新体系中，基于自然资源、劳动力等初级生产要素形成模仿创新、工艺设计、加工制造、贴牌生产（OEM）等初级创新能力，人力资本、大学与科研机构、科技企业、丰富数据等高级生产要素才能产生集成创新、原始创新、自主品牌、原创产品等高级创新能力[1]。创新体制机制改革是实现高级生产要素向高级创新能力转化的关键，其重点在于明确政府支持与市场机制的作用边界，并实现两者的有机结合。

（一）健全以企业为主导的创新机制

一是明确创新主体的功能定位。以进入世界创新型国家前列为目标，加强科技体

[1] ［美］迈克尔·波特：《国家竞争优势》，李明轩、邱如美译，华夏出版社，2002。

制机制改革的顶层设计，进一步明确实验室、研究型大学、科研机构、科技企业等主体功能、定位以及使命任务，形成相对清晰的“研究归研究、市场归市场”科研边界，以及基础研究、应用研究、试验发展的合理研发经费投入比例。具体而言，实验室体系要紧跟世界科技发展大势，以形成战略性、关键性重大科技成果为导向，重在承担理论创新和国家使命任务；科研机构要以国家和地方政府战略需求为导向，着力解决影响制约发展全局和长远利益的重大科技问题，加快突破关键核心技术；高水平研究型大学要把发展科技第一生产力、培养人才第一资源、增强创新第一动力更好结合起来，发挥基础研究深厚、学科交叉融合的优势，成为基础研究的主力军和重大科技突破的生力军；科技企业要发挥市场需求、集成创新、组织平台的优势，打通从科技强到企业强、产业强、经济强的通道，着力开展应用研究以及试验发展研究[1]。

二是健全重大科技任务企业参与机制。适应现代大科学范式发展需要，着力打破基础研究、应用研究、开发研究分离的科研体制，促进基础研究、应用研究、开发研究一体化，着力提升企业在科研项目形成、组织和资金配置等方面的参与度和话语权。在项目论证和计划编制阶段，发挥企业“出题人”的作用，支持企业参与乃至主导重大科技项目的设计、论证和决策工作。在基础和应用研究领域，吸收前沿技术企业参加国家项目指南编制，推广政府出题、市场化组织、合约化管理的高效科技攻关组织模式，鼓励和支持研究型大学、科研院所联合科技龙头企业、高新技术企业、独角兽企业等深度参与科学研究。全面推行“揭榜挂帅”“赛马制”、首席科学家制等新型科技项目组织方式，完善企业“答题人”工作机制，增进科技领军企业、新型研发机构、独角兽企业等多层次创新主体参与国家科技自立自强的动力和能力。完善评估和监督机制，健全企业作为“阅卷人”的联合评估和监督机制。

三是健全应用技术攻关企业主导机制。应用技术是与市场紧密联系的相关技术领域，要加大财政投入力度强化企业在应用技术开发中的参与度与主导权，建立健全“需求由企业提出、资源由企业组织、成果与企业共享”的机制。改变政府主导的项目安排及投入机制，充分发挥政府财政资源的引导作用，深化政府激励、社会参与、企业主导的投入机制，推动创新生产要素快速转化为创新能力及经济效益。

四是健全创新科技成果高效转化机制。科技成果转化是一项系统工程，要加快完善科技成果使用、处置、收益管理制度，强化企业在促进科技成果扩散、流动、共享、应用并实现经济和社会价值中的主体地位。进一步健全财政支持的科研经费项目

[1] 习近平：《在中国科学院第二十次院士大会、中国工程院第十五次院士大会、中国科协第十次全国代表大会上的讲话》，https：//www.ccps.gov.cn/xxsxk/zyls/202105/t20210529_148977.shtml。

成果向社会公开的法规体系和相关机制。加快构建产学研合作人才双向流动机制，引导、鼓励全球高校、科研院所的教师、科研人员创新创业，推动创新资源更多向企业集聚。建立并完善高校、科研机构领导人员科技成果转化股权奖励管理制度，建立科学合理的科技成果转化收益分配制度。鼓励国内外大型企业成立创业投资基金，与国内外高校、科研院所合作在各省共建企业或研究院，建立定向或不定向的长期合作与科研成果转化机制。建立由政府、企业、金融机构、中介组织等多元主体组成的第三方科技成果转化绩效评价考核体系，构建分类考核、分类管理的指标评价管理体系。探索高校、科研院所职务发明等无形资产与有形国有资产分开管理机制，研究依靠市场力量完善供需对接机制以及提出更好发挥企业创新主体作用和市场导向作用、促进中小企业开展颠覆性创新活动的相关政策。鼓励国外创业投资基金和创业机构在国内开展业务，探索外汇管制、创投机构及基金设立、合伙人税收等方面的突破性政策。

（二）创新协同机制，增进创新绩效

在现代大科学范式中，主导技术攻关和科学突破具有目标宏大、投资强度高、实施难度大等特点，强化企业创新主体地位、实现前沿技术和关键核心技术突破需要更好发挥中央与地方、部门间合力和联动作用。

一是深化“央—地”创新协同机制改革。深入实施《科技领域中央与地方财政事权和支出责任划分改革方案》，在科技研发、科技创新基地建设发展、科技人才队伍建设、科技成果转移转化、区域创新体系建设、科学技术普及、科研机构改革和发展建设等方面建立权责清晰、财力协调、区域均衡的中央和地方财政关系，明确中央财政侧重支持全局性、基础性、长远性工作，以及面向世界科技前沿、面向国家重大需求、面向国民经济主战场组织实施的重大科技任务；地方财政侧重支持应用研究、技术开发和转化应用，构建各具特色的区域创新发展格局。加大资源统筹力度，加大力度建设综合性国家科学中心或区域科技创新中心。深化财税制度改革，加大重大科技创新领域财税政策优惠力度，支持地方战略科技力量建设，增强地方参与各类原始创新、突破性创新、颠覆性创新项目建设的能力与积极性。鼓励各地发挥制度探索、探路先锋作用，形成强化企业创新主体地位的多元路径和模式。比如，广东省科技创新具有市场化程度高、科技成果转化能力强的特征，可进一步强化与港澳地区的合作，培育兼具国际视野和科学研究、产业化优势的科技企业，积极探索以市场化促进重大

跨境科技创新成果培育及产业化的优势及模式。

二是深化政府部门间创新联动机制改革。中国“十四五”规划纲要明确指出，中国科技管理机构总体设置存在部门分割、小而散的复杂状态，容易带来资源浪费、重复建设的问题，不利于资源向企业集中与优化配置。一方面，从科技投入来看，借鉴发达国家科技创新管理体制，要进一步健全财政科研投入体制，深化发改、科技、工信等部门在科技创新领域经费投入方面的沟通与密切合作，健全创新全过程、整合化的财政科研投入制度，共同设立强化企业创新主体地位的有关创新计划、科技专项等，发挥政策的叠加效应。另一方面，探索整合发展和改革、科学技术、工业和信息化等多部门的职能责任，加大对企业创新的服务和支持力度。打破传统体制约束，建立新体制，进而破解多部门分割难题，实现创新资源全过程覆盖，从具体运行方式上实现决策、管理与实施的相对独立及扁平化、政府支持与市场机制的高效结合、制度供给的高效率高质量等目标。

二、建立健全多层次、全链条创新平台体系

一是推进宏观战略平台体制机制创新。以区域创新一体化为导向，强化体制机制创新及突破，深化综合性国家科学中心建设。发挥中心城市、枢纽城市的带动作用，加强顶层设计，打破地理与行政边界约束，积极建设多层次创新走廊、创新圈、区域生态系统，形成跨地区与跨部门优势互补、链条联动、要素流通的一体化区域创新格局。围绕大科学装置的发展部署应用实验室、配套科学装置、新型研究机构以及服务机构，部署和发展重大科技创新集群，形成重大科技成果策源地与科技成果转化高地。

二是推动产业创新平台提质增效。推动国家高新区高质量发展，使其在参与全球创新资源配置、发展跨国大企业中发挥更大作用。支持省级以上高新区做大做强特色主导产业集群，以领军企业为龙头，以产业链关键产品、创新链关键核心技术为支撑，加强产业链上下游企业培育，发展高水平创新型产业集群。支持高新区、开发区构建多元的应用场景，培育面向新兴产业和未来产业的科技企业，推动产业向智能、绿色、低碳发展。落实和推广北京中关村科技园自创区先行先试政策，进一步推进“放管服”纵深改革，在政策创新、园区治理、商业环境等方面深化改革，营造良好的创新创业生态。支持各地建设“小而美”特色产业园区，瞄准科技前沿和产业高

端，聚焦高技术制造业和先进制造业关键领域和核心环节，建设特色产业创新园，在较小空间内形成龙头企业带动中小微企业协同创新创业发展的良好格局。支持企业、高校、科研机构、行业协会及其他投资主体创办市场化、多元化科技企业孵化器、加速器和新型研发机构，鼓励创办针对不同对象和不同行业的专业型科技企业孵化器、加速器和新型研发机构。完善创新创业机制，大力建设类似美国硅谷的全链条创业服务体系，推广“创业投资机构+众创空间、孵化器”等“楼上楼下创新创业综合体”新型创业模式。

三是健全企业内部创新平台体系。支持企业主导建立基础前沿和应用研究机构，开展应用基础研究和前沿技术开发，完善基础性、应用性重大科技项目由企业创新平台承担的机制。进一步完善企业主导的技术创新体系，突出大型科技企业的集成创新、组织平台等优势，鼓励和支持企业整合地方的分散研发资源，建设院士工作站、博士后工作站、实验室、技术中心、工程研究中心等高水平技术创新平台。鼓励企业全球布局建设离岸研发机构，建立企业离岸研发机构认证机制，在退税、租金、人才资助、绩效奖励等方面出台奖补措施。

四是健全多层次中介服务平台体系。国家和区域创新体系的形成与完善，以及企业创新主体地位的形成与发展，离不开多层次中介服务机构（如行业协会、创新中心、咨询公司、风险投资机构）提供的高端化、专业化、跨界融合发展的专业服务。积极培育融合制造业、新兴产业、金融科技、人力资源等多属性的平台型组织、众创空间、新型研发机构。鼓励建立集科技成果评估、交易、仲裁等配套服务以及知识产权、检验检测、标准制订、教育培训等专业化服务于一体的综合科技中介机构。完善促进中介服务机构发展的法律法规，强化中介服务机构公益或半公益属性，鼓励依靠市场力量形成中介服务体系，支持中介服务机构进行制度创新。支持信息运营商、产业组织、行业协会基于工业互联网建设行业综合服务平台，提供设备、原料、供应链、设计、交易、产品等各类综合性服务。加大企业风险投资发展，充分发挥投资担保公司和企业风险投资部门的作用，加大对大型综合性创新组织的投融资担保和风险投资力度。

三、发展大企业引领的产业链创新生态

大企业是生产要素的整合者、最终产品的生产者和产业链的掌控者，中小企业在

生产品类繁多的原材料和零部件、科技创新、提供丰富的产品等方面发挥重要作用。发挥大企业创新链主作用，形成由不同规模、不同所有制、不同形态、产业链价值链不同环节的企业所构成的有机整体，在坚持原始创新的基础上推动系统性创新，不断提升产业链单点核心技术跨越鸿沟能力、关键技术深度融合能力和对重大系统性命题的洞察解析能力。

一是积极培育产业链“链主”企业。鼓励大型企业开展跨境并购重组，做大做强，形成能够整合全球资源、把握技术制高点、主导国际生产布局的真正意义上的中国跨国公司。围绕“四基”[1]关键核心技术突破，推动专精特新企业发展成为世界级“隐形冠军”，培育拥有前瞻视野、领航行业发展关键力量的产业链“链主”企业。充分关注加工贸易型产业链的稳定与完善，对传统优势产业转型升级给予更多关注和更大支持力度，狠抓重点产业供应链安全，支持产业链核心企业、“链主”企业加快发展。

二是加大独角兽企业培育力度。聚焦半导体与集成电路、新能源、新材料、量子科技等战略性新兴产业发展方向，完善政府采购、培育早期市场、政府应用场景公开等制度，发挥政府引导作用及风险资本主导作用，促进全球创意和技术、创新项目落地。建设全国统一的开放独角兽数据库和培育库，推动政府资源、入库企业、投资或服务机构等进行开放式协同对接，鼓励企业开展颠覆性创新。建设由行业龙头企业、独角兽企业、种子企业等组成的企业梯度培育体系，建设大中小微企业协同创新的企业集群。鼓励企业应用研发活动全球化、科研成果本地转化的研发模式。建立新兴产业包容审慎监管原则，通过反垄断等综合性措施保护初创期、高成长性科技企业。设置政府投资专项计划，为独角兽企业应用新技术、新产品和新模式提供推广示范渠道。提供高效率、多层次的融资支持，发挥政府引导基金、天使投资引导基金、国有创投机构作用，提高股权投资、创业投资水平，推动境内外优质独角兽企业在中国资本市场上市。

三是加强大中小企业的融通创新。支持行业龙头企业建立开放式创新服务和孵化育成平台，为中小企业创新成长提供产业资源、应用场景和满足研发需求。着力解决中小企业在原材料及各类要素获取等方面的困难，压力与激励并举，激发企业内生创新动能。鼓励行业组织、社会组织、产业组织等建设汇聚生产设备、专用工具、生产线等制造资源的共享平台，汇聚社会多元智力资源的产品设计与开发能力共享平台，

[1] 包括核心基础元器件、关键基础材料、先进基础工艺、产业技术基础。

发展集约化、智能化、个性化的服务能力共享平台，形成由行业旗舰和产业链“链主”企业、工业互联网和智能制造平台企业、“隐形冠军”企业、专精特新“小巨人”企业、创新型中小企业等构成的多层级、多元化主体的工业生态系统。

四、建设以企业为主导的产学研创新联合体

要突破“卡脖子”技术难题，单打独斗是难以完成的，亟须企业、研究机构以及行业组织等联手建设更具系统性和综合性的研发组织。要以实施重大科技任务为牵引，鼓励、支持领军企业建立产学研各主体共同参与、共同投入、共享成果、共担风险的创新联合体，为实现高质量发展提供更多高水平的科技创新动力。

一是鼓励企业牵头组建创新联合体。以产业链和创新链深度融合为导向，充分发挥头雁企业、龙头企业、“链主”企业、骨干企业作用，组建产业联盟、产学研创新联盟等创新联合体，积极探索组织机制创新。积极落实《国家技术创新工程总体实施方案》，强化创新集群的建设和发展，在全国各地构建产业技术创新战略联盟。鼓励企业与国家自然科学基金合作设立应用基础研究导向的联合基金，或以企业捐赠形式设立企业基础研究基金，吸引更多大学和科研机构参与联合基金或企业基金项目，鼓励有能力的企业与高校、科研院所联合申请战略需求导向的应用基础研究项目。比如，在生物医学领域，围绕“原料药”“一类创新药”的研发和生产，突破资源分散、重复建设的瓶颈，鼓励龙头企业与科研机构、上下游企业开展纵横向合作及全球创新，积极应用人工智能等高新技术推动企医协作，建立数据共享，推动药物研发。

二是加大对创新联合体的支持力度。加大对创新联合体的激励力度，将企业与高校、科研院所合作的投入全面列入抵扣免税范围。设立企业类国家科研专项，以项目为纽带，以行业龙头企业为资助主体，支持企业参与集研究开发和示范于一体的国家重大科技专项、重点研发计划等，发展以企业为主体、产学研用协同的“大兵团作战”创新模式。优化配置现有的各级各类科技创新基金、科技创新项目，支持龙头企业整合高校和科研院所创新力量组织产学研合作，塑造以企业为技术创新主体的生态系统，突破重大关键技术。

五、建立健全多元化的研发投入机制

在传统研发主体基础上，积极发展新型研发主体，建立“热带雨林”式研发投入

体系。

一是积极发展非营利性研发机构。2019年，美国非营利组织的研发投入总额约为270亿美元，占全社会研发投入总额的4%，21世纪以来，这一比例几乎没有变化，但考虑到美国全社会研发投入总额的增长，实际上非营利组织研发投入数额也有大幅的增长。于中国而言，要大力发展区域或行业性科技研发服务机构、产学研技术创新战略联盟、科技企业孵化及科技成果转化机构、科学研究机构、科技普及机构等非营利性科技研发机构，发挥其兼具公益性和市场化、自主性强、灵活性高等特点和优势，探索以支持中小企业研发为方向的相关制度体系，鼓励社会捐赠、企业资助，完善相关激励政策。依托新型创新机构，协助企业完成更多引领性、颠覆性技术创新，并通过布局更多创新集群吸引优秀企业、打通创新链条，形成有竞争力的产业创新体系。

二是建设平台型研发载体和创新生态圈。发挥投资机构、大企业财务公司、互联网金融平台资本纽带作用，建立新平台、新模式，构建产业链上下游、大中小微企业协作互动的产业创新生态圈，着力突破下一代通信、移动物联网、智能装备、生命基因、新型材料等通用性新技术，以及新一代平台网络技术、智慧供应链技术、新流通技术等专业性新技术。采取量身定制政策措施，打破常规、创新机制，鼓励社会各类机构建设一批集基础研究、应用研究和产业化于一体，联通政府和社会的新型研发载体。

第三节 3 创新基础：促进教育科技人才融合发展

大科学科研范式下，新型基础设施变得日益重要，已经成为国家实验室、国家级科研机构、高水平研究型大学、科技领军企业等科技创新活动的基础和重要支撑。与此同时，技术进步周期不断缩短，使得固定资产投资机会成本不断提升，固定资产折旧速度也进一步加快，企业难以承担新基建成本。因此，随着企业创新主体的内涵从技术创新走向科技创新，发挥政府主导作用来推进各类新型基础设施建设等显得尤为重要，以便形成有利于企业研发和创新的基础框架条件。

一、以新型基础设施建设赋能企业创新转型

一是推动新型基础设施网络化、集群化发展。加大中长期贷款、地方政府专项债、政策性开发性金融工具等对新型基础设施建设的支持力度，积极引导社会资本参与新型基础设施建设，推动5G、人工智能、数据中心等科技创新领域基础设施，以及教育、医疗等民生消费升级领域基础设施的网络化、集群化发展，建设以智慧基础设施为基础的国家创新网络。

二是加强数字基础设施建设顶层设计。出台数字经济发展条例，在国家经济社会发展战略层面鼓励、引导和促进数字经济发展，提高数字经济在新兴领域蓬勃发展的水平。加大对各地新型基础设施建设的统筹力度，适应生产方式智能化、产业组织平台化、技术创新开放化趋势，布局和推动建设5G通信、人工智能、工业互联网、物联网等信息、融合以及创新类新型基础设施。大力投资发展下一代数字基础设施，高标

准构建网络、算力设施、新技术设施、智能终端、融合设施协同发展的数字基础设施体系，推动数字基础设施向高速、泛在、安全、智能、融合方向发展。

三是以新基建赋能企业数字化转型。发挥新基建的赋能效应，推动制造业和企业全面数字化转型升级。全面实施数字化改造计划，应用新兴技术赋能传统产业生产过程，广泛建立智能互联生产服务系统，采取综合奖补政策措施推动制造企业加速数字化转型。以数字化为手段，推动传统制造企业从生产型企业向制造型高新技术企业、解决方案供应商（高新技术企业）转变，构建"核心技术—战略产品—世界知名品牌"高端产业价值链。发挥平台型企业带动作用，有效解决企业数字化转型过程中的技术安全问题。鼓励传统制造企业建立总部、研发功能在中国，生产在国外的价值分工模式。

二、以质量基础设施体系建设提升企业品牌力

提高质量基础设施体系的竞争力。质量基础设施体系是提升企业工艺创新和产品创新能力，形成产品品牌力的基础条件。重点投资建设一批高水平重点实验室、共性技术研究院和云计量、云标准、云检测等公共技术服务平台。加大对国家质检中心、国家产业计量测试中心、国家技术标准创新基地、国家检测重点实验室等公共技术服务平台的投入力度。促进移动互联网、大数据、云计算、物联网和个性化定制等在质量基础设施建设中的集中运用。提高本土质量基础设施服务机构国际竞争力，打造专业领域精、综合服务能力强、品牌影响力大的"一站式"质量基础设施服务机构和平台。

三、以教育基础设施建设提升长期竞争力

加大中小学教育、高等教育、职业教育、研究生教育领域基础设施投资力度，强化数字化技术与教育基础设施的融合发展，发展工业4.0、智能服务、智能数据、云计算、数字组网、数字化科学、数字化教育，优化数字化生活环境。加大和保持对高质量的STEM（科学、技术、工程、数学）教育的高投入，投资建设与人才培养相关的先进的和下一代物质基础设施，创造和完善企业创新所需的多层次人才资源等基础要素条件，实现教育、科技、人才的融合发展。

第四节 4 资源配置：形成企业创新发展最强动能

政府资源配置的核心在于解决创新失灵问题。一方面，要促进高级创新要素生成及优化配置，促进人才、财政和数据等创新资源集中于关键领域、关键环节；另一方面，优化创新资源配置方式，推动资源更多地向中小企业、民营企业倾斜，增加财政资源效益，实现价值最大化。

一、强化创新扶持政策的系统性和精准性

罗斯威尔和泽格伟德（1981）[1]将技术创新政策工具划分为供给面、环境面和需求面3个层面。其中，供给面政策工具是指为企业直接提供人才、信息、技术、资金、公共服务等创新资源的相关政策；环境面政策工具是指通过营造创新发展的环境，提高企业创新积极性的相关政策；需求面政策工具是指鼓励企业开发新产品，减少与创新相关的市场不确定性，帮助企业积极开拓并稳定新技术应用市场的相关政策工具。从影响效果来看，供给面政策工具主要通过创新资源的供给直接推动企业创新活动的开展；需求面政策工具主要通过扩大市场需求，对企业创新活动产生拉动作用；环境面政策工具主要通过影响企业发展环境，增强企业创新动力，对企业技术创新、产品创新起间接的影响作用[2]（见图7-1）。

[1] Rothwell R., Zegweld W. “Industrial Innovation and Public Policy: Preparing for the 1980s to 1990s”. *France Printer*, 1981.

[2] 陈志明、李波：《民营企业技术创新政策工具的重要性评价——基于佛山市248家民营企业的问卷调查》，《科技管理研究》2019年第21期。

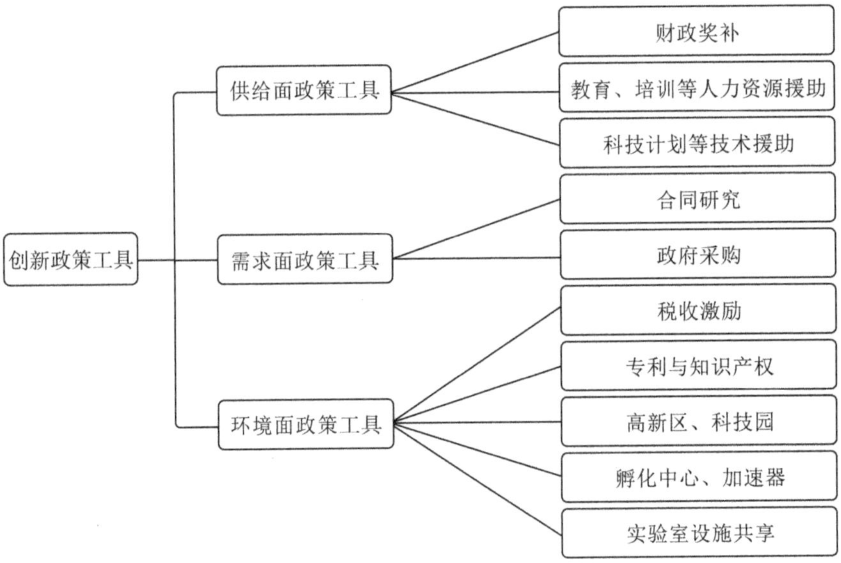

图7-1　与强化企业创新主体地位相关的政策工具

资料来源：笔者绘制。

一是建立覆盖企业全生命周期的普惠性创新政策体系。推动研发费用加计扣除政策全面实施，引导企业加大科研投入力度。加大中小企业税收优惠力度，建立阶梯式扶持政策制度，对研发投入增量大、强度高，实现知识产权使用、许可费用、产品或者服务的销售收入等覆盖创新成果转化转移全链条的企业给予特殊优惠。完善政府采购创新产品制度，建立政府资源刺激带动企业科学研究、企业技术进步、企业主导科技成果转化的全过程体制机制。

二是提升企业开展基础和应用研究能力。落实企业投入基础研究、应用技术开发的税收优惠政策，提高企业基础研究支出加计扣除比例。加大重大科技基础设施、大型仪器设备向社会开放的力度，完善大学、研究机构与企业研发部门的交流、联系和合作制度，降低企业研发成本，增强企业创新活力[1]。加快完善国家科技报告制度，建立国家科技信息网络，为企业开展基础研究和应用研究提供信息和数据支撑。在项目分配方面向企业倾斜，提高企业牵头和参与国家重点研发计划、重大专项的比例，对各行业中的龙头企业在国家重点实验室建设、国家科技奖励评审等方面给予政策倾斜。

三是提高规上工业企业创新水平。综合通过研发后补助、项目支持、科技创新

[1]　如美国Spacex公司在研制商用可回收火箭的过程中，许多实验和测试都是在国家航天实验室进行的。

券、研发费用加计扣除、高企所得税优惠等多种形式，引导规上工业企业加大研发投资力度，推动企业从劳动密集型向技术密集型转变，发展高附加值产业环节，提高高技术制造业在整个经济体系中的比重。

四是推动研发支持政策向中小企业倾斜。财政资金对损失风险的敏感性容易导致资源更多地流向大型企业创新活动，对“量大面广”的中小企业创新活动支持力度会不自觉减弱，不利于产业创新能力的提升。比如，广东企业研发投入以华为、中兴通讯、美的集团、富士康、TCL、比亚迪等大企业为主，大量中小企业研发投入力度小、研发能力弱，影响产业创新能力提升。因此，要发挥有为政府作用，解决政府失灵和市场失灵问题，进一步健全以中小微科技企业为导向的创新支持政策体系，加大对中小微企业关键创新活动直接与系统的支持力度。

二、促进国有企业与民营企业协同创新

党的二十大报告指出：“构建高水平社会主义市场经济体制。坚持和完善社会主义基本经济制度，毫不动摇巩固和发展公有制经济，毫不动摇鼓励、支持、引导非公有制经济发展。”在中国国家创新体系中，国有企业与民营企业均是全社会创新创业的重要基石。只有“国民共进”，才能充分调动市场主体创造财富的积极性，才能形成良好的创新生态系统。

一是加大对民营企业创新的支持力度。当前，中国民营企业参与国际产业合作和经贸合作的深度及广度受到严重威胁，沿全球产业链创新升级和跨链升级的空间、机会和渠道进一步收窄。民营企业具有天然弱质性，在获取资源能力方面不及国有企业。在复杂多变的国际国内环境影响下，民营企业遭遇市场发生转换、生产要素和经营成本急剧上升的困境，面临较大生存压力，难以形成创新的内生动力。一方面，要继续通过减税降费等政策举措支持民营经济纾困发展；另一方面，要积极引导并创造条件帮助民营企业利用本土优势形成转型升级内生力。要加大国家大基金、科技专项对民营企业的支持力度，推动民营企业积极参与关键领域核心技术创新攻关，大力培育专精特新企业群体，充分利用数字经济和民营企业间的双向互动机制，通过大力发展数字经济帮助民营企业扭转在传统经济中的弱势地位，降低竞争门槛，缩小“起跑线”差距，促使民营企业进入新产业、构建新模式、打造新业态，从而实现发展动力转换。

二是深化国有企业改革，增强创新协作能力。以混合所有制改革为突破口，一方面，要稳步放松管制，降低科技型民营企业入股垄断性国企的门槛；另一方面，支持民营企业通过与竞争性国企混合成为有技术话语权的股东。充分发挥产业集群提高资源配置效率、推进国有企业与民营企业协同发展的作用，探索以国有大型龙头企业为主体重构产业链条，深化创新领域的合作发展，加大对大中小企业协同创新的改革力度，形成“国有企业带头引领+民营企业专精特新”的独特竞争优势。

三、强化直接与间接金融关键支撑作用

企业创新是一个全生命周期的过程，在种子、启动、成长以及成熟等不同阶段需要风险资本和产业资本的持续投入（见图7–2）。翁利度亚拉特（2011）通过对泰国和马来西亚的创新融资情况进行实证研究发现，政府参与可以有效弥补市场失灵，促进经济发展和技术创新[1]。中国创新投融资机制仍需健全，应加大创新创业活动的直接金融与间接金融支持力度，建立全过程对接的科技金融支持体系。

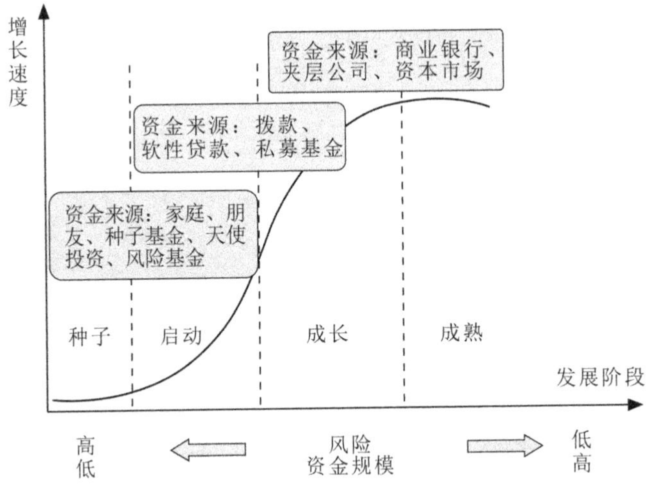

图7–2　技术企业生命周期的融资阶段

资料来源：Wonglimpiyarat J. “Government Programmes in Financing Innovations: Comparative Innovation System Cases of Malaysia and Thailand”. *Technology in Society*, 2011，33（1）：156–164.

一是壮大风险投资等直接金融规模。中国风险投资规模整体还较小，投资水平也

[1] Wonglimpiyarat J. “Government Programmes in Financing Innovations: Comparative Innovation System Cases of Malaysia and Thailand”. *Technology in Society*, 2011，33（1）：156–164.

有待提高。一方面，要积极拓宽风险投资的来源渠道。完善高净值人群、境外投资者参与新兴产业投资的体制机制。加大力度支持银行、保险、证券、社保等机构投资者参与创业投资和股权投资。稳妥支持国有资本参与新兴产业投资，建立包容创新失败的机制。探索成立科技保险机构，鼓励VC/PE（风险投资/私募股权投资）投向初创期及种子期公司，加大面向中小微企业的担保增信、风险补偿、贷款贴息等政策支持力度。另一方面，优化“募投管退”全链条服务环境。充分发挥创业投资、股权投资促进技术、资本、人才等要素整合的作用，建立股权投资、创业投资的份额转让制度，完善公司型创业投资企业所得税优惠政策。深入推行QFLP（合格境外有限合伙人）和QDLP（合格境内有限合伙人）试点，探索私募股权投资，开创跨境投资新路径。

二是加大间接金融对技术创新、产业创新的支持力度。完善金融服务组织体系，探索设立以服务中小企业、民营企业科技创新为主营业务的政策性金融机构。完善融资担保体系，充分发挥国家融资担保基金作用。推动商业银行积极开拓中小企业融资业务，发展信用贷款和知识产权质押、资产证券化等服务产品，积极发展供应链金融、债券融资、绿色融资、并购融资等融资新模式。发展创新领域投资贷款联动，创新股权直投和银行信贷组合机制，完善专营管理和风险分担机制等，探索推动改善科创企业服务生态，不断提高科创企业金融服务水平。加强国有产业投资基金与工程技术类、原始技术创新类、高端技术创新类民营中小企业融资需求的对接。大力引进国际信用评级机构等金融机构，吸引港澳、境外各类金融机构在中国设立分支机构。鼓励小额信贷机构、村镇银行等机构加大对富有创新精神的企业家的投融资支持力度。强化金融服务实体经济发展的基本功能，加大对传统制造业转型升级的金融支持力度。

四、发挥企业主体作用以引育人才

抓住国家环境和格局变动危机中潜藏的重大机遇，建立更加灵活开放、对标国际的先进人才制度。采取“政府搭台、企业唱戏”的方式，鼓励企业采用各种形式大规模引进发达国家优秀人才来中国创新创业。

一是多措并举支持企业引进人才。强化企业人才战略意识，研究和提出完善创新的人才集聚机制、强化创新型人才对科技创新和现代产业体系支撑的政策措施和意见。持续完善人才引育机制，加大人才投入力度，充分发挥人才资源的引领和支撑作用，推动企业高质量发展。发挥香港等地作为全球高端人才汇聚地和超级联系人的作用，吸引全球高端人才，大力吸纳发达国家的科技人才、金融人才、法律人才、工匠型技能人才、退休“洋专家”等来中国创新创业和提供专业服务。进一步优化服务生态与配套环境，增强引才竞争力等。

二是提高企业培育人才的能力。探索并支持龙头企业设立产业大学或产业学院，构建以企业为中心的行业产研生态圈、职教生态圈和资源生态圈。加强新产业环境下的职业技能培训，深化校企合作，加大服务型制造人才培养力度，加强跨境职教合作，支持企业“订单式”“菜单式”培养人才，提高复合型、服务型、工艺型人才培养水平。引导建设面向现代产业需求、商业化运作，兼具公益属性的行业技能人才培训机构，强化人工智能和大数据领域技能人才培训，推动传统劳动型产业工人向技术型、工匠型转变。

第五节 5 环境塑造：推动科技经济社会互融互通

随着新一代信息技术、互联网产业、数字化技术的发展，科学和创新活动呈现出明显的开放式、网络化、全球化特征[1]。要突出市场配置资源的决定性作用，强化政府服务创新，更积极融入全球创新网络，建立更加包容创新的社会环境，形成科技—经济—社会互融互通的良好生态。

一、正确处理科技自立自强与对外开放的关系

在“双循环”新发展格局下，为提高产业链自主可控水平，需要进一步加大产业进口替代力度。但新一轮科技革命和产业变革以及国际格局变动带来了丰富的创新机会，中国企业要避免将自我隔绝于全球开放创新系统，以免错失与世界知识创造及应用活动交流、对话以及进行知识更迭的机会。要以国际环境的深刻变化和国际分工格局变动为契机，转危为机，推动中国市场与技术优势深度融入全球创新网络，久久为功，建立长期竞争优势。

（一）推动企业“逆势”融入全球创新网络

近年来，索尼、东芝、夏普等不少日本知名跨国大企业呈衰退趋势，其中一个重要原因是企业过度依赖内部或本地创新体系，参与全球创新活动的意识、投入力度及

[1] 陈志明：《我国流通企业开放式服务创新模式——基于资源流动方向与创新组织形式整合的视角》，《中国流通经济》2018年第10期。

能力不足。要利用中国企业在全球生产制造、国际贸易、国际市场开拓等方面的经验与优势，鼓励企业加大全球创新投入力度，在全球创新网络中提高创新开发、创新生产、技术合作等价值链深度合作水平，在产品技术与质量通行标准、技术人才培养与评价、技术解决方案等领域努力掌控国际话语权，提高国际影响力。

一是以企业为主体，链接全球创新枢纽，更好推动转型升级。支持企业积极融入或主导建设全球研发网络、全球产品创新网络、全球生产创新网络、全球市场创新网络[1]，通过与全球R&D联盟、跨国研发中心、知名科研院校合作，来推进原始创新、关键技术突破性创新，通过与产业链供应商、焦点企业乃至竞争对手的多层次互动获取先进技术、设备与产品，通过中国技术与世界技术的结合抢占国际市场行业领导者地位，壮大包括科技型中小企业、独角兽企业、专精特新企业、“链主”企业、跨国大企业在内的创新型企业群体。创新开放机制，鼓励企业更好地利用全球创新资源，更好地把握经济全球化和新技术革命带来的各种战略机遇，在更高起点上推进创新发展。

二是支持企业增强全球创新影响力。提高企业参与或开发全球创新网络的基础能力。注重能力建设，通过广泛引进人才、搭建平台等方式提高企业融入全球创新网络的学习、吸收、组织以及整合能力。注重网络搭建，加强与国际旗舰创新企业、国际科研机构、创新中介机构、行业商协会等的合作，积极探索和实践全球创新开发、全球创新生产、全球技术合作等各类创新价值链深度合作新模式，不断增强融入全球创新网络的基础优势。结合企业发展定位，善于利用多层次全球创新网络。加强与产业链焦点企业的互动，通过研发并购、联盟等机制获取隐性技术与产品知识，推动从代工生产企业转型为专精特新企业。与全球科研院所、研发中心、R&D联盟等共同推进关键技术突破性创新，实现产品自主研发，进一步发展成为制造服务型企业、跨国企业或掌握关键核心技术与先进产品的“链主”企业。通过产品联盟、股权投资等深度交互式学习机制，组合企业间互补的领先技术和行业资源优势，在产品内水平分工体系中发展个性化、定制化产品能力。具有较高技术与经济实力的企业，可在新一轮科技革命中发挥更大作用，通过广泛设立跨国研发分支机构、牵头组建国际研发联盟等正式研发机制，通过中国技术与世界技术的结合，发展成为行业市场领导者。积极争取全球价值链制度领域话语权。推动要素型开放转向规则、规制、管理、标准等制度型开放。企业融入全球创新网络，要时刻关注国家对外开放战略的新要求和新路径，

[1] 陈志明：《全球创新网络的特征、类型与启示》，《技术经济与管理研究》2018年第6期。

主导或积极参与国际科技治理，积极提高在产品技术与质量标准、技术人才培育与评价、技术解决方案等制度领域的国际话语权及影响力[1]。

二、营造对标国际一流先进企业的创新创业环境

推进高水平对外开放，积极促进由商品和要素流动型开放向创新领域制度型开放转变，营造国际一流创新创业环境，是当前中国提高对外合作水平的重点方向，也是加快构建“双循环”新发展格局的必然要求。

一是以制度型开放为核心打造国际化创新创业环境。积极推动由商品和要素流动型开放向创新领域制度型开放转变，以规则、规制、管理、标准等与国际通行做法对接为重点，推动企业便利化、高效化整合利用全球创新网络优质资源，促进跨境创新要素流动、知识产权融通互认及协同保护、创新收益共享。推动边境开放向边境内开放拓展，推动规则、规制、管理、标准等与国际通行做法对接，试点推动人才开放、基础研究开放、应用基础研究开放、共性技术开放、开发试验研究开放等创新全链条开放，以制度对接激发科技领域自主创新潜力，加快构建与国际先进创新规则全面衔接的体制机制。以制度“引领”强化国际竞争优势，建立积极参与全球价值链治理的体制机制，提高在国际创新分工、国际创新领域制度规则和管理标准等方面的话语权和影响力，形成具有技术标准、技术规则、知识产权等内涵的国际竞争优势。发挥科研机构、企业、战略科学家、高层次人才等开发、整合、应用全球创新资源的主体作用，探索建立人才、资金、设备等创新投入要素跨境便捷流通、共享机制，促进跨境高级创新生产要素流动、集聚及价值创造，提升在全球创新网络中的关键纽带地位。建立多元主体参与、政府与市场共担创新风险的机制，如发挥财政资金的引导作用，建立促进企业创新国际化的母基金，鼓励龙头企业、社会资本等积极参与企业全球创新活动，推动建立在产业链分工合作基础上的国际创新合作等。

二是以法律法规建设为重点打造法制化创新创业环境。健全法律体系，强化与企业创新主体地位相关的法治建设，如修订金融方面的法律，推动完善金融融资信用担保制度、设立专门面向企业自主创新活动的政策性金融机构等。发挥信用在创新监管机制、提高监管能力和水平方面的基础性作用，建立涵盖市场主体事前事中事后全生命周期经营活动、全流程监管的信用体系。实施最严知识产权保护制度。普遍建立快

[1] 陈志明：《中国企业融入全球创新网络的路径——知识获取与产品内分工整合的视角》，《科技管理研究》2022年第14期。

速授权维权、知识产权高效转化应用、知识产权自由流动的全球知识产权保护高地和知识产权国际贸易枢纽。实施统一的“负面清单”制度，全面落实“竞争中性”原则。强化政策稳定性，避免政策朝令夕改与“一刀切”问题。

三是以政府服务创新为重点打造便利化创新创业环境。推动政策供给更多转向环境营造，推动政府科技管理职能向服务方向全面转型，充分利用区块链、新一代信息技术、物联网等数字新技术的赋能作用，形成全链条、全周期、非接触式的高效便捷政务服务平台，强化法治建设、知识产权保护、信用体系建设、质量管理、科普宣传、普法教育等重点领域的国际对接与竞争力，注重科研项目管理、人才管理以及观念文化、行为方式、价值标准等方面的国际化，形成创新环境领域的国际新优势。

三、营造鼓励创新、宽容失败的包容式社会环境

一是大力弘扬企业家创新精神。企业家创新精神是技术创新的驱动力、产业结构变迁的原动力、社会就业的创造动力、财富积累的重要源头和制度变迁的推动力。颠覆性创新的可靠来源是那些充满活力的企业与企业家。要落实好各项纾困惠企政策，加大面向中小企业的减税降费政策以及创新扶持力度。弘扬和保护“大胆创新”的企业家精神和“专注创新”的工匠精神，把握中国由“人口红利”向“人力资源红利”转变的大趋势，积极推动战略型科学家、科技型企业家、行业领袖人才、工匠型人才的脱颖而出，为形成居于世界科技创新和产业创新前沿的大学、研发机构和独角兽企业、“隐形冠军”企业提供强劲支撑。依法保护企业家合法权益，加大对产权和知识产权的保护力度，政府财政投入要以鼓励创新、宽容失败为原则，营造激励企业家干事创业的浓厚氛围。

二是推动包容性创新和增长方式。包容性创新是指为了实现包容性增长[1]而进行的创新，其本质是为改善金字塔底层群体的福利而创造和提供更多的机会。包容性创新的核心是让更多人特别是弱势群体参与到创新活动中来，激发底层人民的创新活力，同时使创新成果扩散到所有人群，从而增加并增强民众的创新机会和能力，使所有人都从创新活动中受益。要建立健全促进包容性创新的政策体系和政策框架，通过发挥企业创新主体作用，引导企业开展更多贴近人民生活、满足群众需求的包容性创

[1] 亚洲开发银行2007年提出包容性增长（Inclusive Growth）概念，强调经济增长的巨大益处要能够惠及所有群众，核心是要实现机会平等和公平参与。根据亚洲开发银行的研究，在世界范围内，超过40亿人仍然生活在经济与社会金字塔的底层（Base of the Pyramid），他们很少享受到经济全球化和经济增长的好处，却要承受社会动荡和环境恶化等种种不良后果。

新。设立国家包容性创新基金，支持创客、众筹、全民参与科学、草根创新等实践模式，鼓励参与STEM领域的学习和创业活动，提供创新活动所需的基本条件和“桥接式”社会资本，加强知识和数据开放共享。

第八章
总结：政府作用与主体创新

管理学家加里·哈默指出，21世纪，企业面临的三项最艰巨的挑战是：不论大型或小型组织，战略调整的步伐都将大幅加速；让创新成为每人每天的工作；为员工创造愿意全身心投入的工作环境，从而激发员工发掘自己的最大潜能[1]。强化企业创新主体地位已成为落实国家战略目标的重要举措、企业发展的基本需求，以及各国政府追求的共同目标。本章在前文背景研究、理论研究、模型构建、现状研究、比较研究、对策研究等的基础上，重点归纳提炼各个部分的研究价值点，同时立足中国实践和国际经验，指出强化企业创新主体地位的价值与意义，擘画未来前景。

[1] ［美］加里·哈默、比尔·布林：《管理大未来》，陈劲译，中信出版社，2008。

第一节 主要结论与可能形成的研究价值

中国强化企业创新主体地位的实践具有较高研究价值，相应的经验为世界其他追赶型经济体提供了有益启示。本书通过深入的理论和实践研究，强调数据和经验证据支撑，形成了相应的研究结论和可能的研究价值。

一、主要研究结论

自改革开放以来，中国企业的创新主体地位发生了根本性变化。从国有企业主导到私营企业占据绝对地位，中国经济市场化程度不断提升，经济活力和创造性不断增强。从以事业单位为主导的科研大军到企业创新主体地位形成，中国国家创新体系走向成熟、更具竞争力，迈向世界。中国企业创新主体的群体性、创新性、价值性不断突出，以企业为主体、市场为导向、产学研相结合的技术创新体系不断完善。截至2021年底，全国登记在册的市场主体达到1.54亿户，其中企业4842.3万户，规模以上工业企业达40.9万个，全国高新技术企业达到33万个，世界500强企业达到136家。企业科技投入力度不断加大，企业R&D经费支出占全国R&D经费的比重达76.6%，由企业牵头或参与的国家重点研发计划立项占比达79%，企业R&D支出比例位列全球第三，在上海证交所科创板、北京证交所上市的企业中，高新技术企业占比超过90%。企业专利申请量占专利申请总量的30.6%，发明专利申请量占中国发明专利申请总量的42.5%，企业技术合同及成交额占全国总额的91.5%。与此同时，中国强化企业创新主体地位的政策体系不断完善，覆盖面不断扩大，比如，企业研发费用加计扣除比例从2012年的50%、2018年的75%，提升到科技型中小企业和制造业企业的100%。

总体来看，本书的研究结论可概括为以下五个方面。

一是企业创新主体地位概念的多维度特征。从创新性质来看，企业创新主体地位不仅在于技术创新，也包括在基础研究、应用研究中的关键作用，即企业创新主体的内涵已经从技术创新主体发展为科技创新主体。从群体性角度来看，主体地位的形成不是单一企业可以完成的，而是一个国家或地区所有科技企业和企业家共同努力和创新分工形成的结果，创新型企业群体形成及其梯队结构、普遍的企业家创新精神是企业创新主体地位的基本特征。从价值性来看，企业要在科学研究（如基础研究、应用研究）、技术开发（如产业技术创新、工程技术创新等）、成果转化（如中试、产品原型等）及市场推广（商业模式创新等）等环环相扣、缺一不可的全链条中发挥关键作用。形成包括“基础研究+技术攻关+成果产业化+科技金融+人才支撑”的全过程创新生态链是中国政府创新驱动发展的目标，企业创新主体地位要在全过程创新生态链各环节中得到体现。从价值性来看，价值性是创新的本质，也是最终衡量标准，企业创新主体地位的价值性体现为创新成果的规模和质量，不仅包括成果数量及其规模性，更重要的是创新成果能否惠及创新价值链中高端环节，包括标准制定、高价值专利、掌握话语权等。群体性、创新性、价值性相互联系、相互补充，构成一个整体。

二是强化企业创新主体地位的系统性特征。强化企业创新主体地位是一个系统工程，要从国家创新体系、国家创新生态视角去理解。本书立足国家创新体系等有关理论，构建了强化企业创新主体地位的概念框架。在国家创新体系中强化企业创新主体地位，即充分发挥制度的规范性和秩序性、合理性和合法性分配、协调性和整合性、导向和激励等功能，积极探索政府与市场协同发展的新模式以及有效结合的新机制，通过创新主体培育、创新基础设施建设、创新资源配置、创新环境塑造等持续提升企业创新效率以及效益，发展形成全过程创新生态链，促进国家创新体系中企业群体形成、推动企业在全过程创新链中发挥作用以及支持企业占据创新价值链中高端环节。强化企业创新主体地位，要处理好制度供需关系、政府与市场的关系、产学研不同主体间的关系以及企业与外部环境的关系，通过政府支持、引导与市场机制的发挥，引起国家创新体系中主体结构、创新链结构以及价值链结构的改变，进而不断提升企业创新主体地位。

三是强化企业创新主体地位的实践性特征。强化企业创新主体地位是一个实践性很强的命题，也必然需要在实践中进行深化认识、深入理解。从实践来看，各国的实践具有差异性，甚至一个国家不同地区的实践也有较大的不同。从中国实践来看，改革开放至今，中国企业创新主体地位经历了一个从提出、确立到不断强化的变化过程，企业创新在国家创新体系中的群体性、创新性和价值性不断突出，表现为形成了一个较大规模的企业创新群体和成长梯队，在创新链环节中以市场应用为导向，效率优先，逐步向基础研究、应用研究层面发展，价值链环节以渐进创新为主，逐步提高关键技术、品牌、标准等中高端环节的主导能力等特征。重视多层次创新平台建设、传统和新型基础设施并重、推动资源向企业集聚以及强化生态环境建设是中国的主要做法和关键举措。同时，各地实践形成了风险资本驱动、打造以企业为中心和纽带的创新联合体、放管服改革、发展民营经济、新基建赋能企业转型升级等相关经验。广东省的实践与其经济产业发展特征及优势相适应，更多地体现出开放和改革的特点。当然，无论国家还是地方，中国企业创新主体地位都存在许多不足，与世界发达国家相比还存在较大差距。

四是强化企业创新主体地位的国际经验启示。强化企业创新主体地位是世界科技强国形成与发展的内在驱动力。“二战”以来，美国、日本、德国、英国等国家均在国家创新体系中不断强化企业创新主体地位，企业研发比重不断提升，企业对基础研究、应用研究的投入不断加大，企业创新价值性不断提升。发达国家的经验告诉我们，在强化企业创新主体地位的过程中，要正确处理好政府与市场的关系、创新链和价值链的关系、技术精进与创新突破的关系，完善国家与地方、部门间不同层次资源的整合机制。

五是进一步强化企业创新主体地位要跟中国国情结合起来。当前，强化企业创新主体地位，要充分考虑适应新一轮科技革命和产业变革深入推进、全球经济下行压力剧增、地缘政治格局突变、低碳革命兴起、“逆”全球化回潮等新形势的需要，立足制造业高质量发展，既要借鉴世界科技强国的经验，也要立足中国发展实际、大国国情和新征程上的战略任务等，以跻身世界创新型国家前列为总目标，突出全过程创新链价值链深度融合以及整合资源推动制造业企业高质量发展，在主体培育、创新基础、资源配置、环境塑造等方面持续发力，不断提高企业研发绩效，增强企业创新动能，优化外部环境，促进资源向企业集聚及合理分布，提高企业创新效率等。

二、可能的研究价值

在第四次科技革命和产业变革等背景下，全球产业分工体系正在经历新一轮的变化与整合。在这一进程中，深度嵌入全球经济体系中的中国现代化产业体系已经出现了多方面的问题，迫切需要进行变革调整，以形成面向未来的现代化产业体系。在强化企业创新主体地位过程中，制造业高质量发展既是基础，也是发展现代化产业体系的关键。本书立足国家创新体系、创新链、价值链、产业转型升级、创新驱动发展等理论，强化理论思考、中国实践、国际经验的结合，形成了独特的研究特色及价值。

一是从本体论视角，从群体性、创新性、价值性三个维度解构企业创新主体的内涵，基于国家创新体系的基本构成，探讨强化企业创新主体地位的四大核心要素及其关系，从制度供需关系、政府与市场的关系、产学研不同主体间的关系以及企业与外部环境的关系方面来揭示其实践进路，进而为新形势下强化企业创新主体地位提供系统化的理论框架。

二是从认识论视角，着眼于解决中国和地方经济产业发展的现实问题，直面问题的多元性与复杂性，在系统思维指导下，通过理论研究与实践研究之间的不断作用、不断碰撞，对中国及广东等省市强化企业创新主体地位的发展环境、演变过程、实践特征、存在问题、战略路径、主要举措等进行了系统性、战略性和比较性研究。

三是从方法论视角，着眼于当前与未来的发展差距，抓住制约企业创新主体地位的主要矛盾，突出典型国家和地区的实践特征，实现环境—现状—问题—经验—思路—建议的内在逻辑统一，为进一步强化企业创新主体地位提供了系统化的实践框架。

第二节 展望：塑造企业科技创新主体形成发展新优势

党的二十大报告提出，高质量发展是全面建设社会主义现代化国家的首要任务，同时，教育、科技、人才是全面建设社会主义现代化国家的基础性、战略性支撑。迈入全面建设社会主义现代化国家新征程，强化以企业为主体、推进产学研用深度融合、健全以市场需求为导向的技术创新体系，对于把握科技革命与产业变革“机会窗口”、构筑以自主创新为核心的工业大国竞争优势，以及加快构建“双循环”新发展格局、全面塑造发展新优势意义更为深远。

一、中国实践的意义

从国家战略角度深化企业创新主体地位的重要性。从历史实践来看，中国强化企业创新主体地位是围绕国家战略展开的，而国家战略的实施也进一步凸显了深化企业创新主体地位的重要性。20世纪90年代，中国从计划经济向市场经济全面转型，提出科教兴国战略，强调企业技术开发的主体地位，核心是在大中型企业和企业集团中建立健全技术开发和技术管理体系，加强技术吸收和开发能力，提供工业化进程所必要的技术知识和基础技术。21世纪初，中国加强现代化产业体系建设，提出建设创新型国家战略目标以及人才强国战略，凸显了企业在发展产业关键技术中的重要作用。中国政府也开始通过系统化的政策举措确立并提升企业的创新主体地位。党的十八大以来，中国提出创新驱动发展战略，将坚持创新驱动发展摆在第一位，提出加快建设科技强国的发展目标。党的十九届五中全会将科技自立自强作为国家发展的战略支撑。

党的二十大报告进一步将强化企业创新主体地位作为加快实施创新驱动发展战略的重要内容，强调企业在科技创新中的主体地位。中国的创新实践具有战略性特点，充分体现了在国家发展格局中，企业创新主体从无到有、从边缘角色到重要角色、从简单到系统的发展过程。对于后发国家和地区而言，实现技术追赶目标，要适应本国国家战略需要、工业化深化需要以及经济社会发展阶段和特点，持之以恒、逐步深化企业创新主体地位。

立足国家创新体系明确强化企业创新主体地位的系统性。党的十八大以来，中国强化企业创新主体地位更多基于国家创新体系展开，从创新主体、创新基础、资源配置、环境塑造等方面增强企业在推动应用基础研究、实现关键核心技术领域自主可控、开发重要装备、建设重大工程以及促进重大科技成果转化等领域的作用，具有系统性特点。一方面，根据全过程创新链系统展开。例如在平台建设方面，从战略平台、产业平台、企业平台等多层次展开，形成涵盖基础研究、应用研究、技术攻关、科技成果转化以及中央与地方协同发力的完整体系。另一方面，围绕产业链的系统需求展开。突出新型基础设施建设、风险资本投资、普惠性政策、体制机制改革等关键因素，适应不同类别企业的创新需求，形成良好的创新生态。对于后发国家和地区而言，要充分考虑企业创新主体的群体性、创新性、价值性等方面的系统特征，强化政策的精准性和有效性，以有限的资源实现最大的目标。

基于政府与市场关系揭示强化企业创新主体地位的有效性。中国实践揭示出强化企业创新主体地位，政府与市场的协同是关键。后发展国家和地区，一方面要发挥政府引导和关键作用，突出主体培育、基础建设、资源配置、环境塑造等功能，在市场主体不能发力的地方发挥最大作用，突破创新失灵框架；另一方面，要发挥市场在资源配置中的决定性作用，建立以市场为主导的资源高效配置机制，实现“政府搭台、企业唱戏”。新一轮科技革命与产业变革快速发展，现代科学研究复杂程度大大提高，“大科学”科研范式已占据主导地位，传统的“基础物理—大规模开发（大型实验室）—应用和创新（军事、民事）”线性创新模型已经转变为相互耦合、相互作用、网络化的系统模式，同时，科技成果向现实生产力转化的速度进一步加快，技术和产品生命周期越来越短，在面对具有多学科、多目标、多主体、多要素特征的重大科技难题或“卡脖子”技术问题的背景下，我们需要认识到仅凭单个科研院所或企业很难解决问题，应更好地发挥政府与市场优势，推动多主体协同创新，构建创新联合体、“创新公地”等新型创新生态。

二、未来展望

迈向以现代化产业为基石的国家创新体系，强化企业创新主体地位要更加突出制造业高质量发展，加快从比较优势向竞争优势转变。在现代化产业体系中，实体经济是核心与主体，科技创新、现代金融与人力资源起支撑作用，四个要素的协同发展形成了包括先进制造业、战略性新兴产业以及现代服务业在内的现代化产业体系。新冠肺炎疫情暴发以来，各国政府对实体经济的重视程度进一步提升，特别是将制造业高质量发展摆在更为重要的位置。一方面，受疫情影响，跨国企业、龙头企业加快产业链供应链多元化布局，产业环节的全球流动程度进一步提升；另一方面，全球制造业加快从要素驱动转向创新驱动、从集聚化转向集群化、从线性化转向融合化，全球产业链供应链布局走向短链化、区域化，使后发展国家和地区产生更大的高质量发展创新压力和动力。

数字经济时代的国家创新体系中，强化企业创新主体地位将更加突出协同、生态、融合发展、竞合等特征。新一轮科技革命给工业发展带来新的机遇和挑战。全球实体经济朝着数字化、网络化、智能化、绿色化、融合化的方向转型升级，为中国工业培育形成国际竞争新优势、主导构建“安全开放、协同共赢”的区域价值链、加快由工业大国迈向工业强国提供了新的机遇。新技术革命更加突出数据这种新要素资源的作用，也将改写主流经济学流行的创新生产函数。全球数字经济正呈现智能化、量子化、跨界融合、深度渗透、变革速度指数化等新特征，依赖传统产业链条形成的创新体系将逐步被以数据为基础的创新体系取代，集中式、并联式、“采摘果实类”的创新将为分布式、串联式、重组式创新等所取代，后者将成为创新的主流形态；学习能力将成为国家和区域创新体系竞争力的核心要素[1]。2021年，中国数字经济规模达到45.5万亿元，占GDP比重达到39.8%。在数字经济视阈下，企业乃至产业之间的边界愈加模糊，世界各国的产业竞争不仅是单个企业的竞争，更是数字经济驱动下的产业生态竞争。

迈向全面建成社会主义现代化强国新征程的中国国家创新体系，强化企业科技创新主体地位是构建现代化经济体系的关键。现代化经济体系是中国现代化强国的重要组成部分，无论是实体经济、科技创新，还是科技金融、人力资源等要素，其落脚点均为企业科技创新主体地位。从实体经济发展方向来看，迈入“VUCA”，即世

[1] 张其仔：《加快新经济发展的核心能力构建研究》，《财经问题研究》2019年第2期。

界范围内工业生产和贸易的易变性（Volatility）、不确定性（Uncertainty）、复杂性（Complexity）和模糊性（Ambiguity）相互交织，为强化企业科技创新主体地位注入新特征，提出新要求和新挑战。政府将更加注重开放型生态环境构建，扩大国际科技和产业链交流合作，形成具有全球竞争力的开放创新生态，在充满不确定性的时代环境中增强科技创新的可预期性。另外，我们要坚持以高质量发展为主题，坚定制造强国建设目标，深化自主创新，通过强化企业科技创新主体地位来推动制造业高质量发展。

持续强化和有效发挥企业科技创新主体地位和作用，中国必将实现到2035年跻身创新型国家前列、到2050年建成世界科技强国的战略目标。